EDITORIAL
UNILIT

Cómo mantener relaciones
CON PERSONAS
DIFÍCILES

DR. LES PARROTT III

Publicado por
Editorial Unilit
Miami, Fl. 33172
Derechos reservados

Primera edición 2003
© 2003 por Editorial Unilit
Traducido al español con permiso de Tyndale House Publishers.
(*Translated into Spanish by permission of Tyndale House Publishers.*)

© 1996 por Les Parrott III
Todos los derechos reservados.

Originalmente publicado en inglés con el título:
High-Maintenance Relationships: How to Handle Impossible People
por Tyndale House Publishers, Inc.
Wheaton, Illinois.

Traducido al español por: Federico Henze

Citas bíblicas tomadas de la Santa Biblia, Nueva Versión Internacional © 1999 por la Sociedad Bíblica Internacional; La Biblia de las Américas © 1986 The Lockman Foundation; y La Biblia al Día © 1979 International Bible Society.
Usadas con permiso.

Producto 495096
ISBN 0-7899-0656-2
Impreso en Colombia
Printed in Colombia

«Es divertido leer este "libro de texto". Más importante aun, es un libro que le ayudará a tratar un problema importante en los Estados Unidos y qui   propia vida: cerca   ro por ciento de todas las consultas   en el   reco   ifica   iones. Dado que la mayoría de las personas tienen   nos vemos forzados a ir a la raíz del problema: la falta de capacidad de comprensión y de comunicación. He aquí un libro que le ayudará a identificar las características de las relaciones conflictivas y le proporcionará caminos y métodos específicos y bien delineados que puede utilizar para mantener buenas relaciones y restablecer las rotas. Usted deseará tener este libro al alcance de la mano para una rápida consulta. Será determinante entre tener relaciones bajo control contra relaciones desagradables.

La sabiduría bíblica, junto con el sentido común y saludables principios académicos, hacen que este libro sea valioso para todos nosotros».

Zig Ziglar, presidente de Zig Ziglar Corporation, autor de *Más Allá de la Cumbre*

«Les Parrott ha captado una parte de cada uno de nosotros en algún lugar de este libro. Si alguna vez se ha enojado por *cualquiera*, encontrará montones de estrategias prácticas para hacer lo mejor de cada situación».

Cynthia Ulrich Tobias, de Learning Styles Unlimited, autora de *The Way We Work*

«Tanto con su lenguaje como con su escritura, Les Parrott ha ayudado a miles a construir mejores relaciones. Lo animo a que lea *Cómo mantener relaciones con personas difíciles* para que descubra las poderosas ideas del Dr. Parrott acerca de cómo soportar a los insoportables. Este libro es apremiante, desafiante y divertido».

Max De Pree, presidente y director ejecutivo de Herman Miller, Inc., autor de *El Liderazgo es un Arte*

y trabajos, nos enfrentamos a personas
nuestro tiempo y drenan nuestras ener-
gías. Les nos ayuda... cer sus rasgos, explicar sus motivaciones y
a soportarlos. En la afanada sociedad actual, es imperativo que com-
prendamos cómo se deben tratar a las personas conflictivas. Por fortuna, Les nos ha provisto de respuestas bíblicas y de discernimiento
divino para quienes nos drenan nuestra energía y nuestro tiempo».

Donald W. Sapaugh, presidente y director ejecutivo de Rapha
Treatment Centers, autor de *The Search for Peace*

«Este libro es una síntesis de técnicas científicas de dirección, sentido
común y principios cristianos. Para todo el que quiera dirigir personas para encontrar en sus tareas una forma de expresar sus compromisos cristianos, al mismo tiempo que crecen como personas, este libro
es de obligatoria lectura».

Dr. Tony Campolo, Eastern College, presidente de la Asociación
Evangélica para la Promoción de la Educación

«Les Parrott es un experto en relaciones que hace comprensibles y
aplicables las verdades eternas. Escribe en forma realista, con compasión y conocimiento profesional, acerca de las relaciones en el trabajo
y el hogar. Lea este útil libro y observe cómo disminuye la dificultad
en sus relaciones».

Dr. John C. Maxwell, fundador de INJOY, autor de *Desarrolle el
líder que está en usted*

«Cualquiera que lea la página del contenido de este libro, dirá: «¡Este
libro es para mí! Todos tenemos gente "intratable" en la vida y Les
Parrott nos muestra cómo soportarla. Sin duda, esta obra obtendrá un
premio como uno de los libros cristianos más entretenidos y útiles de
la década».

Dr. Neil Clark Warren, psicólogo clínico, autor de *El matrimonio
triunfante*

«Les Parrott es uno de los escritores mas prácticos que conozco. Práctico a
veces significa capaz. Para el Dr. Parrott significa ser de verdad útil».

Dr. Larry Crabb, psicólogo y orador, autor de *El Silencio de Adán*

A las personas que se interesan tanto por mí,
a pesar de que puedo ser un insoportable

DOMINUS VOBISCUM

Contenido

RECONOCIMIENTOS

Gracias...

A mis alumnos y colegas de la Universidad Seattle Pacific. Crearon un ambiente maravilloso en el cual trabajar, aprender y vivir.

A Tim Clinton, el primero en llevarme a Tyndale House Publishers y demostró una decidida confianza en mi capacidad de escritor.

A Gary Collins, quien me ayudó a dar forma a este libro durante un largo vuelo entre San Francisco y Hong Kong.

A Dawn Emleigh, Scott Titus, Dough Flather, Faye Smith, Nancy Scammacca y todos los demás del equipo de AACC. Me trataron con una sin par amabilidad y atención personal.

A Lori Nouguier y Tad Beckwith, quienes investigaron docenas de temas y rescataron cientos de artículos y libros para ayudarme en mi proyecto.

A mi editor, Lynn Vanderzalm, quien fue asombrosamente amable, un verdadero apoyo y muy agradable a través de todo el proceso de escritura.

1

¿Tiene una relación conflictiva?

Si es como yo, nunca se hubiera imaginado que mantener buenas relaciones sería un trabajo difícil. De niño, nunca se me ocurrió que tendría que «trabajar» en mis relaciones. Simplemente, ocurrían. Y, si por alguna razón no era así, me apartaba. Sin protestas, sin irritaciones.

No obstante, en algún lugar del camino entré en el desgaste de las relaciones maduras, donde las cosas se descomponen. Aprendí que algunas personas son muy difíciles, si no imposibles de llevar bien. Por ejemplo, aprendí que los amigos confiables pueden traicionarme. Las figuras de autoridad que admiraba me despreciaron. La crítica constante de los colegas me lastimaba. Y hasta algunos miembros de la familia que poseían información importante, me dejaron fuera. Aunque también aprendí que, a menos que quiera vivir como un ermitaño, no podía abandonar todas las relaciones que presentaban una dificultad.

La tentación de escaparme de las relaciones difíciles sigue existiendo. A veces, cuando las personas intratables me desalientan, me gustaría ser el Robinson Crusoe de Daniel Defoe. Vivir solo en una isla desierta, lejos de la gente difícil, podría ser paradisíaco. Sin embargo, los otros escritos de Defoe me traen de nuevo a la realidad. «Aunque no me gusta la tripulación, no voy a hundir el barco», escribió. «Es más, en tiempos de tormenta voy a hacer todo lo posible para salvarlo. Ya ve, estamos todos en esta nave y debemos hundirnos o nadar juntos».

Este es el problema con las personas difíciles: o en verdad nos hundimos o nadamos juntos.

Encontramos personas imposibles en nuestra familia, en el barrio, en la iglesia, en el centro de trabajo. Cuando se le pregunta a los empleados: «¿Qué le molesta más de su trabajo?», la queja número uno está dirigida a sus compañeros de trabajo. Se deduce que la satisfacción laboral depende más de nuestras relaciones que del salario. Las relaciones serán determinantes entre el trabajo que amamos y el trabajo que detestamos[1].

Aun así, la importancia de las buenas relaciones, por supuesto, no se limitan a las relaciones laborales. Un grupo pionero de investigadores ha estudiado el antiguo misterio de lo que hace feliz a la gente en sentido general y sus respuestas no son lo que uno pudiera esperar. El éxito no es lo que aparece con insistencia encabezando la lista, ni la buena apariencia ni ninguno de todos esos envidiables logros. El claro ganador son las relaciones interpersonales. Las estrechas[2].

Lo cual me trae de nuevo a mi idea: Si las relaciones nos hacen tan felices, ¿por qué algunas de ellas nos hacen la vida tan difícil? Y más importante aun, ¿qué podemos hacer para mantener el temple, pisar en nuestro terreno y alcanzar soluciones positivas cuando nos encontramos ante una relación conflictiva, cara a cara con esta gente «insoportable»?

Este libro es mi respuesta a esa pregunta.

GENTE QUE SE QUEJA, ES MORDAZ Y UN TORMENTO

Hace como cuarenta años, la Marina de los Estados Unidos de América le pidió a William Schutz que construyera un instrumento que los ayudara a reunir tripulación compatible para submarinos, grupos de hombres que fueran capaces de vivir juntos, codo a codo, durante largos períodos con el menor conflicto posible entre ellos. Schutz determinó, cosa que no sorprendió a nadie, que la compatibilidad del comportamiento se determinara, sobre todo, por una «adaptación natural». En otras palabras, las personas que se llevan bien lo consiguen sin mucho esfuerzo. Sus relaciones no requieren mucho trabajo; es más, que se diría que no necesitan mucha atención.

> La irritación en el corazón del creyente es siempre una invitación al diablo para estar en servicio.
>
> ELEANOR DOAN

Espero que usted tenga relaciones que necesiten poca atención, personas con las que está de acuerdo con naturalidad. Sin duda, de tanto en tanto se producirán turbulencias pasajeras, pero esto es periódico y la relación sigue su curso. Si es como la mayoría de las personas, sin embargo, también tendrá algunas relaciones que no son tan fáciles. Estas son las personas intratables que se quejan, son mordaces y un tormento. Lo pasan por alto, esparcen rumores, arden de celos, se hacen las víctimas o pisotean sus sentimientos. En algunos casos, pueden ser personas a las cuales simplemente no soporta. Para resumirlo de alguna forma, estas relaciones requieren un gran esfuerzo. Se trata de sus relaciones conflictivas.

Cuando mi esposa Leslie y yo nos mudamos a Seattle unos años atrás, vivíamos en un apartamento céntrico con estacionamiento subterráneo. Uno de nuestros vecinos era un hombre de negocios a nivel internacional que tenía su lugar de estacionamiento al lado del nuestro. A pesar de eso, durante muchísimo tiempo no supe lo que conducía porque estaba bajo una cubierta. Cada vez que John estacionaba su automóvil, le ponía una cubierta hecha a la medida para proteger el pulido del automóvil. Una mañana, sin embargo, al dirigirme a mi estacionamiento, descubrí lo que escondía John. Estaba parado al lado de su automóvil, con el capó levantado.

> Si es posible, y en cuanto dependa de ustedes, vivan en paz con todos.
>
> ROMANOS 12:18

—¡Caramba! —dije, pasando por alto su aparente dificultad y, mientras bajaba mi ventanilla y me acomodaba en mi asiento, exclamé—: Con razón lo cuida tanto.

Era un Jaguar XJ... algo tan reluciente como una moneda de plata nueva.

—Sí, bueno, me estoy deshaciendo de él —dijo John con disgusto.

—¿Por qué?

—Es demasiado delicado y me absorbe todo mi tiempo solo para mantenerlo y usarlo.

Lo mismo ocurre con las relaciones conflictivas. Al igual que un automóvil necesita una constante atención, drenan nuestra energía, consumen nuestro tiempo y crean una cadena de molestias innecesarias. La gente imposible hace la vida más difícil de lo que es. Y las relaciones conflictivas, como el Jaguar de John, a veces parecen más problemáticas de lo que valen la pena.

Sin embargo, antes que piense que este es un libro que trata de desahuciar a los insoportables, vuélvalo a pensar. Después de revisar en detalles las bibliotecas, escuchar a los pacientes analizar a docenas de personas y poner en práctica principios probados en mi propia vida, llegué a la conclusión de que es posible que las relaciones conflictivas marchen mucho mejor. En muchos casos hasta puede hacer que estas relaciones sean mucho mejor de lo que se imagina. Como dicen las Escrituras: «Si es posible, y en cuanto dependa de ustedes, vivan en paz con todos» (Romanos 12:18). El esfuerzo que invierte en mejorar una relación conflictiva casi siempre está premiado con nueva vitalidad y fortaleza personal. Otros dividendos incluyen menos temores, mente más clara, una perspectiva más positiva, un mayor sentido de eficiencia y mejor salud física. El mensaje aquí es que el mejoramiento de sus relaciones interpersonales hace su vida más fácil.

> Cada uno de nosotros somos ángeles con una sola ala. Y solamente podemos volar abrazándonos unos a otros.
>
> LUCIANO DE CRESENZO

Si en su vida no hay amigos problemáticos, empleados agresivos, colegas indecisos, parientes controladores, colaboradores indecisos, jefes insensibles o cualquier otra descripción que caiga bajo el rótulo de «persona difícil», no siga leyendo. Considérese bendecido y en extremo raro. Pero si por lo general trata con personas difíciles, siga leyendo.

Comencemos analizando por un momento su situación. Solo para saber cuánta es la tensión que afecta sus relaciones. ¿Cuáles son los efectos secundarios que crean sus relaciones conflictivas? A continuación mostramos una prueba que puede efectuar para encontrar si alguna de sus relaciones está afectando su salud personal y emocional.

PRUEBA DE LAS RELACIONES CONFLICTIVAS

Contestando estas preguntas, será capaz de determinar si se encuentra o no en una relación conflictiva. Conteste cada punto con sumo cuidado y sinceridad.

S N ¿Se siente en especial ansioso cuando una persona en particular la llamó y le dejó un mensaje para que le devuelva la llamada?

S N ¿Ha estado en los últimos tiempos lidiando con una relación que le drena su entusiasmo y energía?

S N ¿Teme a veces tener que ver o hablar con una cierta persona en su trabajo o en una reunión social?

S N ¿Tiene una relación en la cual da más de lo que recibe a cambio?

S N ¿Se ha encontrado criticando su propia actuación luego de tener tratos con otra persona?

S N ¿Se critica más a sí mismo en presencia de esa persona?

S N ¿Está bloqueada su creatividad o ha disminuido su claridad mental por la persistente incomodidad de tener que tratar con una persona difícil?

S N ¿Trata de calmarse, después de haber estado con esa persona, comiendo más, mordiéndose las uñas o adoptando algún otro hábito poco saludable?

S N ¿Alguna vez tuvo conversaciones imaginarias con esa persona o discusiones mentales en las que se defiende o trata de explicar su parte en el conflicto?

S N ¿Se ha vuelto más sensible a resfríos, problemas estomacales o musculares desde que tiene que tratar a esta persona difícil?

S   N   ¿Siente resentimiento porque esta persona parece tratar a otros mejor que a usted?

S   N   ¿Se pregunta por qué esta persona lo escoge para criticarlo, pero raras veces reconoce cosas que hace bien?

S   N   ¿Ha pensado en abandonar su trabajo por tener que tratar con esa persona difícil?

S   N   ¿Se ha percatado que está más irritable o impaciente con personas que le importan debido a frustraciones remanentes de los tratos que tiene con esta persona difícil?

S   N   ¿Se siente frustrado porque esta persona sigue drenando sus energías a pesar de sus esfuerzos por mejorar esta relación?

Puntuación: Total de las S que circuló. Si marcó diez o más, con toda seguridad se encuentra en una relación conflictiva.

IDENTIFIQUE SU GENTE IMPOSIBLE

Cada uno es por algún tiempo una persona insoportable para alguien. Sin embargo, raras veces alguien es una persona insoportable para todos siempre.

Piense en esto. Ah, podemos pensar en una o dos personas que parecen complicar la existencia de todos, pero esas no son tan comunes.

Es por eso que un buen método práctico es recordar que *la dificultad que experimenta con la mayoría de las personas insoportables radica en su relación con ellas, no en la persona*. Después de todo, alguien que es de su agrado se lleva muy bien con alguien que usted no soporta. Mi esposa y yo tenemos una persona amiga en común que, en mi opinión, es muy insensible con los demás. Sin embargo, Leslie no está de acuerdo con esto. Se lleva muy bien con esa persona. Lo imposible, igual que la belleza, se encuentra en el ojo del espectador.

Cuando decidí escribir este libro, supe enseguida qué tipos de personas me inspiraban y «merecían» tener capítulos escritos acerca de ellas (¡sobre todo porque me recordaban los rasgos feos que tuve una vez!). Sabiendo, no obstante, que no poseo una colección completa de gente insoportable, entrevisté a más de cien personas en referencia a la clase de relaciones que consideraban eran las más difíciles. Les presenté una lista de dos docenas de relaciones conflictivas y les pedí que eligieran las cinco más importantes.

He aquí lo que encontré: Las quejas más comunes acerca de las relaciones conflictivas se centraban en personas que son *criticonas y quejosas* («El criticón»). Las siguientes son las personas *autocompasivas y que se hacen las víctimas* («El mártir»). En tercer lugar están las personas que son *automáticamente negativas y pesimistas* («El aguafiestas»). En cuarto lugar están las personas *cegadas con la insensibilidad hacia los demás* («La aplanadora»). Y terminando con las cinco quejas más comunes acerca de personas difíciles se encuentran las que *esparcen rumores y divulgan secretos* («El chismoso»).

De las dos docenas de relaciones conflictivas de mi lista, sin embargo, quedaron fuera más que estas cinco[3]. La gente anotó repetidas veces quince tipos diferentes de relaciones conflictivas. Y aunque los nombres que les puse a estas quince relaciones sirven de notas taquigráficas, no deben tomarse como caricaturas. Cada una es una relación sacada de la vida real, representada como un ser humano, no como un dibujo cómico.

> Den, y se les dará: se les echará en el regazo una medida llena, apretada, sacudida y desbordante. Porque con la medida que midan a otros, se les medirá a ustedes.
>
> LUCAS 6:38

Con esto en mente, ¿cuál de los siguientes tipos se parece a alguien que conozca? De las siguientes breves descripciones, clasifique sus cinco relaciones conflictivas más importantes (comenzando por colocar un 1 al lado de la persona que le produce la mayor aflicción, la que más quisiera saber cómo tratar).

___ **El criticón:** Se queja sin cesar y da consejos sin pedírselo

___ **El mártir:** Víctima por siempre y destruido con la autocompasión

___ **El aguafiestas:** Pesimista y automáticamente negativo

___ **La aplanadora:** Cegado con la insensibilidad hacia los demás

___ **El chismoso:** Esparce rumores y divulga secretos

___ **El controlador:** Incapaz de soltar ni de dejar solo

___ **El traicionero:** Incorregible de dos caras

___ **El indiferente:** Se desconecta y evita contactos

___ **El envidioso:** Arde de envidia

___ **El volcán:** Activa el vapor y está listo para entrar en erupción

___ **La esponja:** Siempre en apuros, pero nunca da nada

___ **El competidor:** Atento para donde las dan las toman

___ **El burro de carga:** Siempre empuja y nunca satisfecho

___ **La coqueta:** Hace insinuaciones, que pueden rayar en el acoso

___ **El camaleón:** Desea agradar y evita el conflicto

Cada una de estas quince relaciones conflictivas es el enfoque de un capítulo de este libro. Quizá se sienta impulsado a leer primero sobre los que marcó, antes de ver los demás. Siéntase en libertad de hacerlo así. Cada uno de estos quince capítulos se ha diseñado para que se lea de manera independiente, como un recurso autónomo que determina con precisión las estrategias para una persona difícil en específico.

Antes de ir a estos capítulos, sin embargo, quiero aclarar un punto. *Este libro no es tanto acerca de cambiar a otros, sino de cómo efectuar cambios en usted.* Es un libro para aprender a tener aptitudes a fin de desarrollar mejores relaciones. A menudo les comento a mis alumnos universitarios que las relaciones son la escuela del carácter, permitiendo el estudio en detalle y a través del tiempo, de temperamentos muy diferentes al nuestro. La curva de aprendizaje de las relaciones involucra, en gran parte, rellenar un cuadro de las limitaciones de los demás y hacer las paces con los resultados.

No se trata de un libro de cómo cambiar a las personas difíciles, por lo que quizá se pregunte: ¿qué es entonces? Es un libro acerca del crecimiento como persona y del mantenimiento de relaciones sanas, aun con gente que parece insoportable.

LA LECTURA DE ESTE LIBRO ES VALIOSA PARA TODOS

No tiene por qué permitir que personas difíciles tomen control de su vida. Y no tiene por qué sentir que su única opción es una salida apresurada. Este libro le mostrará un camino diferente. Cada uno de los quince capítulos que trata acerca de una relación conflictiva en particular, posee un formato similar. En cada capítulo, después de algunos comentarios de introducción, esbozo los rasgos definidos de la persona difícil en particular. A esto le sigue una pequeña encuesta que le ayudará a reconocer si se encuentra en una relación con este tipo de persona.

> Los fuertes en la fe debemos apoyar a los débiles, en vez de hacer lo que nos agrada.
>
> ROMANOS 15:1

Luego explico las dinámicas que subrayan el comportamiento de esta persona. Todos deseamos saber por qué alguien se comporta de manera irritante. ¿Qué provoca el molesto comportamiento del Traicionero, del Camaleón, del Chismoso o del Volcán? Doy un vistazo al motivo por el que los antecedentes, la conducta y las motivaciones pueden explicar su comportamiento.

Luego el capítulo se refiere a maneras prácticas de llevarse bien con esa persona. Esta subdivisión, a propósito, casi siempre comienza con el desafío de encontrar algunas de estas características difíciles en usted mismo. Comienzo con este punto debido a que será más paciente con otros una vez que vea algunos de sus rasgos en usted mismo. Tendrá también más empatía y, a su vez, más buena voluntad para «hacer a otros lo que quisiera que otros le hagan a usted».

Cada capítulo cierra con una referencia cruzada a otras relaciones conflictivas tratadas en este libro. Dado que ninguna persona es un prototipo puro de un perfil específico, esto puede servir como una simple sugerencia para verificar otros caminos útiles a fin de llevarse bien con una persona difícil.

2

EL CRITICÓN

Se queja sin cesar y da consejos sin pedírselo

El lunes pasado llegué a la oficina de mi pastor sin previo aviso. Tharon estaba reclinado hacia atrás en su silla con sus pies apoyados en su escritorio y con algunos papeles en las manos.

—¿Lo sorprendí en un mal momento? —le pregunté, asomando mi cabeza por el umbral de la puerta.

—De ninguna manera —me contestó—. Entre. Cada domingo recibo un puñado de tarjetas anónimas de Amistad y Culto de personas que quieren darme consejos y estaba estudiándolas en este momento.

—Apuesto que son una bendición —dije con sarcasmo.

Nos reímos por las tarjetas anónimas que daban quejas de todo tipo, desde la iluminación y la temperatura del santuario, hasta el ritmo de la música y el tema del sermón. Parece que algunas personas, sin importar el asunto, sienten la obligación de criticar.

Tal como lo indica la encuesta del capítulo anterior, la mayoría de las personas encuentran que el número uno de las relaciones conflictivas es con los Criticones. Ya conoce al personaje. Son los molestos charlatanes, nombrados por ellos mismos, que lo clasifican y le dicen que es demasiado conservador, demasiado liberal, demasiado descuidado, demasiado serio. Son el jefe quisquilloso, el compañero de trabajo, el socio del negocio, el conocido, el amigo y miembros de la familia que critican sus decisiones y se enorgullecen de mostrarle sus errores. El tono de su voz indica su decepción por sus erróneos anhelos. Y sin levantar un solo dedo, pueden echar abajo cada una de sus buenas ideas. Tienen un maravilloso plan para su vida y le pueden decir cada detalle. Solo pregunte. Pensándolo mejor, solo escuche. Ellos se lo contarán. Son los Criticones.

Siempre he disfrutado leyendo biografías y aprendiendo acerca de las luchas que las personas de éxito tuvieron que librar para lograr sus metas. De manera invariable, estas personas se encontraron con Criticones, casi siempre en la crítica profunda.

El director de los Indios de Cleveland, Tris Speaker, dijo lo siguiente de Babe Ruth: «Cometió un grave error cuando dejó el lanzamiento. Trabajando una vez a la semana podría haber durado mucho tiempo y haberse convertido en una gran estrella». Jim Denny, director del Grand Ole Opry, echó a Elvis Presley después de una presentación en 1954 y dijo: «No irás a ningún lado... hijo. Deberías volverte a casa a manejar un camión». El presidente de los Decca Records dijo en 1962 de los Beatles: «No nos gusta su sonido. Los grupos de guitarras han pasado de moda». Alan Livingtone, presidente de Capital Records dijo, poco antes de la primera gira de los Beatles por USA, en 1964: «No creemos que logren hacer algo en este mercado».

> Este muchacho no va a llegar a nada.
>
> Jakob Freud, sobre su hijo Sigmund

¿Cree que Walt Disney se enfrentó con algunos Criticones? Estaba en bancarrota cuando recorrió Hollywood con su pequeña idea de dibujos animados llamada «Willie el vapor». ¿Puede imaginarse a Disney tratando de vender a un ratón que hablaba con voz de falsete en los días del cine mudo? Los sueños de Disney eran imponentes y, a pesar de sus críticos, los niños alrededor del mundo están agradecidos. Las personas más cercanas creían, en realidad, que él crecía con las críticas. Se decía que preguntaba a diez personas lo que pensaban de su nueva idea y si la rechazaban por unanimidad, se ponía enseguida a trabajar en ella.

Cualesquiera que sean sus sentimientos acerca de que lo critiquen, no espere que se va a librar de ello. No importa con cuánto esfuerzo esté trabajando, ni qué grandes ideas tenga, ni qué maravilloso sea su talento, quizá va a ser objeto de críticas. Nadie está exento. Hasta los perfectos motivos de Jesús a menudo se interpretaron mal, terminando en una maliciosa crítica. Una vez leí los cuatro Evangelios y confeccioné una lista con todas las críticas que le hicieron a nuestro Salvador. Lo llamaron un glotón (Mateo 11:19; Lucas 7:34). Lo llamaron borracho (Mateo 11:19; Lucas 7:34). Criticaron a Jesús por asociarse con pecadores (Mateo 9:11; Marcos 2:16; Lucas 5:30). Y lo peor de todo, lo llamaron samaritano, lo cual era un tremendo estigma racial (Juan 8:48). Decirle esto era igual a acusarlo de pasarse al enemigo.

> Muy poco me preocupa que me juzguen ustedes o cualquier tribunal humano; es más, ni siquiera me juzgo a mí mismo.
>
> 1 Corintios 4:3

Quizá se enfrente a sus Criticones en el trabajo, tal vez en la iglesia o a lo mejor en su casa, pero esté seguro que estas personas difíciles se encuentran en todas partes. La buena noticia es que salvo que sea una estrella de cine, no necesita leer la reseña de sus Criticones en el *Chicago Tribune*. Todo lo que tiene que hacer es practicar unos pocos principios probados para enfrentar a esta persona crónicamente criticona.

LA ANATOMÍA DE LA CRÍTICA

Los Criticones encuentran a menudo un problema en la mejor de las cosas. Quizá piense que las cosas marchan sobre ruedas, pero los Criticones sienten la obligación de encontrar un error. Este detector negativo incorporado es el sello de los Criticones. Sin embargo, hay otros rasgos que los caracterizan: perfeccionista, impulsivo, mandón, juez, hambriento de poder, arrogante, agobiante, pedante y quisquilloso.

Perfeccionista

«Me he casado con el hombre perfecto», dijo Clara, «el problema está en que mi esposo espera que yo también sea perfecta. Después de veintitrés años de matrimonio, no estoy segura que sea capaz de soportar una más de sus críticas y sus rechazos». Es triste, pero las tendencias perfeccionistas de los Criticones desangran a casi todas las relaciones que poseen, y sus elevadas normas son el camino seguro para su ruina. La más pequeña de las infracciones, quizá una mancha en una camisa, cubiertos mal puestos en la mesa de cenar, la manera en que se ordenaron los muebles, haga que se suelte una crítica furiosa.

Impulsivo

Es sorprendente, pero los Criticones casi siempre son bastante duros consigo mismos. Critican sus propios actos al igual que los de los demás y a su vez su manera impulsiva excede sus límites. Quieren que las cosas se hagan a su forma y se meterán en muchas situaciones para asegurarse que las cosas se hacen bien. Empujar, empujar, empujar. Los Criticones no parecen parar nunca.

Mandón

«Mi madre cree que sabe mejor que yo cómo criar a mis hijos», me dijo frustrada una madre de tres niños.«No solo expresa su punto de vista. Insiste que hay que seguir su consejo. Punto». Muchos Criticones, al igual que la madre de esta mujer, hacen su condena *muy* clara, transformándose no solo en exagerados críticos, sino también en entrometidos y mandones.

Juez

«Mi esposo parece que no puede dejar de criticarme», me dijo una mujer. «Si no es la comida que cocino, piensa que debería servir dos vegetales en cada comida, se trata de que nuestros hijos se acuestan más tarde de lo que él cree que deben hacerlo. Me hace sentir como una mala madre». Los Criticones tienen una manera de hacerlo. Están sentados en el trono que ellos mismos se erigieron, promulgando leyes y pronunciando veredictos.

Hambriento de poder

Hay algo en la forma en que el Criticón dice: «Yo tengo razón y es mejor que creas que la tengo», que hace que hasta la persona más confiada se cuestione su propio valor. No hay que dudarlo, los Criticones ganan poder a través de la crítica. En su libro *Teoría del Control*, el psicólogo William Glasser escribe: «Nada con que nos encontramos nos conduce a una mayor y más rápida pérdida del control que el hecho de que nos critiquen. Asimismo, es más difícil recobrar el control cuando nos han criticado en otra situación»[1]. Los críticos lo comprenden y utilizan cada oportunidad para que surjan dudas en otros adoptando una posición de superioridad.

Arrogante

Muchos críticos están demasiado impresionados con su propia importancia. Siempre asumen el papel del experto. «Espero que no haya pensado en poner esto aquí», dirán con brusquedad. «Sin duda, no habrá pensado que yo no me iba a dar cuenta». Los Criticones raras veces formulan preguntas. En su lugar, adoptan la postura de expertos sabelotodo en casi todas las cosas.

Agobiante

«Mi jefe es un quisquilloso. Cuando algo sale mal, siempre tiene que ser la culpa de otro y eso, casi siempre, significa que soy yo. Lo llama "crítica constructiva" y se queja que soy demasiado sensible. Pero su crítica me desgasta. Todas las noches vuelvo agobiado de sus quejas». Si reconoce esta declaración, sabe lo que significa lidiar con Criticones. Son agobiantes.

Pedante

Los Criticones son maestros desde su nacimiento. Desfilan con sus conocimientos delante de los demás y se concentran en triviales detalles de enseñanza. «Espera un momento», puede que interrumpan, «¿no recuerdas lo que aprendimos acerca de manejar en el centro de la ciudad a esta hora?» Los Criticones tienen una manera de hacerle sentir que regresó a la escuela primaria y que ellos están al frente de la clase.

Quisquilloso

Los que venden automóviles conocen a las personas que nunca compran un vehículo porque son demasiado quisquillosos con el más mínimo detalle. Escuchan el motor y oyen un golpe donde nadie más lo percibe. Encuentran mínimos detalles en el tapizado que nadie más vería. Los Criticones son a menudo tan quisquillosos como esta gente.

¿CONOCE A UN CRITICÓN?

La siguiente prueba quizá le ayude a determinar si está en una relación conflictiva con un Criticón. Identifique a la persona o personas que le vinieron a la mente al leer los párrafos anteriores. Encierre con un círculo la *S* si la afirmación respecto a la persona o personas que tuvo en mente es acertada. Hágalo con la *N* si la afirmación no se ajusta a esa persona o personas.

S N Esta persona es una arrogante sabelotodo.

S N Si existe un defecto, esta persona lo encontrará sin duda alguna.

S N Estar con esta persona es a menudo como estar en un juicio.

S N Esta persona no tiene problema en decirle a la gente qué hacer, cuándo hacerlo y cómo hacer cualquier cosa.

S N Cuando estoy con esta persona, me siento a veces como si estuviese con mi maestra de tercer grado.

S N La interminable queja de esta persona es agobiante.

S N A veces me siento inferior respecto a esta persona debido a las constantes críticas.

S N Esta persona es mandona.

S N Si tengo algo en mi cara o en mis ropas, esta persona no será la más discreta para ayudarme a quitármelo.

S N Esta persona con frecuencia está en el papel de maestra.

S N Puedo contar con que esta persona se queje o haga notar un error casi todos los días.

S N Esta persona parece llevar el mayor poder de nuestra relación.

S N Si elegimos cinco términos para describir a esta persona, *criticona* sería uno de ellos.

S N Con frecuencia me siento a la defensiva respecto a esta persona.

S N Aun cuando creo que las cosas marchan bien, esta persona encontrará un problema.

Puntuación: Total de las *S* que circuló. Si marcó diez o más, con toda seguridad se encuentra en una relación conflictiva con un Criticón.

COMPRENDA A LOS CRITICONES

No le gusta cómo usted conduce. Ni se estaciona. Se ponen nerviosos cuando usa sus discos compactos. Quizá hasta piense que sus vociferaciones los desgastarán. Sin embargo, al igual que el conejo de *Energizer* [Energético], siguen y siguen y siguen. La pregunta es: ¿Por qué? ¿Por qué los Criticones son adictos a la crítica?

Los Criticones creen con frecuencia que sus críticas son útiles. Se creen el mito de que es posible ayudar a otras personas haciendo resaltar sus errores, aun sin que se los pidan. Oirá decir a los Criticones: «No quiero criticar, pero...». De lo que no se dan cuenta es que sus intentos de reformar a las personas inducen con frecuencia a lo contrario de lo que esperaban. Cuando escuchamos una crítica, nuestra primera reacción instintiva es defendernos de ella, no de cambiar. La mayoría de los cambios no ocurren como resultado de una crítica, sino durante una serena meditación o con alguien que nos atiende con paciencia.

Los Criticones a menudo se sienten motivados con el simple deseo de resolver problemas. Ven algo que está mal y sin pensarlo dan una solución que termina sonando más a crítica que a ayuda. «No puedo creer que no tengas un cable de extensión aquí». «Algún tipo de herbicida resolvería el problema de tu jardín». «Espero que hagas ejercicios físicos si comes este tipo de comida». Los Criticones no filtran sus pensamientos ni suavizan sus críticas. Sus consejos, solicitados o no, simplemente salen de sus lenguas en un intento de resolver problemas.

> La fuerza de la crítica reside en la debilidad de lo que se ha criticado.
>
> HENRY WADSWORTH LONGFELLOW

Los Criticones sienten con frecuencia que su tarea es encontrar algo erróneo. No pueden descansar ni relajarse hasta que una investigación no demuestre algo en lo que encuentren errores. Aun cuando haya efectuado una excelente tarea, muchos Criticones seguirán necesitando encontrar algo de qué quejarse. Es parte de su naturaleza.

Algunos Criticones ven su crítica solo como «permitirse hablar con libertad». Esto es en especial destructivo en las relaciones matrimoniales. Algunos cónyuges muestran respeto hacia cualquier persona *salvo* su propio cónyuge. He trabajado con clientes que tratan a sus colegas con guantes de seda y luego regresan a su casa y atacan sin misericordia a su cónyuge. Una mujer se agotaba agradando a la gente y siendo amable en su trabajo; pero una vez que estaba en su casa, le hablaba a su esposo como le daba la gana, usando vulgaridades o ladrándole órdenes.

A muchos Criticones se les enseñó a ser críticos. A Marcie, por ejemplo, la crió su madre sola que luchaba para llegar a fin de mes como madre soltera. Abandonada por su esposo, esta madre soltera enfrentaba el mundo con resentimiento. Su amargura se esparcía sobre todo lo que hacía. Puesto que era la única hija de Lucy, Marcie recibió los regaños de los descontentos de la madre. Como niña, Marcie era impotente para cambiar su situación y se veía obligada a escuchar las interminables arengas de su madre. Lucy tenía constantes comentarios acerca de todos, hombres o mujeres, conocidos o extraños. Marcie creció creyendo que este comportamiento era normal. Contrajo la «adicción al regaño» de su madre, y sin darse cuenta que mantener un monólogo impregnado de juicios y críticas no era lo más deseable, perpetuó la tradición.

Cuando se inventó la radio, los expertos dijeron que no tenía futuro.

Sea cual fueran las dinámicas que acentúan el carácter de los Criticones, es importante comprender que estos siguen una escala. En otras palabras, no todos los Criticones son iguales. En un extremo de la escala están los de poco ánimo que sufren de una frágil autoestima que reducen de manera compulsiva a cualquiera. Este Criticón es como una toxina en una casa o en una organización. En el otro extremo de la escala está la persona que siente que en verdad tiene la responsabilidad del bienestar de usted. Estos son los Criticones que son capaces de entrometerse donde no los llaman, pero son sinceros y merecen nuestra atención. Con este conocimiento, estará mejor equipado para enfrentar esta relación conflictiva, a menudo dificultosa y molesta.

ENFRENTE A LOS CRITICONES

Es difícil permanecer objetivo en cuanto a los Criticones. A veces sentimos que son agujas en una fábrica de globos. Sin embargo, al mismo tiempo, algunos Criticones pueden ofrecer sugerencias útiles. El truco consiste en aprender a separar lo bueno de lo malo. Los siguientes principios le ayudarán a enfrentar sus relaciones conflictivas con Criticones y aprender algo más sobre usted mismo en ese proceso.

Enfrente al Criticón interno

Un equipo de sociólogos entrevistó a cada residente de un pueblo rural de Nueva Inglaterra. Entre otras cosas, descubrieron que cada persona admitió que había criticado a otros hombres y mujeres de la comunidad. Aun así, cada persona se escandalizó al enterarse que, a su vez, a ella la habían criticado otros. Este doble modelo es universal. Esparcimos rápidos comentarios acerca de lo que otras personas hacen o dicen, pero nos horrorizamos al enterarnos que somos el blanco de la crítica de otra persona. Por lo tanto, hagámosle frente. Todos somos un poco críticos. ¿Quién no ha regañado a alguien por algo en determinada ocasión? ¿Qué cónyuge nunca ha utilizado la crítica como un medio de persuasión? ¿Qué padre no ha criticado nunca el comportamiento molesto de un niño? En parte, todos somos Criticones, y comenzaremos a progresar con estos solo cuando lleguemos a un acuerdo con nuestro Criticón interior.

Póngase en los zapatos del Criticón

Sin duda, el enfrentamiento con su Criticón interior le ayudará a sentir empatía por sus Criticones, pero puede dar un paso más allá tratando de ponerse en los zapatos de sus Criticones. Yo viví varios años a la sombra de un amado profesor que admiraba. Respetaba sus opiniones y deseaba que se sintiera orgulloso de mi trabajo. Sin embargo, cuando estábamos juntos, era mucho más probable que me castigara a que me alabase. De manera invariable yo abandonaba nuestra conversación vencido y preguntándome por qué al parecer nunca lo podía satisfacer. Entonces conocí a Ned, un ex estudiante de este profesor. Ned me ayudó a darme cuenta que nuestro profesor venía de una terrible situación familiar que ningún niño podría soportar, situación en la cual nunca jamás tuvo el reconocimiento de sus padres. Al conocer más acerca de los antecedentes de mi profesor, fui capaz de dejar que sus críticas me afectasen menos. Por supuesto que me seguiría gustando oírlo

> Solamente cuando comprendemos por completo las opiniones y actitudes diferentes a las nuestras y los motivos de las mismas, seremos capaces de comprender mejor nuestro lugar en el esquema de las cosas.
>
> S.I. HAYAKAWA

reconocer mis escritos o algún otro aspecto de mi ministerio, pero hoy me importa mucho menos porque conozco un poco más a la persona.

No cierre sus oídos

La mayor tentación en relación con los Criticones es querer desconectarlos. Casi todos los niños son maestros en esta estrategia. Nosotros los psicólogos la llamamos la «sordera para mamá», una súbita, temporal incapacidad de oír todo pedido que haga la madre. Por cierto que los niños pueden escuchar el campanilleo de un vendedor de helados en la otra cuadra, pero les resulta imposibles oír a su madre delante de ellos. Usted y yo hacemos lo mismo. Sin embargo, nos estamos perdiendo algo cuando dejamos de prestar total atención a lo que nos dice nuestro Criticón. ¿Por qué? ¡Porque algo de lo que está diciendo es verdad! Es probable que nuestro Criticón sepa algo que nosotros no sabemos. Refiriéndose a los Criticones en su vida, E. Stanley dijo: «Son los guardianes sin paga de mi alma»[2]. La mejor forma de mantener abiertos nuestros oídos es parafrasear las quejas que le hacen sus Criticones para confirmar que entendió lo que le están diciendo. Diga: «Permítame asegurarme que le he comprendido. Usted dice que...». Repita la queja con sus palabras, luego pídale su confirmación al Criticón. Esté dispuesto a lo que tenga que decirle su Criticón. No obstante, cuando percibe que las quejas vienen de un Criticón evidentemente mal inspirado, que demanda autoridad por reflejo y se lamenta por costumbre, no le preste más atención. Sus críticas dicen más de él que de usted.

> Vino el Hijo del hombre, que come y bebe, y dicen: «Este es un glotón y un borracho, amigo de recaudadores de impuestos y de pecadores».
>
> MATEO 11:19

Limite las críticas que va a aceptar

¿Alguna vez permitió a una persona criticona que lo aparte de reconocer la fuerza de los centenares que están de acuerdo con usted? Yo lo he hecho. Como profesor, por ejemplo, sé cuando un estudiante critica mis enseñanzas. Puedo terminar enfocando toda mi energía emocional en ese solo estudiante. No podría haber nada peor para mí y para los otros estudiantes en clase. Siempre he admirado la forma en que Billy Graham ha enfrentado a sus Criticones. Pueden decir lo que quieran, pero él no ha permitido que sus críticas le impidan llegar a su meta de predicar el evangelio. Conozco a un hombre de negocios que soportaba su porción de críticas y, al final, llegó a la conclusión que solo iba a aceptar las críticas de personas que tienen algo que obtener de su éxito. Esto es un poco limitante para mí, pero todos podemos sacar provecho de este principio. Sin

> La culpa es más segura que el elogio.
>
> RALPH WALDO EMERSON

duda, el apóstol Pablo lo hizo. Le escribió a Timoteo acerca de uno de sus criticones, Alejandro el herrero, el cual le hizo «mucho daño». Al final, Pablo concluyó: «Pero el Señor estuvo a mi lado y me dio fuerzas para que por medio de mí se llevara a cabo la predicación del mensaje y lo oyeran todos los paganos. Y fui librado de la boca del león. El Señor me librará de todo mal y me preservará para su reino celestial» (2 Timoteo 4:14, 17-18). Si tiene un Criticón que se pasa destacando las nimiedades y manteniéndolo apartado de su tarea principal, fije sus límites. Consulte con un amigo, el cual le ayudará a separar las críticas menores de las que son importantes.

Dome a su duendecillo interior

Todos poseemos «puntos delicados», esferas en las que somos de manera particular vulnerables y sensibles. Cuando los Criticones se aproximan a esos campos, nos ponemos en alerta roja. Los Criticones nos activan nuestra voz interior. En su libro *Taming Your Gremlin* [Domine su duendecillo travieso], el consejero familiar Richard Carson procura identificar a ese cronista interno que nos critica y trata de convencernos que es cierto todo lo que dice el Criticón. Carson llama «duendecillo travieso» a esa voz. De modo que para evitar que surja su duendecillo, oculte con cuidado sus puntos delicados de los Criticones. Declare que sus puntos delicados son prohibidos. Diga: «Puedes evaluar o criticar todo lo que yo haga, pero no me digas cómo corregir la relación con mi hermana. Desde ahora, ese problema es mío, no tuyo».

Establezca una «sesión de quejas»

Si en su vida las quejas crónicas de los Criticones lo enfadan e interfieren con su capacidad de trabajar o del simple descanso en su casa, trate de establecer un tiempo aparte para que ellos ventilen sus quejas. Cuando los Criticones comiencen a quejarse, diga algo como: «Me doy cuenta que estás enojado. ¿Podemos hablar acerca de tus preocupaciones durante el almuerzo [o en diez minutos o después de la reunión]?».

> Todo el mundo le dijo a Renoir que renunciara a la pintura pues no tenía talento.

Luego continúe dándole al Criticón el tiempo necesario para que exponga sus frustraciones. Ayúdele a limitar sus quejas a este lapso y esté de acuerdo con él con anticipación. Es sorprendente, pero los Criticones casi siempre están dispuestos para semejante estrategia. Se ajusta a su mentalidad de resolver problemas y les brinda un tribunal para que les escuchen. También lo protegen a usted de que lo bombardeen a cada momento con quejas y críticas. De modo que, si le parece bien, establezca una sesión de quejas con sus Criticones.

Ponga las cosas en perspectiva

Una de las cosas difíciles de la vida o el trabajo con los Criticones es que a menudo hacemos caso de lo que nos dicen acerca de nosotros. Hacer observaciones sobre sus comentarios es una refutación. Nosotros queremos personas que piensen bien de nosotros. Sin embargo, disminuiremos el impacto del comentario negativo al ponerlos en perspectiva. El apóstol Pablo declaró su propia libertad de los Criticones de esta manera: «Muy poco me preocupa que me juzguen ustedes o cualquier tribunal humano»

(1 Corintios 4:3). Le decía a algún entrometido cristiano de Corinto que lo dejase tranquilo, y nosotros podemos aprender de este ejemplo. Traducido libremente, podría ser algo como: «Lo que usted dice y piensa de mí solo me incumbe a mí. Pero una vez que yo haya luchado con mi propia conciencia, consultado mis propias convicciones y hecho mis propias decisiones, su juicio no importará mucho. Importará algo, pero no mucho. No permitiré que la apreciación de los críticos me digan qué debo sentir acerca de cómo soy y qué hago. No me apoyaré en los Criticones».

> Tú, entonces, ¿por qué juzgas a tu hermano? O tú, ¿por qué lo menosprecias? ¡Todos tendremos que comparecer ante el tribunal de Dios!
>
> ROMANOS 14:10

Mantenga vivos sus sueños

Quizá el más mortífero de los venenos de la crítica es cuando apunta contra las aspiraciones de uno. Años atrás, la hermana de un creativo profesor de la universidad sufrió una deficiencia auditiva. Mientras construía algo para ayudarle a oír mejor, inventó un dispositivo poco común. Luego de varios años de prueba, error y éxito final, el profesor estaba listo para producir el aparato. A fin de conseguir el apoyo financiero para su sueño, viajó muchísimo. No obstante, a cualquier parte que iba, los posibles partidarios se reían ante su idea de que la voz humana se transportara mediante un cable. El profesor pudo haber dejado que sus Criticones lo desalentaran. Pudo haber claudicado, pero no lo hizo. Y en la actualidad nadie se ríe de Alexander Graham Bell. No permita que sus Criticones le destruyan sus sueños. Protéjase de esta insensatez asociándose con personas que apoyen y alimenten sus ideas. Mantenga vivos sus sueños.

Comprenda la diferencia de los géneros que critican

Parece que a las mujeres se les reconocen como más «regañonas» que los hombres. Aun así, de acuerdo a Deborah Tannen, autora del éxito de librería *Tú no me entiendes. ¿Por qué es tan difícil el diálogo hombre-mujer?*, esto quizá se deba a las diferentes maneras en que se criaron los hombres y las mujeres[3]. Las mujeres se educaron para agradar a otros y considerar los pedidos de cumplimiento como demostración de amor. Los hombres, por otra parte, igualan las peticiones que reciben con dar órdenes, y reaccionan de acuerdo con esto: «¡Deja de decirme lo que tengo que hacer!».

> Para evitar las críticas, no haga nada, no diga nada, no sea nada.
>
> ELBERT HUBBARD

Por consiguiente, cuando el esposo falla en hacer lo que le pidió su esposa, ella se siente herida o desconcertada. Por lo tanto, se lo pide de nuevo. Y otra vez. Sin embargo, cada vez que le recuerda su petición, él ofrece más resistencia. A menudo, espera antes de hacer lo que su mujer le pidió, para así sentir que responde de acuerdo con su propia voluntad, no porque ella se lo haya dicho así. Entonces, si se casó con un Criticón, recuerde esta diferencia fundamental entre hombres y mujeres.

Cuídese del triángulo de los Criticones

Algunos Criticones expresan sus quejas de maneras bastante destructivas. En vez de criticarlo en su propia cara, se quejan de usted con otras personas, creando un triángulo de tres personas que quedan involucradas en el proceso de la crítica. Muy parecido a los Chismosos, estos Criticones hablan de usted y su comportamiento cuando no está presente. Por lo general, puede detectar a esos criticones por las observaciones que hacen de los demás cuando están con usted. A lo mejor baja la guardia porque esta gente le hace sentir que es uno de sus más queridos confidentes. La verdad es que, junto con casi todos los demás, es un blanco de sus críticas. Cuando esté con esta clase de Criticones, sea discreto y váyase pronto.

Conozca a su criticón más severo... y acepte su gracia

Nuestro crítico más acérrimo y severo es alguien que nos conoce demasiado bien: Dios. Él lo sabe todo. El salmista dice: «Tú me has examinado el corazón y lo sabes todo respecto a mí [...] sabes cómo es cada uno de mis pensamientos [...] Sabes lo que voy a decir antes que lo diga» (Salmo 139: 1-2, 4, *La Biblia al Día*). Dios tiene nuestro teléfono pinchado. Conoce nuestras motivaciones, nuestros planes, nuestras excusas. Nietzsche escribió un cuento acerca de un hombre que en su desesperación mató a Dios. Cuando las personas le preguntaban por qué lo hizo, el hombre replicaba: «Él sabía demasiado». No podemos escapar del ojo guardián de Dios. Sin embargo, por su gracia, no tenemos que vivir con temor a Él. Podemos conocerle y ser libres. Este era el secreto de Pablo; conocía su Crítico Divino de una manera que lo hacía libre, pues se encontró con Dios en la cruz y vio que Dios juzgó su propio Hijo en nuestro lugar. El dedo acusador de Dios en la cruz, que en otro tiempo apuntaba a nosotros, se cambió en una mano abierta extendida hacia nosotros. Nuestro Juez se transformaba en nuestro Salvador. Nuestro sumo Criticón se convertía en nuestro Mejor Amigo.

> La regla para tallar es buena en cuanto a la crítica; nunca corte con un cuchillo lo que pueda cortar con una cuchara.
>
> CHARLES BUXTON

REFERENCIA CRUZADA

Para más información relacionada con los Criticones, véanse estas otras relaciones conflictivas: El Traicionero, El Controlador, El Chismoso y El Aguafiestas.

3

EL MÁRTIR

Víctima por siempre y destruido con la autocompasión

El trato con los Mártires se citó en la encuesta como la segunda relación conflictiva más difícil. Todos tenemos días en los que nos sentimos un poco como mártires, días en los que la autocompasión desciende sobre nosotros. Para la mayoría de las personas, la autocompasión desaparece pronto, un recordatorio que la vida no siempre es justa.

Sin embargo, para algunos, la autocompasión puede ser como una infección. Si no se trata enseguida y en forma agresiva, puede volverse crónica, llevando a las personas a sentirse sin cesar como víctimas.

Tal es el caso de los Mártires. Son capaces de caer derrotados bajo las más pequeñas dificultades: una cena quemada, un fin se semana solitario, una congestión de tránsito, y mostrar poco interés en levantarse. Igual que una flor que se agita con un viento fuerte, los Mártires permanecen abatidos. Sin esperanzas e impotentes, se entregan a la real e imaginaria injusticia y rehúsan la mano extendida de un amigo: «Ah, no te preocupes por mí, estoy bien» o «No tienes tiempo para mis problemas. Sigue por tu camino». Los Mártires sienten que el mundo los desprecia. A menudo, rechazan la ayuda y se incineran en su propia estaca.

No lleva mucho volverse un Juan o Juana de Arco. Las madres pueden sobrecargarse de tareas en la casa y luego decir: «Nadie se interesa por mí de verdad. En lo que a mi familia concierne, soy solo una esclava».

Los padres quizá utilicen el mismo método: «Me mato trabajando y a nadie le importa. Todos me usan».

Vicky es una típica Mártir. Con su forma suave de hablar, apenas si se da cuenta que está en la habitación. Sufre de un dolor de espalda agudísimo y a veces casi ni puede estar sentada por más de cinco minutos. Sin embargo, rechaza el ofrecimiento de una amiga de limpiarle el apartamento y cocinarle la cena. «Tengo que resolverlo sola», dice, «pues no puedo esperar que otra persona esté aquí cada minuto del día».

Vicky se niega a aceptar ayuda, pero se siente muy afectada cuando sus amigos no la visitan. Igual que cualquier otro Mártir, Vicky disfruta de la autocompasión. Esto se ha vuelto tan insidioso para su alma que se siente atrapada. Sus amigos temen que nunca emergerá a una vida divertida y agradable. Y su lastimera existencia se ha vuelto cada vez más agotadora hasta para sus familiares y amigos más fieles.

> Creo que la cosa más desagradable de los mártires es que miran hacia abajo a gente que no lo son.
>
> SAMUEL N. BEHRMAN

Si tiene Mártires en su vida, ha visto de primera mano cómo el disfrute de sus lamentaciones es interminable. Las soluciones a sus problemas, no importa cuán eficaces sean, no pueden penetrar su queja. Los Mártires están muy bien encerrados en la cámara de la víctima. Aun así, esto no significa que usted tenga que sufrir también. Puede utilizar varias estrategias eficaces para vivir y trabajar con Mártires confirmados, aun cuando ellos rechacen que los rescaten.

LA ANATOMÍA DE UN MÁRTIR

Es lamentable, pero los Mártires prevalecen demasiado en nuestra sociedad. Encienda cada mañana o cada tarde un programa de televisión con entrevistas a personas y verá que la gente está inmersa en un mal matrimonio o a alguien demasiado gordo o demasiado desgraciado para luchar con la vida. Los escuchará también culpando a sus padres, su educación, sus ingresos, sus hermanos, sus amigos, su iglesia, su gobierno y, por supuesto, a ellos mismos. ¿Qué dinámicas tienen en común los Mártires? Están derrotados, son pasivos, se culpan a sí mismos, impotentes, irracionales, melancólicos y preocupados.

Derrotados

Todos nos lamentamos un poco en respuesta a las pequeñas irritaciones de la vida: tiene un brote de acné en el peor momento; perdió sus llaves; lo dejaron plantado en una cita. ¿Quién no se sentiría un poco derrotado? Aun así, la mayoría de nosotros somos capaces de poner un freno a nuestros sentimientos negativos, recobrar nuestro equilibrio y continuar viviendo. No así los Mártires. Se rinden con facilidad y sufren una derrota duradera. En el Antiguo Testamento, el profeta Jonás expresó su frustración y sentimientos de derrota. Aun después del arrepentimiento de los habitantes de Nínive, Jonás dijo: «Así que ahora, SEÑOR, te suplico que me quites la vida. ¡Prefiero morir que seguir viviendo!» (Jonás 4:3).

Pasivos

Si alguno quisiera acuñar un grito de batalla para los Mártires, este sería: «¡No puedo!». No puedo perder peso. No puedo conseguir una promoción. No puedo cambiar. No puedo encontrar amigos nuevos. Los Mártires se esfuerzan poco en ir contra sus pensamientos de derrota. Y raras veces piden o aceptan ayuda, incluso, o en especial, cuando le ofrecen esa ayuda con voluntad y afecto. Los Mártires quizá estén necesitando ayuda con desesperación, pero seguirán rechazando un gesto de interés por ellos.

Se culpan a sí mismos

En su libro *Cuando a la gente buena le pasan cosas malas*, el rabino Harold Kushner habla de darles el pésame a las familias de dos mujeres que murieron por causas naturales. En la primera casa, el hijo de la mujer fallecida le manifestó al rabino: «Si hubiera enviado a mi madre a la Florida, sacándola de este frío, estaría viva todavía. Se murió por mi culpa». En la segunda casa, el hijo le dijo al rabino: «Si hubiera insistido en que mi madre fuera a la Florida, aún estaría viva hoy. Es por mi culpa que está muerta». Los Mártires, como estos dos hijos, son a menudo adictos a culparse a sí mismos.

Impotentes

Hay un viejo chiste acerca de un campesino. Mientras estaba parado en su campo, vio a un hombre sobre un caballo que iba a todo galope por el camino. El campesino le gritó: «Oiga, ¿adónde va?» El jinete se volvió y le gritó: «No me pregunte a mí, pregúntele a mi caballo». Los Mártires, igual que este jinete, se sienten que ya no son más dueños de su propio destino. Entregaron las riendas y parecen del todo impotentes.

Irracionales

A menudo, los Mártires se sienten como si estuviesen predestinados. No obstante, a veces son relativamente afortunados. Los von Bulow, de la película basada en un hecho real, *El Secreto Von Bulow*, son Mártires de primera clase. Claus siente pena de sí mismo porque solo vale un millón de dólares mientras su esposa tiene ocho millones. Ella a su vez se castiga porque su infiel esposo le pide el divorcio. Ciegos por completo respecto a su verdadera situación, estos privilegiados seres de sangre azul se hunden cada vez más en una dependencia de medicamentos y una verdadera tragedia.

Melancólicos

Los Mártires se sienten con frecuencia incontrolablemente melancólicos, lo cual los lleva a una sarta de pensamientos desmoralizadores y posterior tristeza. Cuando Julia va a cenar con María y su padre, el papá de María lleva puesto un traje. Durante la cena, Julia se da cuenta que se está poniendo melancólica y le dice luego a María: «Cuando miro a tu padre, sé por qué tienes tanto éxito. Él es muy elegante. Y se viste de traje para cenar. Eres muy afortunada. Mi papá se tambalea con sus pantalones cortos a lunares. Nunca fue un buen padre. Me pregunto si tendré alguna posibilidad en la vida. Con un papá así, ¿cómo puedo esperar que yo triunfe en algo?»

Preocupados

El escritor A.W. Tozer dijo algo que todo Mártir debería tomar muy en serio: «Si nos dejamos de lamentar y miramos hacia arriba. Dios está aquí. Cristo resucitó. Todo esto lo conocemos como una verdad teológica. A nosotros nos queda cambiarlo a una gozosa experiencia espiritual». Los Mártires son personas eternamente preocupadas que se perturban con la verdad. Se imaginan cosas por adelantado, están convencidos que lo pasarán muy mal en la fiesta, que nadie hablará con ellos, y que todo les irá mal incluso antes de salir siquiera de la casa. Los Mártires, como se dice, ponen el parche antes que caiga la gotera.

¿CONOCE A UN MÁRTIR?

La siguiente prueba quizá le ayude a determinar si está en una relación conflictiva con un Mártir. Identifique a la persona o personas que le vinieron a la mente al leer los párrafos anteriores. Encierre con un círculo la *S* si la afirmación respecto a la persona o personas que tuvo en mente es acertada. Hágalo con la *N* si la afirmación no se ajusta a esa persona o personas.

S   N   Si la vida tiene un plan, esta persona le parece que no está en él.

S   N   Esta persona se siente derrotada aun antes de entrar en competencia.

S   N   Esta persona disfruta de la autocompasión.

S   N   No importa qué consejo le ofrezcan, esta persona tiene una razón del porqué no resultará.

S   N   Es como si esta persona hubiera levantado la bandera blanca para rendir la vida.

S   N   La gente caracterizaría a esta persona como preocupada.

S   N   A esta persona le parece que la maldijeron.

S N A menudo, esta persona es irracional en cuanto a la solución de problemas.

S N Esta persona no ve la situación de su vida en términos realistas.

S N La actitud general de esta persona es de: «Pobre de mí».

S N Esta persona siente como si todos los demás fueran mejores que ella.

S N Esta persona no hace casi nada para encontrar soluciones a sus problemas.

S N A menudo, a esta persona se le escucha decir: «Si solo...».

S N A esta persona le atormenta su sentimiento de culpa, el cual vierte en los demás.

S N Esta persona parece del todo impotente.

Puntuación: Total de las *S* que circuló. Si marcó diez o más, con toda seguridad se encuentra en una relación conflictiva con un Mártir.

COMPRENDA A LOS MÁRTIRES

Hace poco leí un artículo respecto a la derrota y sus efectos psicológicos sobre el sistema nervioso; la fotografía que acompañaba al artículo mostraba a una rata frustrada en sus esfuerzos por trepar y salir de un bol de vidrio, mientras que otras ratas alrededor del bol comían distintos alimentos apetitosos. Esta es una buena descripción de cómo se sienten los Mártires, atrapados en el fondo de un gran abismo mientras el resto del mundo está de fiesta. Es extraño, pero los Mártires casi siempre rechazan la ayuda. Por todas las apariencias, quieren que los dejen a merced de su propio destino, para al final rendirse y llorar: «Pobre de mí». Este extraño comportamiento parece del todo absurdo para la mayoría de la gente, pero los Mártires tienen sus razones.

Los Mártires se sienten empequeñecidos por cualquier cosa que acepten de otros. ¿Por qué? Porque a menudo sienten ansiedad en el mismo momento en que la mayoría de nosotros experimentamos placer y un sentido de seguridad. Muchos Mártires tienen problemas en aprender de otros aun cosas simples como cocinar. En la raíz de esta resistencia se encuentra una gran necesidad de control y un temor de dependencia. Cuanto mayor es la necesidad, con más energía van a luchar los Mártires contra cualquiera que trate de ayudarles.

Cuando Sara, de treinta y tres años de edad, la dejaron cesante en su trabajo educativo durante una ronda de cortes presupuestarios en toda la ciudad, su amigo Roy observaba impotente cómo le confiscaban su automóvil. Le ofreció varias veces prestarle el dinero para los pagos, pero ella declinó. «Ni siquiera quiso aceptar un préstamo con un compromiso escrito de devolvérmelo con intereses», recordó él. «Cuando le pregunté el porqué, solo me contestó "porque sí", como un niño. La observé durante horas perder el tiempo usando el desagradable sistema de ómnibus para ir a entrevistas de trabajo. Por poco rompemos porque me imaginaba que su rechazo significaba que no se sentía tan cercana a mí como para aceptar una ayuda. Pero entonces descubrí que tampoco había aceptado un préstamo de su más íntima amiga. Al final, me di cuenta que sea lo que fuese, no tenía nada que ver conmigo».

> Una gran cantidad de personas parecen embalsamar sus problemas. Cada vez que los veo venir, siento que quisiera salir corriendo.
>
> Dwight L. Moody

Roy tenía razón. Cuando los Mártires se resisten a gestos de atención hacia ellos, casi siempre significa que están ansiosos. No es que no quieran a la persona que se preocupa por ellos. En el caso de Sara, había decidido mucho tiempo atrás no aceptar jamás nada de nadie. La criaron padres que usaban el dinero para controlar la vida de sus hijos. Y cuando Sara estaba en la universidad, su padre le suspendió su ayuda financiera debido a que había cambiado un programa de leyes por uno de educación en inglés. «Desde ese entonces», dijo Sara, «mi método fue no aceptar nada de nadie porque siempre eran sogas con las que uno estaba atada».

Sara es la típica Mártir. La configuraron en su niñez, y de adulto no era capaz de distinguir entre la ayuda ofrecida por el deseo de dominar y la ayuda que se ofrece por amor. De niña, no veía la diferencia.

La historia de Sara apunta hacia otra dinámica implícita de los Mártires. *Los Mártires están arrinconados dentro de una mentalidad que no ve un término medio entre la independencia de una persona solitaria y una impotencia infantil.* «Sé que esto no es razonable», dijo Roberto, «pero hasta la más pequeña ayuda me hace sentir como un bebé. El año pasado me fracturé el brazo y me negué a permitir que mi esposa le pusiera gasolina a nuestro automóvil, aunque ella lo había hecho con frecuencia antes de fracturarme el brazo. Lo expliqué como una preocupación por ella. Le dije que no quería que lo hiciera porque tenía demasiadas cosas que atender que yo ahora no podía hacer. Sin embargo, la verdad era que odiaba el sentimiento de no tener el control».

> Mantengamos firme la esperanza que profesamos, porque fiel es el que hizo la promesa.
>
> HEBREOS 10:23

Los Mártires temen perder el control. Roberto es lo bastante saludable como para ver su propio comportamiento en su justo detalle. Sin embargo, en la mayoría de los Mártires, la autosuficiencia oculta serios problemas, que solo se agravan por el aislamiento emocional que ellos mismos se imponen. «Usted puede encontrar la mentalidad de "lo puedo resolver yo mismo" en personas de toda clase de problemas desesperados», dice Carla Pérez, autora de *Getting Off the Merry-Go-Round* [Bajándose del tiovivo][1]. «En vez de admitir que necesitan ayuda de otros seres humanos, esta gente se vuelve hacia los hábitos destructivos, las drogas, el alcohol y toda clase de automedicación para el dolor emocional, a fin de mantener la ilusión de tener el mando. El control es el tema predominante».

En algunos momentos, la necesidad de los Mártires por el control no se manifiesta como autosuficiencia, sino como un sacrificio propio. Hacen todo por todos y parecen no querer nada a cambio. Sin embargo, luego se quejan a menudo por la injusticia de los que se apoyan en ellos. Estos mártires disfrutan en coleccionar motivos de queja. Ser siempre el dador en vez del que recibe los coloca en una poderosa posición; suman todo lo que creen que la gente les debe, pero actúan como si no importara de verdad. No obstante, si en realidad no fuera así, ¿por qué hacer que todos alrededor se sientan tan culpables?

> Rendirse a la desesperación es el pasatiempo favorito del hombre. Dios ofrece un plan mejor, pero cuesta un esfuerzo para apropiárselo y fe para reclamarlo.
>
> Charles R. Swindoll

El temor al rechazo es otro sentimiento que combaten los Mártires. Mientras que unos pocos Mártires quizá se parezcan o puedan parecerse a los Fanáticos del Control, su falta de voluntad para pedir ayuda o recibir cualquier cosa de otros quizá sea para ocultar el dolor, el temor o un profundo sentimiento de su poco valor. Aprendieron en su infancia que sus necesidades no eran importantes, por lo que terminaron por pensar que no merecían nada agradable. Muchas veces lo dirán en alta voz, cuando se enfrenten a algo maravilloso. Sin duda, dirán: «Yo no me merezco esto».

Annie, una estudiante del penúltimo año de una universidad, pensó que su novio no era sincero cuando por primera vez usó el *yo no me merezco esto*. «Le había dado dos entradas para el partido de béisbol», me contó. «Pensé que su comentario era su concepto acerca de una frase amable. Después, cuando me di cuenta que estaba en verdad molesto, no supe qué pensar». Cuando Annie y su novio se comprometieron, ella conoció a su familia y comprendió a qué se debían sus grandes problemas para aceptar algo. «Su madre», dijo ella, «tenía algunas ideas en verdad extrañas acerca de mimar a los niños». Siguió describiendo cómo en cada cumpleaños, su madre enviaba un cheque a un establecimiento de caridad en nombre de su hijo, luego de decirle que él era «un muchacho muy afortunado que no necesitaba nada». Por supuesto que él se sentía culpable cuando alguien hacía algo agradable para él. Como dijo Annie: «Lo llevaron al punto de creer que era moralmente indebido aceptar un regalo que uno no necesitaba en absoluto».

> El que desespera degrada a Dios.
>
> Owen Feltham

He conocido a personas que representaban el papel del Mártir en su familia o en el trabajo, cargando con todo el dolor y la culpa y sin ayuda. Algunas eran esposas de alcohólicos, drogadictos o jugadores compulsivos. Otros eran personas cuyos cónyuges las maltrataban en lo físico y en lo psicológico, pegándoles con los puños o con las palabras. Sin embargo, conocí muchos Mártires que eran gente común y corriente, que se sentían siempre como víctimas de una injusticia.

ENFRENTE A LOS MÁRTIRES

Ningún microchip en el banco de computadoras de la Asociación Estadounidense de Psicología, proyecto de investigación en sus listas o libro de autoayuda está dedicado a la enfermedad del martirio. Sin embargo, cada terapeuta conoce su condición. Exploremos las diferentes formas que puede usar para enfrentar a los Mártires de su vida.

Enfrente a su Mártir interior

«La idea actual de "no tener ideas negativas" es falsa», escribe Lesley Hazleton, autor de *The Right to Feel Bad* [El derecho a sentirse mal]. Estamos hechos para sentir que deberíamos ser capaces de ir con facilidad de un trabajo al otro, de un hogar al otro, de una edad a la otra, sin tomarnos nunca el tiempo de sentir el vacío de la pérdida»[2]. Estoy de acuerdo. Cuando llega el momento de experimentar una emoción que despreciamos en otros, lo más probable es que nos escapemos de ella para refugiarnos en nosotros mismos. Sin embargo, todos sentimos a veces la autocompasión y hasta quizá disfrutemos de actuar solos al rechazar la amabilidad de otro. ¿Alguna vez pidió tiempo para estar a solas, tiempo para ser usted mismo en su horrible, malo y abominable día? Seguro, todos tenemos momentos en que decimos «Pobre de mí». Aproveche este sentimiento para juntar un poco de empatía por los Mártires en su vida. Le ayudará a aliviar la tensión.

No espere muchos cambios

La mayoría de los Mártires están aferrados a una rutina. Los criaron con sentimientos de autocompasión y se independizaron sintiendo culpa. Por lo tanto, si va a seguir en contacto con estas personas, reduzca sus expectativas. Los Mártires cambian poco a poco. Casi siempre, su transformación ocurre por grados a través de mucha psicoterapia. Esto significa que para su propio bienestar, no puede imponer un patrón que es inalcanzable. Por ejemplo, cuando llega el momento de darle un regalo a un Mártir, deberá recibir el placer del acto en sí de dar y no de basarlo en la reacción del Mártir. Es probable que esa reacción no sea una explosión de alegría. ¿Entendió la idea? Reduzca sus expectativas y disminuirá su nivel de frustración.

Haga reír a los Mártires

Enfrentémoslo, los mártires no son el alma de la fiesta. Pueden ser un manifiesto agente depresivo. Después de todo, son desdichados por el dolor en la vida, pero al mismo tiempo parecen que se resignaron a eso y se niegan a cambiarlo. En muchos casos, los Mártires parecen creer que merecen sufrir. Al igual que los Puritanos, para los Mártires la vida es algo serio y severo. Es más, en realidad los Puritanos promulgan leyes contra la risa los domingos. Alguien definió a un Puritano como una persona que aboliría las corridas de toros, no por el dolor del toro, sino por darle placer a los espectadores. Los Mártires entienden. Sin embargo, esto no significa que usted pueda arreglárselas con un rígido Mártir. Utilice cada oportunidad que se le presente para agregar un cómico alivio a la vida de los Mártires. Facilitará su relación y es probable que sea uno de los más sagrados regalos que pueda dar. El escritor escocés George Macdonald dijo una vez: «El corazón es el que aún no está seguro de si Dios teme reír en su presencia». Las risas no solo estrecharán un poco más los lazos entre usted y los Mártires, sino que también acercarán un poco más a los Mártires a Dios.

> Es la causa y no la simple muerte lo que hace un mártir.
>
> Napoleón Bonaparte

No dé consejos

Tratar de dar consejos a los Mártires es como intentar convencer a un oficial de la policía a que no le ponga una multa después que pasó una luz roja. Es inútil. Los Mártires siempre contestan: «Sí, pero...», y proceden a explicarle por qué sus problemas no se someten a sus soluciones. Nada de lo que haga o diga cambiará su teoría. «Le di a mi amiga Ronda un buen ejemplo acerca de las personas sin empleo que terminan encontrando buenos trabajos», dijo Karen, «pero simplemente no quiere oírlo». La verdad es que Ronda lo oye, pero no quiere actuar de acuerdo con esto. Como una confirmada Mártir, Ronda quiere lamentarse por su pobre trabajo que encontrar uno nuevo. Quizá siente que no merece nada mejor. A lo mejor teme el fracaso. Sea cual fuere la razón, ella, como tantos otros Mártires, no presta atención a ningún consejo. Por lo tanto, no siga machacando en hierro frío al tratar de resolver los problemas de los Mártires con buenos consejos. Después de las primeras sugerencias (por lo menos debe intentarlo), malgasta su tiempo. En su éxito de librería *El Camino Menos Transitado*, el Dr. Scott Peck escribe acerca de la tendencia de los Mártires de hacer su voluntad esquivando los consejos. «Tarde o temprano, si se van a curar, deberán aprender que toda la vida de un adulto es una serie de elecciones personales, de decisiones. Si son capaces de aceptarlo por completo, llegarán a ser libres. En caso de no aceptarlo, serán víctimas para siempre»[3].

Descubra el problema, si es que puede

Por alguna razón, los Mártires creen que hay fuerzas malévolas que los atormentan. Igual que un perro al que le pegan con un periódico, casi nunca saben por qué los «castigan». Solo saben que reciben un trato duro. No obstante, si usted es paciente con amigos que son Mártires, será capaz de romper las claves y resolver el misterio. Cuando sus amigos se quejen que nada les sale bien, puede responderles: «Háblame de eso. ¿Qué es exactamente lo que no salió bien?». Este tipo de amable sondeo quizá revele la verdadera o imaginaria espina que irrita a la mayoría de los Mártires. Al darse cuenta, en términos específicos, podrán terminar por hacer algo al respecto. Ya ve, la gente impotente tiende a generalizar sus sentimientos negativos, lo cual todo lo nubla. Al ayudarles a esclarecer con exactitud su verdadero problema, les eleva la percepción y los acerca más a un lugar de acción.

Evite la trampa de la culpa

Los Mártires, además de culparse a sí mismos, a menudo culpan al tiempo, a su trabajo, a su infancia, ¡y hasta a usted! Como víctimas constantes, disfrutan de la autocompasión y buscan la compasión de otros con su acostumbrado *pobre de mí*. En otras palabras, los Mártires son maestros en el arte de inspirar culpas. Después de todo, es fácil sentir que usted de algún modo no está haciendo lo necesario para ayudarles a través de su dolor o que debería y podría hacer más. La verdad es que nunca va a hacer lo suficiente. Por lo tanto, acepte este hecho y evite un doloroso sendero de culpa.

Conozca la diferencia entre compasión de sí mismo y depresión

La autocompasión en los Mártires no es lo mismo que la depresión, pero las dos son muy similares. Los que sufren de ambas pierden el interés en sus antiguos placeres, los invaden oscuros pensamientos y se atormentan con un sentimiento de inutilidad. Es probable que se encuentren languideciendo solo en casa, acurrucado en el viejo y confortable sofá. La gran diferencia entre la autocompasión y la depresión es que la primera es mucho más profunda y peligrosa. Si los Mártires de su vida perdieron el interés o placer en casi todas sus actividades y pasatiempos comunes, y si su humor les está afectando su apetito, sueño o concentración, es probable que sufran de depresión. Otros síntomas pueden incluir el llanto, la irritación y excesivos sentimientos de inutilidad y desesperación. Si sospecha que los Mártires de su vida sufren de depresión, anímelos a buscar ayuda profesional. A propósito, hablando en general, la gente deprimida está mucho más dispuesta a buscar ayuda que los Mártires sin depresión.

Mantenga lleno su depósito

«Me paso horas escuchando historias acerca de la terrible vida de Sue», dice Linda. «Su tío le puso una demanda por el dinero del abuelo y su madre apoyaba a su tío. Sue se sentía tan mal por todo este asunto que se gastó la herencia entera en un mes de compras desenfrenadas». Sin embargo, al poco tiempo, Linda comenzó a sentirse explotada. «Sue nunca me agradeció por escucharla y nunca me preguntó nada acerca de mi vida. Si pienso en estar ahora con Sue, comienzo a sentirme mal». La relación con los Mártires puede drenar sus energías. Si alguna vez ha soportado una noche con una de estas personas difíciles, es probable que haya terminado sintiéndose como si hubiera estado sumergido en pegamento. Los Mártires no pueden hablar de otra cosa que no sea su melancolía, la cual se derrama sobre usted, se le pega y deja exhausto a cualquiera que escuche. Debido a esto, necesita tener un especial cuidado en evitar que lo venza por su propia energía cuando está entre Mártires. Note cuánto tiempo pasa con ellos y vigile su nivel de energía. En poco tiempo sabrá positivamente cuánto tiempo puede soportarlo antes que necesite darle un corte y rellenar su tanque de combustible.

Referencia cruzada

Para más información relacionada con los Mártires, véanse estas otras relaciones conflictivas: el Camaleón, la Esponja, el Aguafiestas y el Burro de Carga.

EL AGUAFIESTAS

Pesimista y automáticamente negativo

«Cada vez que paso por la puerta de la oficina de mi jefe, tiemblo», dice Vanessa, una editora de revistas de veintinueve años de edad. «Su negativismo llena el ambiente como un veneno».

Al principio, Vanessa asistía a las reuniones de la editorial llena de elevado espíritu e ideas. Sin embargo, al enfrentarse con un cínico superior que trajo un tono mortal a esas sesiones, «no pasó mucho tiempo antes de que mi ánimo se viniera abajo. Y yo no era la única. Otros editores abandonaban las reuniones cabizbajos y con el mentón apoyado en el pecho».

¿Conoce a gente como el jefe de Vanessa, la que cree que va llover en cada desfile? ¿Conoce a personas que a menudo hacen comentarios como estos?

«No vale la pena intentarlo».

«Puede intentarlo, pero nunca lo va a conseguir».

«Lo hemos intentado antes, pero no resultó».

«No puede suceder».

«No hay forma de hacerlo».

Si es así, conoce algunos Aguafiestas.

Los Aguafiestas tratan la posibilidad de un final feliz con aversión y leve desdén. Un viaje gratis a Tahití significa solamente aviones atrasados y picaduras de mosquitos.

El Aguafiestas consumado puede hacer explotar cualquier globo de celebración. «La boda fue muy linda, pero fue una vergüenza que el novio no bajara algunos kilos para esa ocasión». «Felicitaciones por su nuevo ascenso. Pero usted aún tiene que subir muchos peldaños de la escalera, ¿no es así?» «El nuevo santuario es maravilloso. ¡Es probable, por supuesto, que nunca vamos a crecer lo suficiente como para llenarlo o pagarlo!» Desinflar el gozo, empequeñecer los triunfos, esto es lo que mejor hacen los Aguafiestas.

Hasta podemos encontrar Aguafiestas en algunas historias bíblicas. Los fariseos, en la historia de Juan acerca de la curación del ciego, eran Aguafiestas. En lugar de alegrarse con el hombre ante el milagro de recobrar la visión, lo acosaron y trataban de desacreditar a Jesús como una persona que no guardaba la ley. Y, por supuesto, tampoco la iglesia actual es inmune a los Aguafiestas. Hay montones de fariseos modernos a los que les encanta encontrar espirituales, teológicos y morales «¡Te agarré!», para hacer ostentación ante otros. Es la forma de ser de los Aguafiestas.

> Un pesimista es uno que se siente mal cuando se siente bien por temor a sentirse peor cuando se sienta mejor.
>
> Anónimo

Marshall Shelley, autor de *Dragones Bien Intencionados*, dice que estas personan tienen un lema: «Lo que no se arriesga, no se pierde». Agregue a esto: «Si no hay nada roto, no lo arregle», y tendrá la actitud básica de los Aguafiestas. Estas son los que les dijeron a los hermanos Wright: «Si las personas se hubieran creado para volar, Dios les habría dado alas».

Como escritor, he encontrado mi parte de Aguafiestas y tengo una caja de zapatos llena de cartas de rechazo de redactores y editores para demostrarlo. Como profesor, he visto docenas de estudiantes competentes sufrir bajo el peso de Aguafiestas que derribaban sus sueños y atacaban sus aspiraciones. Como psicólogo, he escuchado incontables historias de buenas personas que se entregaron al negativismo de los Aguafiestas hasta que interiorizaron cada mensaje pesimista hasta el punto de volverse depresivos.

Por fortuna, también he visto muchas de estas mismas personas aprender a arreglárselas con los mensajes negativos de los Aguafiestas y elevarse a alturas inimaginables. ¿Su secreto? Analizaremos enseguida este punto. Pero primero, comencemos con las características que distinguen a los Aguafiestas.

La anatomía de un Aguafiestas

Los Aguafiestas son automáticamente negativos respecto a todo lo que lo entusiasme a usted. Si recibe un aumento de sueldo, ellos piensan que no es suficiente. Si gana un concurso, ellos están disgustados con el premio. Si consigue llegar a una meta, ellos no lo reconocen. Sin embargo, la naturaleza negativa de los Aguafiestas está constituida por varias características. Los Aguafiestas son cínicos, pesimistas, despreciativos, desalentadores, criticones, melancólicos, inactivos, rechazadores y contaminantes.

Cínicos

Harry Emerson Fosdick, un influyente ministro en los comienzos del siglo veinte, hizo una interesante observación: «Analice en qué son cínicas las personas y descubrirá a menudo de lo que carecen». Sin duda, esto se ajusta a los Aguafiestas. El cinismo corre por sus venas y aunque a veces se disfraza de pensativa contemplación, siempre es una forma fácil de atacar en la otra persona las cualidades que ellos mismos no poseen.

Pesimista

Los Aguafiestas sufren del síndrome de estrés pretraumático, una tendencia de creer que dado que todo está marchando tan bien, el desastre sin duda está a la vuelta de la esquina. Le será difícil encontrar personas más pesimistas que los Aguafiestas.

Despreciativo

«Sí, lo has hecho esta vez, pero veremos si lo puedes hacer cuando en verdad importa», le dijo un entrenador a una joven atleta que trataba con desesperación de batir su récord de salto alto. La estudiante universitaria estaba practicando para un futuro torneo y había saltado como nunca antes. Sin embargo, el entrenador no le dio valor porque no lo hizo durante el torneo. Esto es una costumbre en los Aguafiestas. Rechazan cosas positivas insistiendo en que no cuentan.

Desalentadores

¿Tuvo usted alguna vez una profunda emoción debido a un inspirado mensaje? ¿Alguna vez recibió buenas noticias más allá de su imaginación? ¿O alguna vez soñó un sueño que no pudo contener? Si es así, no se lo cuente a los Aguafiestas. Ellos pincharán su burbuja y echarán abajo su entusiasmo antes que se dé cuenta de lo que pasó. A los Aguafiestas solo les atrae las buenas noticias para hacer que usted no las vea tan buenas como pensó.

Criticones

Los físicos han aprendido a colocar imperfecciones dentro de cristales perfectos para reforzar los semiconductores. Las imperfecciones les dan a los cristales su más importante cualidad. Los Aguafiestas tienen dificultades con esta práctica. Ellos, como muchos de los Criticones, miran la vida con un lente de aumento. Controlando su entorno por potenciales defectos, los Aguafiestas se detienen ante los menores errores y los aumentan más allá de toda proporción.

Melancólicos

«El típico perfil es la persona que cree que el pasado fue un fracaso, el presente es una desgracia y el futuro no parece nada bueno», dijo John P. Kildahl, autor de *Beyond Negative Thinking* [Más allá del pensamiento negativo][1]. «Aun cuando sucede algo bueno, piensan que en poco tiempo van a pagarlo con una serie de inevitables acontecimientos malos». Los Aguafiestas son casi siempre desalentadores y llenos de tristeza.

Inactivos

Dado que los Aguafiestas tienen poca esperanza en el futuro, encuentran pocas posibilidades para mejorar el presente. «¿Para qué intentarlo?», es la pregunta que repercute en sus mentes, así que no lo hacen. Mojan las chispas de cualquier nueva idea, incluyendo las propias, y el resultado es que los Aguafiestas están parados como una piedra, estáticos como una inmóvil charca.

Rechazadores

Una vez escuché a Bruce Feirsten, autor del éxito de librería *Real Men Don't Eat Quiche* [Los verdaderos hombres no comen quiché], en un reportaje acerca de sus experiencias como escritor. Dijo que antes que se aceptara este libro para su publicación, lo rechazaron doce veces, y un editor escribió: «Lo siento, pero no todos podemos ser escritores. Quizá debería expresar sus talentos de otra manera». ¡Diga algo acerca de los Aguafiestas!

Contaminantes

Las personas con pensamientos negativos pueden ser venenosas para cualquier hogar o lugar de trabajo. Su conducta casi siempre crea estrés y ocasiona negativismo en otros. ¿Por qué? Porque destapan el potencial de desesperación que hay en cada uno de nosotros. En algún momento, la mayoría nos hemos sentido como si fuéramos víctimas de fuerzas que se escapan de nuestro control. Debido a que los Aguafiestas se sienten desalentados y vencidos, sus comentarios pesimistas pueden hacer surgir con facilidad sentimientos análogos en cualquiera que les preste atención.

¿CONOCE A UN AGUAFIESTAS?

La siguiente prueba quizá le ayude a determinar si está en una relación conflictiva con un Aguafiestas. Identifique a la persona o personas que le vinieron a la mente al leer los párrafos anteriores. Encierre con un círculo la *S* si la afirmación respecto a la persona o personas que tuvo en mente es acertada. Hágalo con la *N* si la afirmación no se ajusta a esa persona o personas.

S   N   Si llegan buenas noticias, puedo contar que esta persona las descuenta.

S   N   Esta persona se caracteriza por: «Si no está roto, no lo arregles».

S   N   Esta persona es automáticamente negativa en la mayoría de las cosas.

S   N   A menudo, esta persona tiene una actitud de: «¿Para qué intentarlo?»

S   N   Cuando me entusiasmo por alguna cosa, esta persona me desanima en un minuto.

S   N   Cuando esta persona está cerca, las otras tienden a ser más negativas.

S   N   Esta persona espera lo peor.

S   N   Si existe una falla, esta persona la encontrará.

S   N   Esta persona es mucho más pesimista que optimista.

S   N   Esta persona parece gozar al echar abajo las ideas o propósitos de otros.

S   N   Por lo general, dice cosas como: «No puede suceder», «No es posible» y «No hay manera de poder hacerlo».

S   N   Esta persona lleva consigo un aire de tristeza o *angustia*.

S   N   Esta persona rechaza las buenas ideas.

S   N   Esta persona da pocas muestras de crecimiento personal.

S   N   Cuando estoy cerca de esta persona, tiendo a ser más negativo.

Puntuación: Total de las *S* que circuló. Si marcó diez o más, con toda seguridad se encuentra en una relación conflictiva con un Aguafiestas.

COMPRENDA A LOS AGUAFIESTAS

Yo crecí en una familia optimista. Toda idea merecía que se considerara. Cada aspiración merecía que se explorara. Sin embargo, ¿es posible que fuera demasiado optimista? *¿Demasiado* optimista, dice usted? ¿Es posible ser demasiado optimista? Investigaciones recientes lo manifiestan así. Julie K. Norem, una profesora de psicología del Wellesley College cree que no todos necesitan ser optimistas. «Decir que el pesimismo siempre es malo», dice

Norem, «es simplificar demasiado las cosas. Una gran cantidad de personas hacen bien las cosas y, no obstante, son bastante pesimistas». Norem los llama «pesimistas defensivos», personas de sumo éxito que utilizan la ansiedad y el temor al desastre de modo que les sirva de ayuda para enfrentar su estrés y mejorar su rendimiento.

Algunas personas utilizan el pesimismo como una defensa. Están en su mejor forma cuando se concentran en el pesimismo. Se preocupan en exceso y sin motivo, temen al fracaso y no poseen otra cosa que el negativismo para protegerse de la ansiedad. Si echan abajo una idea antes que llegue al fondo de la cuestión, no deberán preocuparse en cuanto a su posible fracaso. Necesitan quejarse y bajar cualquier expectativa. Describen el peor de los casos y luego se empeñan en evitar que suceda, usando así su ansiedad a manera de motivación para desempeñarse mejor de lo esperado. Tomás, el discípulo, quizá fue un Aguafiestas. Debido a sus dudas, era incapaz de alabar la resurrección de Cristo. En su lugar, exigió pruebas. Su negativismo quizá fue su mecanismo de defensa para no enfrentar la verdad acerca de Cristo. Cuando los otros discípulos le dijeron que habían visto al Señor, él les dijo: «Mientras no vea yo la marca de los clavos en sus manos, y meta mi dedo en las marcas y mi mano en su costado, no lo creeré» (Juan 20:25).

Una semana después, cuando Tomás se encontró con el Señor resucitado, Jesús le dijo: «Pon tu dedo aquí y mira mis manos. Acerca tu mano y métela en mi costado. Y no seas incrédulo, sino hombre de fe» (Juan 20:27).

Para la mayoría de las personas el pesimismo no tiene sentido, pero sí lo tiene para los Aguafiestas, al menos para los «defensivos». Otros Aguafiestas, tal vez la mayoría, son solo negativos y pesimistas por razones menos «racionales».

Los Aguafiestas creen que se enfrentan a fuerzas más allá de su control. Por ejemplo, Rick no quería que redujeran el espacio de su unidad, pero sus notas escritas de queja al cuartel general nunca las contestaron. *Eso es*, razonó Rick. *Hice lo que pude y nos quedamos parados*. Realizó un intento y enseguida se resignó a un impotente estado de víctima. Otros no se dan por vencidos con tanta facilidad, pero para los Aguafiestas, estas fuerzas son barreras absolutas, inmutables, más que obstáculos a los que hay que pasar alrededor, a través o por encima. El negativismo de los Aguafiestas no es una pose. Están sinceramente convencidos que poseen poco poder sobre sus propias vidas. El destino interviene en todos los frentes, pero nunca por completo dentro del poder que posee cada uno. Los Aguafiestas, con tan poca fe en la capacidad de cualquiera de influir en los cambios, se sientan, se quejan y esperan que el destino los trate con amabilidad.

> Hermanos, consideren bien todo lo verdadero, todo lo respetable, todo lo justo, todo lo puro, todo lo amable, todo lo digno de admiración, en fin, todo lo que sea excelente o merezca elogio.
>
> FILIPENSES 4:8

El negativismo es una respuesta aprendida. La mayoría del negativismo profundo no es por herencia, se aprendió de los padres, maestros o entrenadores de las Ligas Menores. Por ejemplo, algunos padres quizá tenían una visión pesimista de la vida, y ese pesimismo se volvió contagioso. Algunas personas tal vez aprendieron a ser negativas debido a un devastador fracaso, como es el de no haber podido estudiar en la universidad de su preferencia. A lo mejor se ven como cosas dañadas y creen que no hay nadie a su alrededor que merezca éxito o felicidad.

¿Será que en el núcleo de cada problema de un Aguafiestas exista una lucha básica con su escaso amor propio? ¿Echan abajo indiscriminadamente los Aguafiestas las ideas y aspiraciones de otros, en un vano intento de sentirse mejor respecto a sí mismos? Para encontrar las respuestas a esas preguntas, Jennifer Crocker y Ian Schwarts pidieron a cuarenta y dos estudiantes universitarios que respondieran un cuestionario evaluando su autoestima[2]. Luego, los investigadores dividieron a los estudiantes de manera

arbitraria en dos grupos y los denominaron «alfa» y «beta». A todos los estudiantes se les pidió que indicaran sus expectativas acerca de la personalidad de cada persona de ambos grupos, clasificándola en sus características deseables e indeseables.

¿Qué dijeron los del grupo alfa de los del beta y viceversa? A pesar de que los estudiantes no se conocían, sus opiniones mutuas recibieron el impacto de su amor propio. Las personas con una elevada autoestima clasificaron de manera más favorable a ambos grupos que aquellos cuya autoestima era baja. Lo interesante del caso fue que las personas con baja autoestima no fueron en lo absoluto discriminadoras. Aunque mostraron un fuerte prejuicio hacia los del otro grupo, no dieron más valor a los miembros de su propio grupo. Crocker y Schwarts llegaron a la conclusión de que los individuos con baja autoestima poseen casi siempre una visión negativa respecto de sí mismos, de su grupo, de otros grupos y quizá del mundo.

> Un cínico es uno que, cuando huele flores, mira a su alrededor buscando un ataúd.
>
> H.L. MENCKEN

ENFRENTE A LOS AGUAFIESTAS

Cuando Roger Bannister era niño, se quemó severamente sus piernas en un accidente en su escuela. Su médico le dijo que nunca volvería a caminar. De adulto, Bannister se convirtió en la primera persona que batió el récord mundial de la milla en cuatro minutos. No estoy seguro si el médico de Bannister era un charlatán, un profesional incompetente o solo un Aguafiestas, pero sé que no podemos creer cada mala noticia que nos dan. Esto es fundamental a fin de soportar a los Aguafiestas. Otras estrategias probadas para soportar a los Aguafiestas incluyen lo que sigue a continuación.

Enfrente al Aguafiestas interior

En la oficina de un amigo hay un cartel que reza: «Siempre lo hacemos de esta manera». Dice que esto le recuerda cuán tonto es pasar por alto una innovación y evitar ideas creativas. «Es sorprendente cuántas veces oigo decir a la gente algo al respecto en una reunión», me informa. Debo darle la razón. Y admitir que yo mismo me lo había dicho. Recuerdo que el domingo pasado conducía rumbo a un restaurante al que vamos a menudo a la salida de la iglesia. Durante el viaje, Leslie, mi esposa, sugirió que fuéramos a otro restaurante. «Pero siempre vamos a Chinooks los domingos», le repliqué. Tengo un presentimiento que no estoy solo en esto. No me diga que nunca ha rechazado con desdén el plan o idea de alguien. Todos, alguna vez, se han sumado a la brigada de los Aguafiestas y han dicho: «Esto nunca dará resultados». Después de todo, no requiere mucho esfuerzo carecer de visión. El negativismo es fácil. Cuando comprenda esta parte suya, comprenderá mejor a los Aguafiestas de su vida.

> Para el afligido todos los días son malos; para el que es feliz siempre es día de fiesta.
>
> PROVERBIOS 15:15

Protéjase de la infección

Advertencia: El virus del Aguafiestas es altamente contagioso. Igual que la gripe, el negativismo se puede transmitir sin saberlo. Cuando la gente toca bocina con insistencia en las autopistas, ¿crece su ira hasta igualar la de ellos? No se dijo ni una palabra, pero si usted es como la mayoría de las personas, se contagió de la negatividad del conductor. La negatividad no es algo que cualquiera *quisiera* agarrar. Entonces, ¿por qué lo hacemos? Una razón es que estamos tan en armonía con nuestras propias emociones que con facilidad recogemos las de otros. Si somos receptivos, somos receptivos: Tanto lo positivo como lo negativo tienen entrada. Y si tratamos de filtrar al último, el primero se bloquea también. Por lo tanto, cuando estamos cerca de una persona negativa, nos volvemos también negativos. Les cortamos las ideas a los demás y hacemos comentarios cínicos. Una vez infectados del negativismo, se vuelve una

> Un cínico puede desalentar y desanimar con una sola palabra.
>
> RALPH WALDO EMERSON

manera natural de relacionarse. Se convierte en una sociedad para nosotros debido a que la aceptamos y a menudo pagamos por ella sin darnos cuenta. Debemos aprender a ser objetivos y observar los sentimientos de los Aguafiestas sin que nos lleguen a infectar. El apóstol Pablo nos da la mejor protección contra el negativismo cuando dice: «No se amolden al mundo actual, sino sean transformados mediante la renovación de su mente» (Romanos 12:2).

> Anímese, aún no ha llegado lo peor.
>
> PHILANDER JOHNSON

Diferencie el pensamiento de crítica del negativismo

No todas las expresiones negativas, sin embargo, son un resultado del negativismo. Necesitamos aprender a diferenciar el verdadero negativismo del pensamiento de crítica. Cuando una persona dice: «Solo se aceptó cinco por ciento de todos los aspirantes», esta persona está más bien ofreciendo un análisis de evaluación que haciendo de Aguafiestas. Los que piensan de manera crítica reconocen posibles desastres y pueden ayudarle a planificar vías para escapar de ellos, vencerlos o minimizarlos. En la práctica, es fácil distinguirlos. En respuesta a una afirmación tal como «Pero si presentamos una solicitud, esto significará tener que sacrificar otro proyecto», el pensador crítico dirá: «Tiene razón, pero debemos ser capaces de encontrar alguna forma de evitar este problema», o: «Quizá nos podemos arreglar con un proyecto menos». Los Aguafiestas oirán la misma afirmación y dirán: «Tiene razón. No hay nada que podamos hacer».

Vigile su voz interior

Si vive o trabaja con Aguafiestas, casi con certeza ha bajado algunas muescas su confianza en sí mismo. Después de escuchar tantos mensajes negativos, es natural que comience a creer en ellos. Para evitar una posterior caída y a fin de componer su confianza en sí mismo, deberá prestar atención a su diálogo interior. ¿Qué cinta mental toca usted cuando comete un error? ¿Qué percibe en su mente cuando no alcanza una meta? Si los Aguafiestas lo han agarrado, los mensajes tal vez van a ser negativos: «Nunca tendré éxito». Si no se da cuenta de los mensajes que se envía a sí mismo, lleve consigo un bloc de notas y registre su voz interna.

> Háganlo todo sin quejas ni contiendas.
>
> FILIPENSES 2:14

Apunte todo lo que le pasa por la mente cuando tiene una nueva idea o cuando no persiste en una meta que se fijó. Si descubre que los Aguafiestas han tenido en usted un impacto mayor de lo esperado, no es demasiado tarde. Solo continúe vigilando sus mensajes y comience a reemplazarlos con mensajes realistas. No confunda esto con el pensamiento positivo o con agradables afirmaciones o, peor aun, con el autoengaño. El caso no es decirse a uno mismo que puede ser un artista internacional si es incapaz de trazar una línea recta. El caso es de corregir una forma de pensar defectuosa, tan generalizada como: «No puedo hacer nada bien». Recuerde que el diálogo interior, positivo y negativo, tiene una forma de volverse una profecía que se cumple en sí misma. Por ello es tan importante vigilar sus mensajes negativos y contrarrestar el negativismo con el realismo.

Tenga una buena reacción

Al igual que necesita contrarrestar el diálogo negativo interior con mensajes positivos realistas, también necesita aprender a

> Tarda un inteligente en volverse cínico y un sabio en ser lo suficiente inteligente para evitarlo.
>
> FANNIE HURST

reaccionar ante los Aguafiestas con una expresión de su propio optimismo. Si los Aguafiestas le cuentan acerca de algo que no va a resultar, recuérdeles un ejemplo del pasado donde sí resultó. Si no puede recordar un ejemplo similar de un suceso pasado, es mejor que nada una frase como: «Sigo teniendo fe en que no hemos intentado todo». Manifestando su opinión positiva apoyará su propio compromiso y aprovechará el equilibrio interno de los Aguafiestas hacia una expresión más positiva.

Combata el pensamiento irracional

Yo utilizo a veces una adivinanza que popularizó Abraham Lincoln en mis sesiones de terapia, para demostrar la importancia de combatir el pensamiento irracional: «Si la cola de un perro se llamase pata, ¿cuántas patas tendría un perro?» Yo le doy la respuesta a mis pacientes en un sobre cerrado para que lo lleven a su casa y les pido que le den a la adivinanza un buen tiempo para pensarla. Solo cuando deduzcan una respuesta satisfactoria podrán abrir los sobres. Y casi de manera invariable mis pacientes compararán su respuesta de «cinco patas» a la de Lincoln: «Un perro continúa teniendo cuatro patas. Llamar pata a la cola no hace que lo sea». En la mayoría de los casos, los Aguafiestas dejan de estar más en contacto con la realidad que los optimistas exagerados. Y recordar esto quizá lo aparte del tipo de lógica que Lincoln trataba de desvanecer. El caso es que uno recuerde que la forma de pensar de los Aguafiestas no se basa en la realidad, por lo cual no le preste mucha atención.

> El escepticismo es un suicidio lento.
>
> RALPH WALDO EMERSON

Siga adelante

Uno de los aspectos más tristes de vivir o trabajar con Aguafiestas es que son capaces de convencerlo para que renuncie a sus sueños. Luego de escuchar sus sermones negativos, tal vez empiece a creerles y a dejar de lado sus aspiraciones y sus metas. Si tiene dificultad en mantener sus sueños, luche contra la tentación y demuestre el error de los Aguafiestas. Unos años atrás, como flamante profesor, fui a la oficina del decano con una idea de cómo obtener ciento cincuenta mil dólares que permitiera ayudar a los estudiantes de nuestra universidad a fin de que se prepararan para un matrimonio de toda la vida. A los quince minutos de nuestro encuentro, me dijo: «Cosas como estas no resultan en nuestra universidad», y me despachó. Sentí la tentación de renunciar al asunto. Sin embargo, no lo hice. Hablé con otros colegas y estudiantes y me convencí aun más de esa necesidad. Un año después llegó el dinero y el programa («Salva tu matrimonio antes que empiece») estuvo en vigencia por años. Este es un ejemplo de millones de ideas que enfocamos sobre los Aguafiestas. Pregunte a alguien que está haciendo realidad un sueño y con seguridad escuchará historias de Aguafiestas que trataron de detenerlo. Entonces, ¿está de momento desalentado? Está bien, pero no se rinda.

La risa seca a los Aguafiestas

Proverbios 17:22 dice: «Gran remedio es el corazón alegre». Esto es verdad, pero el buen humor puede ser riesgoso. Lo que tal vez sea atrayente para uno, a lo mejor es espantoso para otro. En una encuesta realizada a catorce mil lectores de *Psychology Today* [Psicología actual] que clasificaron treinta chistes, los resultados fueron inequívocos. «Cada uno de los chistes», se informó, «poseía un número sustancial de admiradores que lo clasificaron como "muy divertido", mientras que otro grupo lo rechazaron como "no es nada divertido"»[3]. Al parecer, nuestros gustos humorísticos son diferentes. Aun así, cuando el buen humor se usa en forma apropiada, puede ser una gran estrategia para desactivar la picadura del cinismo de los Aguafiestas porque alivia el estrés. En un momento durante la crisis cubana de misiles, los negociadores soviéticos y estadounidenses llegaron a un punto muerto. Estaban sentados en silencio hasta que uno de los rusos contó una adivinanza: «¿Cuál es la diferencia entre el capitalismo y el comunismo?» ¿La respuesta? «En el capitalismo, la gente explota a la gente. En el comunismo es al revés». El humor alivia el estrés, y si logra encontrar humor mientras vive o trabaja con Aguafiestas, desviará su negativismo. Según Bill Cosby, «si uno puede encontrar comicidad en todo, puede sobrevivirlo». Los investigadores están de acuerdo. Estudios revelaron que las personas que poseen un gran sentido del humor tienen menos probabilidad de experimentar depresión y otras formas de alteraciones del humor.

No permita que los Aguafiestas determinen su estado de ánimo

Cuando Thomas Jefferson incluyó la «búsqueda de la felicidad» entre nuestros derechos inalienables, indicó con precisión una idea que es importante para todos los que deseamos vivir con gozo interno: Las personas interferirán con nuestro inalienable derecho de ser felices si se lo permitimos. La otra noche caminé con un amigo hasta un puesto de periódicos, donde él compró un diario, agradeciendo con amabilidad al dueño del puesto. El dueño, no obstante, ni lo tomó en cuenta. Cuando hice un comentario acerca de la hosquedad de ese individuo, mi amigo se encogió de hombros y dijo: «Ah sí, él es así todas las noches». Cuando le pregunté a mi amigo por qué continuaba siendo tan amable, me respondió: «¿Por qué iba a dejar que él determine mi manera de actuar?». ¡Qué discernimiento! Sin embargo, lo que en verdad me impresionó fue que mi amigo lo practicaba. Saber que los demás no nos controlan nuestro humor es una cosa, pero otra distinta es vivir de acuerdo con esto. Por eso, cada vez que tenga una oportunidad, practique esta lección con los Aguafiestas y al poco tiempo se hará un hábito.

> Mi pesimismo llega hasta el punto de sospechar de la sinceridad de los pesimistas.
>
> EDMOND ROSTAND

Sepa dónde buscar (o no buscar) ayuda

Me encanta la historia de un hombre que consultó a su médico por un problema. Luego de escucharlo, el médico le dijo: «Estoy seguro que tengo una respuesta para su problema». El hombre le respondió: «Así lo espero, doctor. Tendría que haber venido mucho antes a consultarlo». El médico le preguntó: «¿Adónde fue antes?» «Fui a consultar al farmacéutico», le respondió el hombre. «¿Y qué clase de consejo tonto le dio a usted?» El hombre le respondió: «¡Me dijo que lo viniera a ver a usted!» Igual que a este médico, a menudo se piden consejos a los Aguafiestas. Por la razón que fuere, su preparación, experiencia y posición, con frecuencia se ven como las personas que se deben consultar.

Sin embargo, los Aguafiestas deberían ser las últimas personas a las que alguien pida un consejo, salvo que quieran el desaliento. En su lugar, busquen sabiduría y la dirección de personas conocidas por su espíritu optimista y basado en perspectivas reales. Estas son las personas que le darán alas a sus ideas.

No insista en una transformación

El tratar de cambiar el negativismo de los Aguafiestas es a menudo una batalla perdida. Uno de los ministros más eficientes de este país me llevó de paseo por los hermosos campos que rodeaban su formidable iglesia. En la actualidad es una iglesia en expansión con miles de miembros, pero algunos años atrás comenzó con un puñado de personas de las afueras de la ciudad. Me contó cómo Dios le había dado una visión para ayudar a otras personas a adoptar los principios positivos de las Escrituras y cómo tuvo que trabajar duramente por meses para lograr que este mensaje llegara a su pequeña congregación. Pero, igual que una espina en su costado, hubo varias personas que no les gustaba su estilo ni su mensaje y que se pasaron gastando gran parte de sus energías combatiéndolo y quejándose. Al final, trataron que se fuera. Mientras hacía una pausa en su historia y me miraba a la cara, este pastor me dijo: «Les, lo mejor que alguna vez le sucedió a esta iglesia fue cuando este grupo de personas negativas vieron que, como yo no me iba, decidieron irse ellos». Algunas personas negativas están obligadas y determinadas a ser negativas. Aceptar este hecho nos puede ayudar a decidir si continuamos con todo ese negativismo o le damos un corte al atosigamiento y nos vamos.

> Un cínico es solo un hombre que a los diez años de edad descubrió que Papá Noel no existía, y sigue enfadado.
>
> J.G COZZENS

REFERENCIA CRUZADA

Para más información relacionada con los Aguafiestas, véanse estas otras relaciones conflictivas: el Indiferente, el Chismoso, el Criticón y la Aplanadora.

5

LA APLANADORA

Cegado con la insensibilidad hacia los demás

Stan tiene la sutileza de un tren de carga. Está lleno de jactancia y bravatas, ya sea que esté en su casa o en la oficina. Y su falta de tacto, unida a sus torpes intentos de comunicación, lo aparta de sus compañeros de trabajo y de su propia familia. Stan sale de repente con comentarios de crítica, sin saber nunca el daño que le está haciendo a los sentimientos de las personas: «¿Qué le pasa a tu cabello?». «Otra vez estás en el camino equivocado, vuelve al tema principal», o «Me lo estás diciendo como si en verdad me interesara eso».

¿Ha escuchado alguna vez afirmaciones similares? ¿Conoce a personas como Stan, gente que posee las aptitudes de relacionarse de un neandertal? ¿Conoce a personas que pisan los pies a otros y no parecen darse cuenta? Si así fuera, conoce a algunas Aplanadoras. Parece que su *modus operandi* es lastimar los sentimientos de los demás y lo hacen con mucha inocencia. Solo pasan rodando a través de la vida y aplastando a todos y a todo con su indiferencia. Consiguen acobardar hasta a la persona insensible.

Mi amiga Joan trabaja para una Aplanadora. Cuando Joan trae un informe, su jefe le echa una mirada y le dice: «El contador dijo la vez pasada que odiaba este formato, ¡y lo vuelves a usar!». Joan estaba demasiado alterada para responder. Todos en la oficina le temen al jefe. Dice cualquier cosa, hasta hiriente, sin prestar demasiada atención a las consecuencias emocionales. Joan y sus compañeros de tareas hacen todo lo posible para evitar la ira de este hombre, pero, como dijo él más de una vez en sus reuniones del personal: «No estamos en esta empresa para analizar los sentimientos de la gente. Estamos en esta empresa para crear problemas».

Esta es la típica forma de hablar de las Aplanadoras. No les da temor crear problemas ni tampoco les importa causar algunos escándalos. Conozco a alguien que dice que las Aplanadoras hablan con un signo de exclamación al final de sus frases, en vez de un punto. Las Aplanadoras son terroristas verbales que ponen a todos en alerta roja.

> En asuntos de debates, nunca discuta con alguien que sea tonto, orgulloso, categórico, irritable, ni con un superior ni con un payaso.
>
> THOMAS FULLER

Cuando las Aplanadoras quieren su opinión, se la dan. Y si no está de acuerdo con sus deseos, ¡tenga cuidado! Su lema es: «O lo hacen a mi manera o se marchan».

Tal como lo mencioné en la encuesta del capítulo 1, muchas personas interactúan todos los días con Aplanadoras. La mayoría indicó que fue el cuarto tipo más difícil en las relaciones conflictivas que tuvieron que enfrentar. Si conoce a las Aplanadoras, o aun si vive con ellas, no se desespere. Aunque no podrá cambiar su personalidad en «tres fáciles pasos», aprenderá a manejar esta relación conflictiva y a evitar que lo atropelle. Como siempre, el camino de la mejora comienza con una mayor comprensión acerca de cómo son en verdad las Aplanadoras.

LA ANATOMÍA DE UNA APLANADORA

Las Aplanadoras pueden ser los oficiales al mando que están acostumbrados a llamar todos los días a los inútiles a su oficina y son incapaces de abandonar esta costumbre en su casa. Si no trabajan en un medio como subordinados, parece que la intimidación es la única forma de lograr que se hagan las cosas. O quizá las Aplanadoras solo están ciegas a los sentimientos de los demás y vociferan sus comentarios sin ninguna idea concreta. Cualquiera que fuera el nivel o la razón, la mayoría de las Aplanadoras poseen en común las siguientes características: Son arrogantes, independientes, acusadores, transigentes, políticos, rechazadores, fanfarrones, tercos y groseros.

Arrogantes

«Tengo problemas porque soy normal y algo arrogante», dijo el boxeador profesional Mike Tyson en una reciente entrevista. «Un montón de personas no se gustan ellas mismas y lo que me sucede es que estoy encantado por completo de mí mismo». A juzgar por todas las apariencias, las Aplanadoras parecen estar también encantadas de ellas mismas. Del mismo modo que los pavos reales levantan todas sus plumas de la cola para asustar a sus atacantes, las Aplanadoras disfrazan con frecuencia su debilidad con un aire de arrogancia, una actitud de que *me las sé todas*, que posee respuestas para todo.

Independientes

Las Aplanadoras destilan un sentimiento de poder, autoridad personal e independencia. Dan la impresión de que necesitan poco de los demás, si es que en realidad los necesitan. Le dan poca cabida a los juicios, la creatividad o la inventiva de los demás. No ven mucha necesidad en escuchar los hechos ni los conocimientos de los demás. Las Aplanadoras, por si no se había dado cuenta, ya conocen la mejor forma de actuar.

Acusadores

A pesar de su espíritu independiente, las Aplanadoras evitan a menudo su responsabilidad a la hora de buscar culpables por algo que salió mal. La falta radica en los incompetentes (como usted y yo), los cuales tienen la responsabilidad de las cosas que salen mal. Así como las Aplanadoras quizá vinieron con una idea y la pusieron en marcha, así serán los primeros en apuntar con el dedo a otra persona si algo sale mal.

Transigentes

Dado que las Aplanadoras perciben que siempre tienen razón, dejan a los demás sintiéndose objetos de sus aires de superioridad. «En verdad tendrías que haber sabido hacerlo mejor», le dirán. O: «Ya te dije antes que pareces un tonto cuando no sigues mis consejos». Y dado que este tipo de comentarios se han hecho a menudo sin una malicia consciente, se alejan haciendo que los otros se sientan como reprendidos por su maestro.

Políticos

Para las Aplanadoras, cada día es un compromiso en un juego de ajedrez que dura toda la vida, en el cual juegan para ganar. Saben quién tiene el poder y quién tiene las llaves de la caja. Algunas Aplanadoras hasta quizá empleen éticas circunstanciales, manipulen a las personas en su propio beneficio y digan y hagan todo lo que le va a permitir avanzar. Las Aplanadoras a menudo usan a las personas para su propio engrandecimiento.

Rechazadores

Relacionarse con Aplanadoras es igual que montar una bicicleta, si no pedalea para adelante, se caerá. He conocido a muchas personas que no perduraron en sus trabajos porque sus jefes Aplanadoras tenían poco tiempo para apoyar o controlar a un nuevo empleado. Las Aplanadoras están en constante movimiento, y si usted no sube de inmediato a bordo, le pasarán por encima.

Fanfarrones

Las Aplanadoras pueden irrumpir en una pacífica escena con la insistencia de una bocina trabada. Usted no tiene que ser un Dick Tracy para detectar a una Aplanadora. Ellos mismos se dan a conocer con su manera ruidosa, detestable, abrasiva y vocinglera. Cuando se presentan, cambian las condiciones atmosféricas.

Tercos

Las Aplanadoras están tan determinadas a ir por su propio camino que escriben su diario por adelantado. Y una vez que han puesto sus miras en una meta determinada, no hay argumento que los aparte. No hay arreglo que valga para ellos. Tienen razón y todos los demás están equivocados. Punto. Fin de la discusión.

El sacerdote del siglo XVII Henry Ward Beecher tuvo que haber tenido en mente a las Aplanadoras cuando dijo: «La diferencia entre la perseverancia y la obstinación es que una proviene de una férrea voluntad y la otra de un férreo sentido de contradicción».

Groseros

No se puede negar. Las Aplanadoras pueden ser groseros. Sin vacilar son capaces de hacer un comentario que ninguna otra persona civilizada osaría murmurar. «Realmente posees una nariz enorme, ¿no es así?» «Como podrás observar, no eres un gran conductor». O: «Nunca conseguirás salir con alguien si eres tan chismoso».

¿CONOCE A UNA APLANADORA?

La siguiente prueba quizá le ayude a determinar si está en una relación conflictiva con una Aplanadora. Identifique a la persona o personas que le vinieron a la mente al leer los párrafos anteriores. Encierre con un círculo la *S* si la afirmación respecto a la persona o personas que tuvo en mente es acertada. Hágalo con la *N* si la afirmación no se ajusta a esa persona o personas.

S N A menudo me siento aplastado por la insensibilidad de esa persona.

S N Todo el mundo se da cuenta cuando este fanfarrón entra en la habitación.

S N Es indiscutible que esta persona es cruelmente independiente.

S N Esta persona hace comentarios groseros sin darse cuenta siquiera.

S N Esta persona es terca y persistente, sin importar cuál sea el obstáculo.

S N Creo que si no le agrado a esta persona, me soltará como a una papa caliente.

S N A menudo esta persona se presenta con bastante arrogancia.

S N Esta persona es muy consciente de quién tiene el poder y de lo que hará para lograr que esa persona poderosa esté de su lado.

S N La discusión con esta persona es siempre una mala idea.

S N Esta persona no reconoce el daño interpersonal que causa.

S N Esta persona es obstinada y no le interesa la opinión de los demás.

S N A menudo me siento como un niño cuando esta persona me habla en tono condescendiente.

S N Casi nunca esta persona se da cuenta cómo hace que se sientan los demás.

S N Con frecuencia la gente hace todo lo posible para agradar a esta persona porque es intimidante.

S N Esta persona proferirá groseros comentarios que a veces me hacen estremecer.

Puntuación: Total de las *S* que circuló. Si marcó diez o más, con toda seguridad se encuentra en una relación conflictiva con una Aplanadora.

Comprenda a las aplanadoras

Frank, un hombre de treinta y seis años de edad y padre de dos hijos, está casado con una mujer muy comprensiva. Durante gran parte de su matrimonio de doce años, Rachel soportó la manera agresiva, amenazante y a veces categórica de Frank. El estilo humillante de Frank y su reinado que impuso él mismo, fueron causa de interminables peleas y frustraciones. Sin embargo, Rachel permaneció firme a su compromiso contraído con la Aplanadora de su marido, en parte por su convicción y, en su mayoría, porque entiende el porqué hace lo que hace.

> La gema no se pule sin fricción, ni el hombre se perfecciona sin pruebas.
>
> PROVERBIO CHINO

Frank se crió en una pequeña ciudad de la costa este. Era un niño dotado que se sentía incomprendido y ridiculizado por su brillantez. Pasó gran parte de su niñez solo, meditando y sintiéndose diferente. Le parecía que sus padres no lo comprendían. Pasó mucho tiempo dándose a conocer a sus maestros. Soportó las bromas de sus compañeros y encontró consuelo en la compañía de los animales. Por años pensó que debería ser veterinario, pero su educación lo condujo hacia la administración.

A temprana edad, Frank decidió que el mundo era un lugar hostil. Tomó esa decisión para poder sobrevivir, tenía que cuidar de sí mismo y preservarse de un mundo cruel. Como adulto, Frank mide más de un metro ochenta y es una figura imponente. Aun así, en su interior, sigue siendo un niño de diez años que desea que lo acepten, pero sin la voluntad de correr el riesgo necesario. Se protege a sí mismo en un nivel inconsciente al buscar el «número uno» y descuidar las emociones de los demás.

No todas las Aplanadoras se criaron en el mismo tipo de entorno que Frank. Sin embargo, puede estar seguro que *la mayoría de las Aplanadoras poseen algún dolor emocional inconsciente que nunca se resolvió*. El resultado es una gruesa capa de aislamiento que protege y ahoga la sensibilidad emocional. La implacabilidad e incluso el maltrato verbal de las Aplanadoras los protege de un dolor potencial. Es una manera de estar visiblemente protegido (igual que el pavo real que extiende sus plumas para parecer más grande), sin retraerse (como la tortuga). En cierto sentido, las Aplanadoras hacen una elección, a veces consciente, otras veces inconsciente, para responder a las injusticias de la vida, no como los Mártires, que aceptan la vida sin chistar, sino como luchadores que necesitan intimidar a fin de sacar el dolor de la vida. Es un método fundamental de acercarse a la vida, casi siempre grabado tan hondo en las Aplanadoras que les absorbe su personalidad.

Como parte de este paquete de personalidad, *las Aplanadoras evitan la interacción vulnerable con otros.* Su certeza de que sus teorías, hechos y procedimientos son correctos hace que sean bruscos con los demás, pero también hace que las Aplanadoras sientan que el mundo es más predecible y seguro.

> Recuérdales a todos que deben mostrarse obedientes y sumisos ante los gobernantes y las autoridades. Siempre deben estar dispuestos a hacer lo bueno: a no hablar mal de nadie, sino a buscar la paz y ser respetuosos, demostrando plena humildad en su trato con todo el mundo.
>
> TITO 3:1-2

Las Aplanadoras evitan riesgos. En su novela *La Caída*, Albert Camus habla de un hombre en Amsterdam que pasa la mayoría de su vida sentado en un bar: «Nunca paso por un puente de noche [...] Suponga, después de todo, que alguien se tire al agua. Una de dos, o lo saca del agua y, en tiempo de frío, ¡corre un gran riesgo! O lo abandona allí y la reprimida zambullida deja un extraño dolor». El personaje de Camus tiene temor. Sin embargo, no teme cruzar puentes ni zambullirse en las frías aguas. Le teme más a verse implicado en cualquier situación en la que, por cualquier circunstancia, tenga que hacer una elección de la que se desprenda un riesgo.

Siempre que pueden, las Aplanadoras imponen su propio orden. Sin ninguna intención, surcan por la vida para evitar un dolor mayor, inconscientes del dolor que causan a los demás. ¿Por qué no son capaces de percibir el daño que causan? Porque cada vez que las Aplanadoras se dirigen con firmeza y de manera metódica hacia un objetivo planeado, aplastando todo lo que se encuentra a su paso, enfatizan la seguridad que proviene de dirigirse y apoyarse a sí mismos y ser maravillosos para los demás.

ENFRENTE A LAS APLANADORAS

El trato con las Aplanadoras requiere diplomacia, fortaleza y determinación. No piense que puede cambiar a una Aplanadora incorregible. Lo único que puede cambiar en esta relación conflictiva es su método de acercarse a ella. He aquí varias estrategias eficaces que puede usar a fin de que la vida con las Aplanadoras sea más razonable.

Enfrente a su Aplanadora interior

De todas las relaciones conflictivas de este libro, la Aplanadora quizá sea una de las más difíciles para identificarse con ellas. Lo más probable es que se vea como una persona mucho más sensible que las Aplanadoras. Sin embargo, sea sincero.

¿Nunca sintió que hubiera querido quebrantar la regla de *si no tienes nada amable que decir* y decir con brusquedad lo que en verdad estaba pensando? Cuando algún pillo va a cometer un costoso error a pesar de su advertencia, ¿no le gustaría decir al estilo Clint Eastwood: «Adelante, alégrame el día»? Si no es así, es una persona del todo buena que

> Quien establece su argumento mediante gritería y órdenes demuestra que su razón es débil.
>
> MICHEL DE MONTAIGNE

está a punto de convertirse en santa. La idea es que si es capaz de identificarse, aunque no sea más que un poco, con las Aplanadoras de su vida, estará mejor equipado para tratarlos y mostrar un poco de compasión.

Reconozca la dificultad

En situaciones laborales, donde las aplanadoras tienen el control, pueden llegar a comportarse de maneras que no se aceptarían en otra situación. Igual que la fábula de las nuevas vestiduras del emperador, la gente no desea admitir que el emperador está desnudo y que las nuevas vestiduras en realidad no lo son. Están demasiado intimidados y no desean crear problemas. Es más fácil sonreír y decir que el emperador es un gran tipo que admitir que engañaron al emperador. Lo mismo ocurre cuando hay que vivir o trabajar con Aplanadoras. La gente se siente intimidada por ellas. Sin embargo, no nos hacemos ningún favor cuando pasamos por alto sus métodos insensibles. Todos sienten la insensibilidad de las Aplanadoras. Todos la reconocen. Por lo tanto, cuando sea apropiado, reconozca la dificultad de esta relación conflictiva. Traerla a la luz del día quizá ayude a minimizar el estrés de negarla.

Descubra lo bueno en las Aplanadoras

A veces hay que tomar decisiones duras, tanto en el hogar como en el trabajo. Allí es donde a menudo brillan las Aplanadoras. Quizá no lo quiera admitir, pero a veces las ásperas maneras de las Aplanadoras tienen un lado positivo. Pueden causar sufrimientos a lo largo del camino, pero son decisivas y logran que las cosas se hagan. Dígame, ¿habría sido distinta la Segunda Guerra Mundial sin el general Patton? El hecho es que algunas compañías siguen con su manera de enrolar a las Aplanadoras. «Wild Duck» [Pato salvaje] es la jerga de IBM para denominar a un disidente que ha causado dolores de cabeza, pero que también inspira ideas nuevas no convencionales acerca de cómo cumplir con una tarea. Quizá sea difícil, pero si puede, mire las características redentoras ocultas debajo del dificultoso caparazón de las Aplanadoras de su vida.

> Los tontos se precipitan hacia donde los ángeles temen poner el pie.
>
> ALEXANDER POPE

Evite la lucha por el poder

Usted se encuentra en la mitad de una presentación durante una reunión cuando su jefe lo interrumpe con un cortante: «Esta es una malísima presentación». ¿Qué hace? Con mucho, la peor cosa que puede hacer con esta Aplanadora es entrar en una lucha de poderes frente a todos los demás. Un método mejor es pasar por alto el comentario, o repetirlo con voz pensativa, «malísima presentación», y continuar. No insultó a la Aplanadora y las personas observaron que mantuvo su control. De esta manera conserva su dignidad y evita una escena humillante. Lo mismo ocurre si su esposa es una Aplanadora y le dice algo cortante delante de los hijos. Evite un enfrentamiento (al menos por un tiempo) y continúe.

Declárelo cuando pueda

Cada vez que pueda, reconozca las contribuciones de las Aplanadoras. Hable de sus acciones positivas. Pero no lo exagere. No caiga en la trampa del servilismo. Las Aplanadoras tienden a gustar de las personas que piensan y evalúan por sí mismas. Si muestra temor, lo más probable es que las Aplanadoras lo atropellen. Una de las mejores maneras de mantenerse conectado es pedir comentarios de las Aplanadoras sobre cosas rutinarias. Es la única forma de estar seguro que se encuentra en el buen camino, al menos de acuerdo a las Aplanadoras.

Proponga alternativas potenciales

Cuando las Aplanadoras se ponen «pesadas» con una idea que usted sabe que no resultará, no trate de convencerlas. Esto solo sería un desafío para que las Aplanadoras demuestren que sí dará resultados. En su lugar, necesita que las Aplanadoras consideren su punto de vista alternativo mientras evita un desafío directo. Por ejemplo, puede decir algo como: «Me doy cuenta que quizá esto no llegue a nada, ¿pero no podríamos tomarnos un minuto para ver si no sería útil después de todo? Solo una Aplanadora con cabeza durísima puede resistirse a este humilde acercamiento.

> Por muy grande que sea, la osadía es una máscara ante el temor.
>
> LUCANO

Fije sus límites

De niño fui el muchacho que alcanzaba los balones a un equipo de fútbol de la universidad donde trabajaba mi padre. Corría de una parte a otra a lo largo de la línea de limitación establecida para devolver la pelota cuando salía de los límites. Por supuesto que, cuando ocurría esto, se detenía la acción en el campo. Lo mismo ocurre cuando usted fija límites con las Aplanadoras. Dado que su vida no tiene árbitros que toquen el silbato ni entrenadores que pidan un descanso, tiene que asumir la responsabilidad de decir: «Falta» y «Usted está fuera de los límites», cuando las Aplanadoras le pasan por encima. Usted es el único que controla el juego. Por lo tanto, fije algunos límites con las Aplanadoras de su vida. Fije límites en lo que para usted es un comportamiento aceptable. Quizá necesite más cortesía cuando le piden algo. Tal vez quiera que sus opiniones se tomen con más seriedad. Decida lo que quiere, sea específico y comuníqueles las reglas a las Aplanadoras. Cuando se extralimitan, sople el silbato y pida un receso hasta que vuelva al juego. La idea, que a continuación se ve con claridad, es que no lo intimiden.

No se deje intimidar

Los tres predecesores de Monty no pudieron trabajar con su jefe Aplanadora. Cada uno se retiró porque no podía soportar la crítica insensible que repartía el jefe. Igual que la mayoría de las Aplanadoras, a menudo este jefe recurría a la intimidación y al ridículo en público, pero Monty no lo iba a soportar. El solo pasó por alto esos arranques. Sin embargo, después de una reunión en la cual fue el blanco, Monty se dirigió a su jefe en privado y le dijo que se había extralimitado con él y sus compañeros de trabajo. Después de este enfrentamiento, el jefe de Monty, en la próxima reunión, dijo lo siguiente: «Me han manifestado que me pasé de la raya y debería disculparme. No creo haberlo hecho, pero si alguien lo siente así, me disculpo». Monty consiguió una pequeña victoria y puso las reglas básicas para su relación. Una parte clave del enfrentamiento de Monty fue, por supuesto, su manera calmada, racional y profesional. No atacó a su jefe; solo declaró que se negaba a que lo intimidaran y a trabajar en un entorno donde se lo hicieran también a otros.

> La diferencia entre la palabra apropiada y la palabra casi apropiada es la diferencia entre el relámpago y la luciérnaga.
>
> MARK TWAIN

Cuando pierda (y le va a ocurrir), hágalo con dignidad

Reconozca que si va a vivir o trabajar con Aplanadoras, perderá algunas batallas. Quizá no consiga elegir el restaurante para cenar, ni el color de la nueva alfombra, ni la estrategia para una nueva presentación, etc. Sin embargo, cuando ocurren estas cosas, puede «perder» de la manera adecuada. En sus inicios, no espere tener la última palabra. Esto solo es un desafío para las Aplanadoras, y usted prolongará su agonía. En su lugar, permita que las Aplanadoras tengan la última palabra, pero en sus términos. Diga algo así: «Estoy preparado y con deseos de escuchar tu decisión, pero solo si me dices tu razonamiento con toda la paciencia posible». Este tipo de afirmación puede significar que usted abandona la batalla, pero recupera su dignidad.

Busque una puerta abierta

Como médico psicólogo he pasado a menudo varias horas en la sala de espera de cuidados intensivos observando a las personas angustiadas, escuchando sus apremiantes preguntas: ¿Pasará de esta mi esposo? ¿Volverá a caminar mi hijo? Una sala de espera así es un lugar diferente a cualquier otro en el mundo. Aquí las personas, extrañas por completo entre sí, no pueden hacer todo lo necesario que quisieran el uno por el otro. Nadie es grosero. Las diferencias de razas y clases desaparecen. El conductor de camiones ama tanto a su esposa como el alto ejecutivo ama a la suya y todos lo comprenden. Toda vanidad y pretensiones se desvanecen y cada uno desea lo bueno para el otro. ¿Por qué? Porque son tiempos de vulnerabilidad. La buena noticia es que, gracias a Dios, estos momentos no ocurren solo en las salas de espera de los hospitales. Si vive con Aplanadoras, puede contar con que ellos bajarán alguna vez la guardia, casi siempre después de un sorprendente revés, y este es el momento de estar bien presente. No permita que su dura coraza le engañe haciéndole pensar que no lo necesitan cerca. Y no sucumba a la tentación de decirles: «Yo te lo dije». Use esta oportunidad para aprovechar su dolor (el cual con certeza disparará cualquier otro dolor que hayan sufrido de niños), y haga lo que pueda para traer sanidad. Estos momentos vulnerables, más que cualquier otra oportunidad, son puertas abiertas a Aplanadoras potencialmente más amables y afables.

REFERENCIA CRUZADA

Para más información relacionada con Aplanadoras, véanse estas otras relaciones conflictivas: el Traicionero, el Indiferente, el Criticón y el Aguafiestas.

6

EL CHISMOSO

Esparce rumores y divulga secretos

«La víbora que envenena a todos. Derriba gobiernos, hace naufragar a los matrimonios, arruina carreras, estropea las reputaciones, causa pesares, pesadillas, indigestión, engendra sospechas, genera aflicción, envía a gente inocente a llorar en sus almohadas. Se le llama chismoso. Tienda de chismoso. Fiesta de chismoso. Promueve titulares de periódicos y dolores de cabeza. Antes de repetir una historia, pregúntese: ¿Es verdad? ¿Es justo? ¿Es necesario? Si no, cállese». La compañía United Technologies puso esta miniclase en periódicos por todo el país sin ninguna otra razón que la de lograr que la gente mirara con un poco más de detenimiento al chismoso. Y por una buena razón. Los chismosos plagaron la tierra desde que el hombre comenzó a hablar; también los denunciaron en todas las generaciones. El apóstol Pablo advierte acerca del poder destructivo del chismoso y la condenación que sobreviene a las «chismosas y entrometidas, hablando de lo que no deben» (1 Timoteo 5:13). El cronista griego Hesíodo, quien escribió en los mismos tiempos que Homero, declaró casi al final de *Los trabajos y los días*: «El chisme es dañino, entretenido y fácil de hacer crecer, pero penoso de cargar y difícil de quitarse de encima. Ningún chisme muere del todo». Shakespeare expresó el justo sentimiento cuando escribió en *Noche de Reyes*: «Cuando mi lengua es chismosa, que mis ojos no vean». Lewis Carroll escribió en *Alicia en el país de las maravillas*: «Si cada uno se dedicara a sus propias cosas», dijo la duquesa con un ronco gruñido, «el mundo se movería mucho más rápido de lo que lo hace».

La reputación es el bien más preciado de una persona. La Biblia dice: «Vale más la buena fama que las muchas riquezas»

(Proverbios 22:1). Y los chismosos nos roban nuestra buena fama. Cuando el pueblo hablaba acerca de Otelo, él comenzó a llorar: «¡Reputación, reputación, reputación! ¡Ah! He perdido mi reputación. Perdí la parte inmortal de mí mismo y lo que queda es bestial». Sin duda, el chisme es malo, pero nunca fue más popular. El chisme actual alimenta más de cincuenta programas televisivos de entrevistas en vivo, más de cuarenta columnas de periódicos, docenas de revistas y al menos tres tabloides de importantes supermercados. Los hechos ilícitos de los ricos y los famosos se consiguen en los noticieros nocturnos y crean grandes titulares con más frecuencia de la que admitiría cualquier periodista serio. El chisme acerca del romance del actor Woody Allen con la hija adoptiva de su esposa o el chisme acerca del encuentro del actor Hugh Grant con una prostituta en el Hollywood Boulevard o el último paso en falso de la familia real a menudo alimentan con importantes noticias las primeras páginas de nuestros periódicos. A veces da la impresión que nos hemos convertido en una nación de investigadores entrometidos.

> Nadie ansía más los secretos que esos a los que no les importa guardarlos.
>
> CHARLES CALEB COLTON

Sin embargo, algunas personas toman este fisgoneo mucho más en serio y más allá de una charla ociosa. Se trata de los Chismosos, personas que se dedican al tipo de chisme de hablar por detrás de la gente. Son las personas que les encanta el último rumor local, son incapaces de guardar secretos y que se empeñan en complicarnos más la vida.

LA ANATOMÍA DE UN CHISMOSO

La mayoría de las personas poseen ciertas ideas estereotipadas acerca del chisme y los chismosos. Piense en chismes y es probable que tenga una visión de amas de casa charlando por encima de la cuerda de tender la ropa sobre el problema de la bebida de un vecino. O a lo mejor piensa en chicas adolescentes intercambiando maliciosos comentarios por teléfono acerca de sus compañeras de clase. No obstante, estas percepciones no son solo sexistas. Es probable que las mujeres no sean más chismosas que los hombres. Por lo tanto, no limite esta relación conflictiva a un solo género. Quizá se sorprenda de encontrarse Chismosos en los lugares menos posibles. Estos son algunos de los rasgos más comunes de los Chismosos: parlanchines, seudorreservados, negativos, entrometidos, embusteros, maliciosos, superficiales y santurrones.

Parlanchines

El escritor William Wilderson dijo una vez que la anatomía de cualquier organismo incluye diferentes clases de «huesos»: La Espoleta, o hueso del deseo de la mayoría de las aves, que desea que otro haga el trabajo; el hueso de Nudillo, que golpea a todo lo que los demás hacen; la Columna Vertebral, que en realidad realiza la tarea y el hueso de la Mandíbula, que habla sin cesar, pero no hace más que eso. Los Chismosos caen en esta última categoría. A menudo conversan sin parar y vuelven locos a quienes los rodean. Parlotean acerca de las noticias de última hora, deseando hablar de la misma cosa una y otra vez.

Seudorreservados

Los Chismosos comienzan un montón de frases con: «Me tienes que prometer que no le contarás a Brenda que yo te lo conté porque me hizo jurarle que no se lo dijera a nadie...». Parece muy confidencial. Sin embargo, ¿por qué le cuentan ese secreto? Uno ve que los Chismosos aparentan guardar un secreto, pero en realidad hacen lo contrario: Le cuentan el secreto a quienquiera que los escuche. No es de sorprenderse que si cuentan el secreto de Brenda, también contarán el suyo.

Negativos

Cuando hace poco visité un hogar bellísimamente equipado, vi sobre el sofá un almohadón bordado con este sorprendente mensaje: «Si no tienes nada bueno que decir de nadie, ven y siéntate a mi lado». A los Chismosos les encantan las noticias negativas sobre cualquiera. Se mueven como imanes hacia la última tragedia personal en la vida de alguien. Es casi como si hubieran pasado lo bueno por un tamiz para estar seguros de poder reconocer lo malo.

Entrometidos

Dicen que para los Chismosos el infierno es un lugar en el que las personas están obligadas a meterse en sus propios asuntos. ¿Se ha dado cuenta lo difícil que es para los Chismosos precisamente hacer esto?

En un estado casi compulsivo, a través de la zalamería engatusan abriéndose paso a los lugares privados de las personas, tratando de descubrir los secretos que aún no se deben contar. Andan sin temor alguno tratando de encontrar la pena de alguien o su último problema. Los Chismosos, dicho con franqueza, son entremetidos.

Embusteros

¿Sabía que la persona promedio dice trece mentiras a la semana? Paul Ekman, profesor de psicología de la Escuela de Medicina de la Universidad de California y autor de *Cómo detectar mentiras*, ha estudiado las mentiras durante veinte años. Su investigación ha revelado que ni siquiera nos damos cuenta cuando mentimos. Los Chismosos dicen con frecuencia mentiras «espontáneas» solo por diversión. Sin embargo, el daño de estas mentiras está lejos de ser una diversión.

Maliciosos

El novelista británico George Meredith dijo una vez: «El Chismoso es un ave de rapiña que ni siquiera espera la muerte de su víctima». El chismorreo es un sangriento deporte efectuado a las espaldas para arruinar la reputación de la gente. En la novela de Jane Austen *Orgullo y Prejuicio*, el señor Bennet pregunta: «¿Para qué vivimos, sino para divertirnos a costa de nuestros vecinos y reírnos a su vez de ellos?». Los Chismosos incorregibles disfrutan viendo desmoronarse la reputación de alguien. Se ríen cuando le cuentan cómo su amiga le arrojó una lámpara a la cabeza de su esposo y le cortó la frente. Ellos tienen placer en pisotear el carácter o dividir a las personas. Como dice Proverbios 16:28: «El perverso provoca contiendas, y el chismoso divide a los buenos amigos».

Superficiales

Tim Stafford, autor de *That's Not What I Meant* [Yo no quise decir eso], llama al chisme «conversación chatarra». Yo no podría estar más de acuerdo. Los Chismosos tienen un carácter poco profundo. Se apoyan en rumores superficiales para formar el núcleo de sus conversaciones. «El chisme es el tipo de humo que proviene de las sucias pipas de tabaco de quienes lo difunden», según el novelista George Eliot. «Solo prueban el mal gusto del fumador».

Santurrones

La malvada naturaleza del chisme se refleja debido a que los Chismosos deslenguados se molestan ante la perspectiva de que otro esparza chismes sobre ellos. «Creo que cuando divulgo chismes sobre mis amigos y de mis enemigos, soy profundamente consciente de que realizo una tarea social», hace notar el antropólogo Max Gluckman con todo descaro. «Pero cuando oigo chismes acerca de mí, me siento legítimamente lleno de justa indignación».

¿Conoce a un chismoso?

La siguiente prueba quizá le ayude a determinar si está en una relación conflictiva con un Chismoso. Identifique a la persona o personas que le vinieron a la mente al leer los párrafos anteriores. Encierre con un círculo la *S* si la afirmación respecto a la persona o personas que tuvo en mente es acertada. Hágalo con la *N* si la afirmación no se ajusta a esa persona o personas.

S   N   Esta persona parece que «descubre el pastel» demasiado a menudo.

S   N   Esta persona disfruta contándome los infortunios de otros.

S   N   Esta persona no sabe mucho de lo que pasa en su vida, pero si sabe un montón de lo que les pasa a los demás.

S   N   El término *entrometido* describe con frecuencia a esa persona.

S   N   Sé de personas que están muy heridas por lo que estas personas cuentan de ellas.

S   N   Esta persona menosprecia a otros.

S   N   Esta persona fisgonea información, pero no guarda secretos.

S   N   A esta persona le encanta hablar de todo el mundo, pero no de ella.

S   N   Puedo señalar situaciones específicas en las que esta persona adornó una historia que era escandalosamente falsa.

S   N   La mayoría de la gente está de acuerdo en que esta persona no es confiable.

S   N   Esta persona parece rebuscar a través de las flores de la vida de una persona para encontrar la mala hierba.

S   N   Esta persona actúa con reserva, pero a menudo cuenta secretos.

S   N   Otras personas buscan esta persona por sus primicias confidenciales.

S   N   Esta persona se vuelve muy santurrona si otro chismea sobre ella.

S   N   Cuando estoy con esta persona, siento como que a veces se entromete indebidamente en esferas de mi vida.

Puntuación: Total de las *S* que circuló. Si marcó diez o más, con toda seguridad se encuentra en una relación conflictiva con un Chismoso.

COMPRENDA A LOS CHISMOSOS

En su más amplio sentido, el chisme se puede definir como una información personal sin confirmación. Sin embargo, es mucho más que eso para los Chismosos que se dedican a ello. Detrás de un chisme serio existe un motivo malintencionado. Hace poco vi en una publicación judía un anuncio dominado por la figura de un barbudo rabino de aspecto muy severo, del siglo diecinueve, el Chofetz Chaim, quien escribió un libro acerca del chisme llamado *Guard Your Tongue* [Guarda tu lengua]. Al pie de la página había un número de teléfono de «línea directa», para llamar de manera anónima si poseía información acerca del posible matrimonio, socio de negocios, etc., de alguien. Un rabino del otro lado de la línea le dirá si su chisme es lo bastante importante como para pasar. Si no, recibirá el consejo de callarse la boca. En otras palabras, el servicio estaba distinguiendo entre información privada que puede traer cosas buenas e información privada por amor al chisme. Sin embargo, para los Chismosos, no hay una diferencia. Raras veces su chisme se inspira en la consideración de salvar a una inocente novia de un brutal novio. A menudo, sus chismes se alimentan de la malicia o un pervertido sentimiento de placer ante el malestar de alguien.

¿Por qué? ¿Por qué los chismosos son tan predispuestos? A mi mente vienen varias razones. Los Chismosos desean estar «al tanto», tener las primicias confidenciales. A todo el mundo le gusta tener información que carece la mayoría, pero los Chismosos hacen de ello su ocupación. Se sienten especiales si se encuentran entre los pocos privilegiados que saben por qué en su trabajo alguien se está divorciando de su cónyuge o por qué un amigo de su iglesia no le habla a su hermana hace años.

Los expertos que estudiaron el tema de los chismes creen que todos nosotros nos entregamos de tanto en tanto a un poco de chismes, debido a que hablar de otros es una parte de nuestro comportamiento, incorporado tanto social como psicológicamente. «Si un grupo de amigos o compañeros de trabajo se han puesto a charlar, como es natural a usted le gustará estar con ellos», dice el Dr. Jack Levine, un profesor de sociología de la Universidad Northeastern y autor de *Gossip: The Inside Scoop* [Chisme: La primicia confidencial]. Sin embargo, mientras que la mayoría de nosotros comprendemos esta manera superficial de pasar el tiempo, los Chismosos toman su trabajo mucho más en serio. Para ellos, *el chisme sirve como llave para su aceptación social* y esto les impide guardar el más simple de los secretos. Los Chismosos descubren el pastel, en otras palabras, crean un vínculo, una amistad a través de los secretos. Consiguen la intimidad con una persona utilizando los secretos de otra. Los Chismosos hablan todo el tiempo, convencidos de que contándole un secreto muy personal de otros lo hará acercarse a ellos.

> Sin leña se apaga el fuego; sin chismes se acaba el pleito.
>
> PROVERBIOS 26:20

Es esta necesidad de sentirse aceptados lo que a veces anima a los Chismosos a adornar las historias acerca de la gente. En un experimento universitario conducido por el profesor Levine, se esparció un chisme entre los estudiantes de una gran universidad acerca de un casamiento universitario. El casamiento fue ficticio; nunca se realizó. No obstante, doce por ciento de los estudiantes consultados dijeron que habían estado en la boda. Algunos fueron tan lejos que describieron el vestido de la novia. Estar informado le ayuda al Chismoso a pensar que lo aceptarán.

Otra razón por la que a los Chismosos les encanta una noticia picante es que esto tiende a normalizar su vida. Si su matrimonio está fracasando, los Chismosos querrán saber acerca de cualquier otra persona que tenga problemas matrimoniales. Les hace sentirse mejor cuando saben que no están solos. Por ello se comparan con otras personas con la esperanza de encontrar que los demás luchan con cosas mucho peores que las suyas. Y cuando los Chismosos encuentran a alguien lidiando con las drogas o el alcohol, se sienten mejor. Si oyen de alguien que está confundido en cuanto a sus preferencias sexuales, se sienten mejor. Si descubren que un colega tiene una enfermedad amenazadora o hijos difíciles de tratar, se sienten mejor. Los Chismosos se sienten más confiados si pueden encontrar a otros que la están pasando peor que ellos.

Una tercera razón por la que las personas andan con chismes es porque encuentran que es una forma de influir o cambiar el comportamiento de otros sin el enfrentamiento directo, sin figurar como acusadores, ni correr el riesgo de herir los sentimientos. Esta razón quedó confirmada en un estudio realizado entre mujeres de una hermandad de la Universidad Temple en Filadelfia[1]. Por ejemplo, si a Jennifer no le agrada estar entre personas que beben, puede pasar el chisme a sus amigos acerca de cuánto le desagrada estar con Katia porque bebe. De esta manera, todo el que escuchó el chisme recibe el mensaje, no bebas cerca de Jennifer, sin haberlo enfrentado directamente. Y, al final, Katia y otros bebedores escucharán el chisme a través de esos rumores y se abstendrán de beber en presencia de Jennifer.

A veces los Chismosos no pueden guardar un secreto simplemente porque no comprenden por qué es un secreto. Si le pide a Pamela que no le cuente a nadie su hijo de dos años y medio aún no sabe ir solo al baño, ella podrá pensar: «¿Cuál es el gran problema?». Si el tema sale a relucir con otra persona, los Chismosos no lo pensarán dos veces para mencionar su información privada.

Algunos Chismosos cuentan secretos para conseguir poder. Los chismes a menudo causan dolor y fuera de ese dolor los Chismosos se sienten más poderosos, aunque sea por un momento fugaz. Los rumores viajan, intensificándose mientras circulan e inevitablemente vuelven al sujeto, provocando angustia, amargura y odio. La cháchara de mal gusto, sobre todo si lo precede un: «No se lo cuentes a nadie», toma vida por sí mismo, arruinando otras vidas en su recorrido. Esto no parece molestar a muchos Chismosos. Solo saben que, por un momento, se sienten más fuertes.

ENFRENTE A LOS CHISMOSOS

La vida privada de los ricos y los famosos son el alimento de lo que el escritor Lance Morrow llama en la revista *Time* el *macrochisme*, el chisme de clase internacional que se comenta solo entre usted, yo y veinte millones de lectores más. Los Chismosos inseguros y hambrientos de atención difícilmente se molestarían si estarían relacionados con temas como las escapadas de las celebridades. Es lamentable, pero su veneno casi siempre hiere mucho más cerca en casa, al nivel del microchisme. La buena noticia es que usted no tiene que soportarlo. Trate de usar estas eficaces estrategias para rechazar los rumores y protegerse de los difíciles Chismosos.

Reconozca al Chismoso interior

Confiéselo. En la fila del supermercado, cuando nadie que lo conozca está cerca, lee rápidamente el *National Enquirer* y espera que el cajero sea más lento que de costumbre. En realidad, nunca compraría este pequeño diario, pero algo dentro de usted mismo disfruta de vez en cuando con un bocadito de chismes. ¿Qué de malo tiene enterarse de los rumores de Hollywood sobre quién sale o se divorcia con quién y qué celebridades se han hecho la cirugía estética? Quizá no se haga daño con ello, ¿pero qué pasa con su deseo de estar enterado de lo que le sucede a las personas de su oficina? ¿Quisiera una parte suya oír acerca de los escándalos de las personas de su vida? Con franqueza, la tentación de participar en chismorreos es grande. ¿Por qué? El chisme nos da poder. Somos capaces de conseguir un poder instantáneo al contar chismes acerca de alguien. No obstante, usted podrá reconocer algo que los Chismosos no hacen: El poder desaparece con la misma rapidez que vino. En cuanto se dijo el chisme, desapareció el poder. Le será posible comenzar a manejar a los Chismosos reconociendo que usted también a veces se siente tentado a chismear.

No se quede sentado allí, diga algo

Usted se encuentra al lado del bebedero de agua de su oficina, en una aparentemente inocente conversación con un colega: «Ron no tiene una pizca de inteligencia. Es incapaz de decir la hora dentro de una habitación llena de relojes. Tú sabes, he oído que lo tomaron porque su viejo movió las cosas. Yo ni creo que tenga educación secundaria». ¿Qué está haciendo usted? Esto es un chisme, no lo niegue. Después de todo, no sabía que el padre de Ron era un personaje y con frecuencia se preguntó cómo Ron consiguió el puesto. ¿Sería verdad? Usted le prestaba especial cuidado. Aun así, ¿escuchaba más chismes o dejaba contento a su colega? La verdad es que no decir nada y escuchar con muchas ansias lo hace tan culpable como los Chismosos. Demuestra el adagio tan conocido: «Los pecados de omisión son mucho mayores que los de comisión». Hablando las cosas, esclareciendo la fuente de la información y encontrando los hechos puede evitar que la mala información se expanda como un voraz incendio. Usted puede decir algo así como: «¿Tiene datos concretos o solo se lo pregunta?». La idea radica en la opinión severa de las quejas infundadas; de otra manera estaría dando su tácita aprobación a los Chismosos. Un estudio efectuado por la socióloga Donna Eder, de la Universidad de Indiana, demuestra que la forma en que reacciona una persona al chisme decide el destino del mismo. Por tres años, Eder estuvo escuchando las conversaciones de

> De diez personas que hablan de usted, nueve dirán algo malo y la décima dirá algo bueno de mala manera.
>
> ANTOINE RIVAROL

setenta y nueve niñas. Eder encontró que el daño del chisme disminuye si alguien del lado receptor de la información se aparta o defiende a la persona en cuestión. De otra manera, si la persona se une al chisme, a menudo resulta en el asesinato del sujeto[2]. Como dice Proverbios 26:20: «Sin leña se apaga el fuego; sin chismes se acaba el pleito».

Ponga a un lado la culpa

¿Cuál sería su inmediata respuesta si un Chismoso irrumpiera en su oficina para hablarle de Kevin, el nuevo aprendiz? «Toda la mañana nuestro pequeño genio ha estado llamando a los clientes para darles una información errónea acerca de nuestros nuevos productos. Cuando me di cuenta, ¡casi pego el grito en el cielo!» Su colega sigue contándole acerca del terrible daño que resultaría si él no se hubiera dado cuenta del error. «Además», declara, «creo que el verdadero problema aquí es que Kevin estaba fumando marihuana. Tuvo que haber hecho algo raro para cometer semejante error». Llegado a este punto, usted se da cuenta que su colega, un Chismoso, solo fantasea la información sin hechos concretos.

> Un chisme casi siempre hace una montaña de un montículo añadiéndole un poco de suciedad.

¿Qué debe hacer? La mejor alternativa es llevar el rumor a un callejón sin salida sin condenar a su colega. Podría decir algo como: «Qué bien que te diste cuenta. Es lamentable lo que sucedió. Yo trabajé una sola vez con Kevin y él fue quien me señaló un error que estaba cometiendo. Me salvó de una gran tontería». Un comentario así no condena a los Chismosos ni comienza una discusión. Con su pacífico ejemplo, le dice con claridad: «Acepto lo que viste, por lo tanto espero que tú aceptes lo que yo vi». De esta manera, los Chismosos pueden conservar un poco de respeto propio. La idea radica en que usted no puede adjudicarse una drástica victoria en un duelo verbal con Chismosos. En cuanto estallara una discusión, los Chismosos urdirían sus propios rumores acerca de usted. Esto solo agregaría leña al fuego. Por lo tanto, evite la corrección moral del chismoso en público.

Tenga un plan paracaídas

Enfrentémoslo. A veces no es fácil estar calmado y sereno ante los Chismosos. A veces no es fácil ser benevolente. ¿Qué puede hacer cuando no se encuentra exactamente de humor para una alquimia altruista? Si no puede cambiar el curso de una conversación sin hacer sentir culpable a un Chismoso, es tiempo del plan B: No diga nada y siga caminando. A veces el simple hecho de rehusar tomar parte en basura es mejor que proferir palabras insípidas que se atascan en su garganta. Podrá parecer duro, pero a veces necesitamos darnos cuenta que no podemos salvar al mundo, dejemos solos a los Chismosos. Trabajar o vivir con Chismosos es a veces igual que querer tapar todos los grafitos en los baños públicos. Es una tarea imposible. Usted no puede silenciar cada rumor que está circulando.

> La verdad es no provocar demasiado a los que dependen del carácter y la vida de sus vecinos para todo su esparcimiento.
>
> GEORGE BANCROFT

Determine su propio clima de trabajo

Si sus primeros encuentros con Chismosos fueron en su trabajo, examine la atmósfera de dicho lugar.

¿Se respira suspicacias y escándalos? Si es así, esto no solo revela una brecha en la confidencia de los Chismosos, sino una falla más profunda en el departamento y la compañía. En *De aquí a la eternidad*, James Jones describe una compañía del ejército como «una sola personalidad formada por muchos soldados». Esta observación es valedera para toda organización. Si los superiores son entrometidos y maliciosos, sus actitudes determinarán la cultura corporativa, y será poco menos que imposible deshacerse de los rumores en su trabajo. Tengo una amiga, Laura Jones, que trabaja como redactora de noticias para una importante cadena de televisión de Chicago. Me contó que su implacable industria estaba llena de rumores y chismes. «Una vez que comprendí que el chisme era endémico y no un simple tema para mí, pude soportarlo mejor», me dijo. «No me gusta, pero opté por tolerarlo y ya no me vuelve tan loca como antes». Dicho con toda claridad, el hecho de estar trabajando con Chismosos no significa que su jefe sea uno también. No obstante, si el chisme es la manera de vivir de la mayoría de las personas de su oficina, quizá sea el momento de buscar una salida o al menos de comprender que esto será parte de su clima laboral.

> El chisme es el arte de no decir nada de una manera en que prácticamente ha quedado todo dicho.
>
> WALTER WINCHELL

Cree su propio ambiente

Tengo un amigo en mi trabajo, Mike, el cual raras veces cae en la trampa del chisme. En más de una ocasión he presenciado la misma dinámica cuando Mike entra en una habitación. Un día, por ejemplo, yo había estado charlando acerca de alguien cuando Mike entró en la conversación. Pronto la conversación cambió su curso. Algo en la presencia de Mike silenció el chisme. ¿El secreto de Mike?

A despecho de las condiciones atmosféricas, Mike crea su propio ambiente. Veamos cómo funciona. Una vez que decide que no será parte del molinillo de rumores y una vez que ha aprendido a evitar estas conversaciones sin culpar a los demás, la gente lo tratará distinto. Es un fenómeno sorprendente. Una vez que crea su propio ambiente, algunas personas se disculparán por hablar mal de otras en su presencia. Al final, se cansarán de disculparse y cambiarán los temas cuando usted se aproxime. Yo he visto suceder esto. Y cuando no esté presente y surja su nombre, alguien dirá: «Usted podrá decir lo que quiera de él, pero nunca lo he oído hablar mal de las personas a sus espaldas». Este es un maravilloso cumplido, pero el verdadero resultado de crear su propio clima es que se inspira confianza.

Corte el chisme a su paso

Traficar con chismes no solo lastima a la víctima inocente, usted, sino también degrada al Chismoso y a quien lo escucha. La buena noticia es que cuando alguien trata de contarle algo que no desea escuchar, no tiene que sentirse atrapado. Existen incontables maneras de mantenerse alejado de secretos no deseados. Use una de estas respuestas para el típico acercamiento de un Chismoso:

> Chismoso: *«¿Puedes guardar un secreto?»*
>
> Usted: *«En realidad, no».*
>
> Chismoso: *«Hay algo que quiero contarte, pero no se si deba hacerlo».*
>
> Usted: *«Entonces no lo hagas».*
>
> Chismoso: *«Espera hasta que te cuente lo de Mario».*
>
> Usted: *«¿Te molestaría si sigo esperando?»*
>
> Chismoso: *«¿Has escuchado lo que la gente dice de Bárbara?»*
>
> Usted: *«¿Te refieres a que es tan buena que solo un tonto es capaz de decir algo malo de ella?»*

Su respuesta inteligente quizá dependa en gran parte de su estilo, pero puede evitar la preparación del terreno para un torrente de chismes si se encuentra preparado con algunas respuestas infalibles.

¿Gana algo con el chisme?

«Es una total invasión a la privacidad», manifiesta en tono cortante la actriz Elizabeth Taylor acerca del reportaje de los medios que inevitablemente sigue a cada uno de sus muchos casamientos y divorcios. El verdadero indicio de una celebridad profesional es su constante queja acerca de que la tratan como una celebridad. Quizá usted no haya sido una estrella del Hollywood Boulevard, pero puede disfrutar aún de la publicidad de haberla sido. ¿Gana algo con los chismes de otros acerca de usted?

Descubra lo bueno del chisme

¿Alguna vez es bueno el chisme? En una cierta forma quizá lo sea. En su libro *Secretos*, la moralista contemporánea Sissela Bok da la mejor explicación acerca de lo bueno que puede ofrecer un chisme. Ella escribe: «De mal gusto, superficial, impertinente, infundado, hasta malicioso. Sin duda, el chisme puede ser todo esto. Aun definiéndolo de esta manera pasamos por alto la completa red de intercambios humanos de información, la necesidad de inquirir y de aprender de las experiencias de los demás, y de la importancia de no tomar todas las cosas por su valor aparente». Nosotros probamos los parámetros de propiedad al evaluar las reacciones de nuestros amigos ante las faltas leves de los demás.

De acuerdo a John Sabini y Maury Silver, autores de *The Moralities of Everyday Life* [La moral de la vida diaria], los chismes son nuestra manera de explorar cómo se ajustan las normas abstractas de moralidad a las situaciones e incidentes diarios. Con esto no se quiere decir que el chisme sea una virtud. Es una simple manera de decir que algunos «chismes» ofrecen un beneficio social al verificar nuestra ética y mantenernos simplemente al día e informados.

> Hay muchísimo bien en lo peor de nosotros y muchísimo mal en lo mejor de nosotros, que es difícil que alguien de nosotros sea capaz de hablar del resto de nosotros.

En un estudio de ocho semanas, el Dr. Jack Levine y su equipo de investigadores examinaron ciento noventa y cuatro casos de chismes cuando se produjeron en las conversaciones de setenta y seis estudiantes masculinos y ciento veinte femeninos de una gran universidad. Aun cuando el estudio se limitó a las noticias, los resultados fueron sorprendentes. Aunque veintisiete por ciento de los chismes consistieron en comentarios negativos, veintisiete por ciento equivalentes de comentarios fue positivo o complementario. El resto de los comentarios fue mixto[3].

No deje suciedad en el plato

La mayor parte de su vida, el personaje televisivo Kathie Lee Gifford ha seguido el mismo ritual matutino. Antes del desayuno y de que sus pies toquen el suelo, dice en oración: «Señor, por favor, ayúdame en este día. No permitas que lastime a alguien con mi boca». Escribe al respecto en su autobiografía *I Can't Believe I Said That!* [¡No puedo creer que dije eso!]. Como saben sus numerosos seguidores, la rápida charla de Kathie Lee es algo especial. Cada mañana en el programa *Live with Regis & Katie Lee* [En vivo con Regis y Katie Lee], la afable coanimadora toma una silla y ofrece una interminable cháchara acerca de su esposo, Frank Gifford, y su pícaro hijo, Cody. Estas charlas diarias sin trabas con el conductor Regis Philbin, chácharas en las que se pone a hablar de todo lo que pasa en su vida, confidencias que se hacen públicas. Es sorprendente, pero el candor que crea la atracción de Kathie Lee es también su seguro contra chismes dolorosos. A pesar de su poder como estrella, las columnas de chismes casi siempre la dejan tranquila. Es una celebridad que ha vencido a los chismosos con su propio juego. Y si usted es atrevido, también vencerá a sus Chismosos locales (sin tener que ir a la televisión nacional). Una vez que se franquee, deja poca intriga para los murmuradores. Por supuesto que esta estrategia no es para todos, pero ser un libro abierto quizá sea su boleto para quitarse de encima a los Chismosos. A ellos les interesan mucho más las personas reservadas para sus cosas. Es extraño, pero lo que pierde de misterioso para los chismosos lo gana en privacidad.

> El chisme es la falta de un tema valioso.
>
> ELBERT HUBBARD

Sepa a quién le cuenta sus secretos

El método Kathie Lee Gifford no es para todos. Algunos poseemos secretos demasiado oscuros para contarlos. Aunque si revelar nuestros secretos es un riesgo tan alto, ¿por qué lo hacemos? Contamos nuestros secretos para explorar qué nos preocupa y a veces conseguir una respuesta útil y quizá para probar la reacción a nuestro secreto. Cuando otras personas conocen nuestro secreto, a veces sentimos el alivio de no encontrarnos más solos. Por lo tanto, si posee un secreto para revelarlo, en verdad lo único que necesita es una persona en la que pueda confiar, alguien que considera que es un verdadero privilegio escuchar lo que pasa en su mente. Proverbios 11:13 afirma esta verdad: «La gente chismosa revela los secretos; la gente confiable es discreta». Contar un secreto a un amigo de confianza quizá los una más y haga más íntima su relación. Sin embargo, recuerde que no todo amigo está preparado para guardar sus secretos. Yo tengo un amigo al que estimo mucho y siempre disfruto de su presencia, pero nunca le confiaría mis secretos. Le resulta muy difícil guardar un pequeño secreto y yo no voy a confiarle uno importante. ¿Pero significa esto que no podemos ser buenos amigos? De ninguna manera. Solo me limito a no contarle algo que no quiero que circule por allí.

Si es serio y personal, actúe con rapidez

Durante la primavera de 1985, un obispo católico romano de Providence, Rodhe Island, descubrió que era motivo de chismes infundados y muy dañinos. De acuerdo al rumor local, la policía arrestó e interrogó al obispo debido a mal comportamiento sexual. Sin embargo, no era cierto. De modo que, creyendo que el rumor al final iría desapareciendo, el obispo lo pasó por alto. Como es de lamentar, el chisme no aminoró, sino que ganó en ímpetu. «Una cruel historia corre sobre ruedas», dice un dicho popular, «y cada mano aceita las ruedas mientras corren». Para «no honrar los comentarios con una respuesta», el obispo permitió que el chisme circulara sin control, y su silencio implicó culpabilidad. Sin embargo, una vez que el obispo se vio forzado a tomar en cuenta el chisme a través de una conferencia de prensa local, lo rechazó por falta de fundamentos y el chisme prácticamente desapareció. Si usted es víctima de un chisme serio, debería actuar enseguida. Enfrente el alegato de manera directa y de inmediato. A fin de ayudarle con esto, deberá tener un aliado trabajando para usted en su nombre.

Busque el consuelo en Dios

Trabajar o vivir con Chismosos difíciles puede ser inquietante y a veces devastador. Quizá engendre profundas sospechas y desconfianza en casi todo el mundo. Los Chismosos ya no pueden «desactivar» su rumor, al igual que no se puede volver hacia atrás una bala que se disparó. Una vez fuera, el chisme se va. Y el problema es que no dejará de rebotar hasta no haber lastimado a muchas personas. Sin embargo, al final, existe Alguien en el que podemos encontrar seguridad, Alguien que es confiable en grado sumo. Aunque a veces no comprendemos los caminos de Dios, podemos contarle nuestros más profundos secretos con plena confianza. En el Salmo 62, David escribió: «Solo en Dios halla descanso mi alma; de él viene mi esperanza. Solo él es mi roca y mi salvación; él es mi protector y no habré de caer [...] Confía siempre en él, pueblo mío; ábrele tu corazón cuando estés ante él. ¡Dios es nuestro refugio!» (Salmo 62: 5-6, 8).

REFERENCIA CRUZADA

Para más información relacionada con los Chismosos, véanse estas otras relaciones conflictivas: el Traicionero, el Camaleón y el Envidioso.

EL CONTROLADOR

Incapaz de soltar ni de dejar solo

«Estoy segura que cuando intercambiamos nuestros votos matrimoniales», me dijo Janet, «Bob agregó "mientras yo sea el jefe"». Se encontraba en mi oficina después de intentar durante cuatro años estar en igualdad de condiciones con su esposo. Según ella, Bob nunca suelta las riendas. Tendría que estar muy mal de salud para dejarme conducir nuestro automóvil», se quejó. En uno de esos raros casos en los que Janet conduce estando Bob en el automóvil, él le dice todo lo que tiene que hacer: «Para aquí». «Disminuye la velocidad». «Pasa a este tipo». «Tome como ejemplo nuestra cuenta bancaria mutua», continúa Jane. «Antes de conocernos, yo manejaba muy bien mis finanzas. Tenía un crédito intachable». Sin embargo, una vez que Bob apareció en escena, se encargó de manejar el dinero. Hace todos los cheques y controla la contabilidad. «Casi nunca sé cómo están nuestras finanzas».

«Luego está el remoto», dijo Jane. Ella se refería al pequeño artefacto que opera al televisor. «¿Debo decir algo más?» Con gracia pasó por encima de este asunto. Pero antes del término de nuestra sesión, Janet resumió así a su esposo: «Él cree que sabe hacer todo y que por derecho natural es el jefe de todo lo que se encuentra a su alrededor».

> Permanezcan en mí, y yo permaneceré en ustedes. Así como ninguna rama puede dar fruto por sí misma, sino que tiene que permanecer en la vid, así tampoco ustedes pueden dar fruto si no permanecen en mí [...] Si obedecen mis mandamientos, permanecerán en mi amor, así como yo he obedecido los mandamientos de mi Padre y permanezco en su amor.
>
> JUAN 15:4, 10

Existen muchos tipos de Controladores, desde esposos demasiado involucrados a ejecutivos entrometidos. Kelly era un ejemplo de estos últimos. Ella era una ejecutiva activa hasta lo último, supervisaba todo, acumulaba información, rehusaba delegar y tomaba a mal las ideas o acciones independientes. Estaba al tanto de cuándo llegaban sus empleados por la mañana, cuándo almorzaban y cuándo se van por la noche, dando directivas demasiado explícitas y regañando a la gente que abandonaba sus funciones laborales específicas. No hace falta mencionar que el estilo de control de Kelly hace muy poco para motivar a sus empleados o cultivar una forma de pensar innovadora. Sin embargo, esto no le molesta a Kelly. Igual que la mayoría de los Controladores, solo busca sumisión.

Algunos Controladores ejecutan su tarea con una sonrisa en los labios, mientras que otros abusan con sus palabras. Sea como fuere, sus relaciones sufren. ¿Alguna vez estuvo atado a algo que no le gustó hacer? ¿Sintió alguna vez que sus preferencias no tenían ninguna importancia? Si fue así, conoce la frustración que señala que usted se ha topado con un Controlador.

LA ANATOMÍA DE UN CONTROLADOR

Todos nos encontramos con gente como Bob o Kelly. Quizá los conocimos en el trabajo o en la iglesia. A lo mejor se trata de un socio íntimo o un conocido casual. Hasta es probable que estén en su propia familia. Sin embargo, hay algo seguro; no hay error en *quiénes* son. Los Controladores son los que tienen el control o que tratan con desesperación de tenerlo. Los Controladores tienen en común las siguientes características: detestables, tenaces, invasores, obsesivos, perfeccionistas, críticos, irritables, exigentes y rígidos.

Detestables

Bien en la cima, los Controladores se pueden describir como ofensivos. El término *detestables*, proviene de la palabra latina que significa «dañar». Y, sin duda, los Controladores hacen esto. Lastiman la mayoría de sus relaciones con sus maneras controladoras y perniciosas. La madre de los discípulos Jacobo y Juan fue una mujer controladora. Quería estar segura que sus hijos iban a tener lugares prominentes en el reino de Cristo. Cuando los diez discípulos se enteraron de su entrometimiento, «se indignaron» (Mateo 20:24). Los controladores pueden llegar a ser detestables.

Tenaces

Un pequeño niño estaba en el patio jugando bruscamente con su poco dispuesto gato. Cuando comenzaron a hacer un ruido considerable, su madre lo oyó y le gritó: «Juanito, ¿le estás halando la cola al gato?» «No, mamá», contestó el niño. «Solamente lo tengo de la cola. Todo lo demás lo está haciendo él». Los Controladores son en gran sentido como Juanito. Si alguien sugiere una nueva manera de hacer las cosas, se resisten con tenacidad manteniendo la forma en la que quieren que se hagan las cosas, sin importarles cuán fuerte sea la conmoción.

Invasores

Una vez tuve en mi consultorio a un hombre que creció bajo un padre controlador. Todo lo que hizo en su niñez estuvo bajo el ojo controlador del padre. El padre no se contentaba con saber solo a dónde se había ido el muchacho y quién estaba con él. Este padre hacía un minucioso inventario del cuarto de su hijo. Igual que un detective privado, controlaba con regularidad todas las cosas de su mochila y los cajones del escritorio, no por buscar algo en particular, sino por simple curiosidad. Los Controladores respetan poco la privacidad y a menudo husmean en lugares que no son de su incumbencia.

Obsesivos

Los Controladores llegan a ser obsesivos al perseguir ciertas cosas. Pueden ser tercos en cuanto a la sospecha que algo va mal en una relación o que esté recibiendo menos que un trabajo perfecto. Es el tipo de obsesión que les hacen perder la perspectiva de todo lo demás.

Perfeccionistas

Escuche con atención y podrá oír a los Controladores decir entre dientes: «No creo que hice esto. Qué tonto». Se regañan por no haber hecho todo con exactitud. Exigen perfección de sí mismos y de los demás. Pocas cosas están lo «bastante bien hechas».

Críticos

Cuando a las personas les consume la necesidad de controlar su mundo, se vuelven criticonas. Tal parece que los controladores son incapaces de morderse la lengua cuando observan que algo sale mal. Lanzan sus críticas pensando que corregirán el problema. Por supuesto que raras veces lo logran, pero esto no los aparta de tratar de controlar a través de la crítica.

Irritables

Cuando los Controladores no se salen con la suya, se vuelven irritables. Parece que no son capaces de ir con la corriente. Cuando encuentran oposición, no importa cuán lógica sea, se enfadan, critican y recurren a formas egocéntricas. Las pequeñeces les producirán enojo: una tapa sucia de un frasco de mostaza, un automóvil estacionado en el lado «equivocado» de la vía, una linterna eléctrica que no estaba donde «debía haber estado», etc., etc. Cualquier cosa es buena para los irritables Controladores.

Exigentes

«Jenny, ¡dame eso!», le grita Dan a su esposa. Cuando Jenny no le da su cheque de paga, Dan grita de nuevo: «¡Dámelo ahora mismo!». Finamente se apropió de él, rasgándolo al quitárselo de las manos con un tirón. Jenny estaba cansada de entregarle todo el manejo de las finanzas a su controlador esposo, pero Dan respondió en el característico estilo de los Controladores: con exigencias.

Rígidos

Los Controladores tienen una manera de hacer las cosas: la suya. Y pueden ser inflexibles como sargentos instructores al tratar de imponerle sus métodos. Quieren que la vida se mueva de una cierta forma y no desean apartarse de su régimen. Sus instrucciones exactas acerca de cómo cortar el césped, preparar la ensalada, conducir un automóvil y todo lo demás, no se deben cuestionar. Saben qué es lo mejor para cada uno y solo les permiten a los demás que tomen las riendas si siguen sus reglas.

¿CONOCE A UN CONTROLADOR?

La siguiente prueba quizá le ayude a determinar si está en una relación conflictiva un Controlador. Identifique a la persona o personas que le vinieron a la mente al leer los párrafos anteriores. Encierre con un círculo la *S* si la afirmación respecto a la persona o personas que tuvo en mente es acertada. Hágalo con la *N* si la afirmación no se ajusta a esa persona o personas.

S N Esta persona siempre se aferra a los proyectos porque exige perfección.

S N La mayoría de la gente describiría a esta persona como quisquillosa o criticona.

S N A esta persona le encanta ordenar y establecer rutinas.

S N El comportamiento controlador de esta persona enloquece a los demás.

S N A veces sospecho que esta persona husmea en áreas privadas.

S N Esta persona me provoca ansiedad.

S N Al igual que un bulldog, esta persona se aferra a su manera de querer que se hagan las cosas.

S N Una vez que esta persona se decide por algo, se detiene allí; todas las otras opciones dejan de existir.

S N Esta persona puede ser indecisa cuando siga considerando una idea y pone a todo lo demás en espera.

S   N   Si a esta persona no le agrada algo, lo dice.

S   N   La mayoría de la gente se sorprende por el estilo exigente de esta persona.

S   N   Esta persona tiene una cierta manera de hacer las cosas y casi nunca la cambia.

S   N   Es difícil que alguien describa a esta persona como flexible y de trato fácil.

S   N   Si a esta persona se le da otra idea, nunca la acepta y la usa del todo.

S   N   Si la cosa más pequeña está fuera de su lugar, esta persona lo descubrirá.

Puntuación: Total de las *S* que circuló. Si marcó diez o más, con toda seguridad se encuentra en una relación conflictiva con un Controlador.

COMPRENDA A LOS CONTROLADORES

A Lillian le encanta llamar la atención. Cuando sale con amigos, por ejemplo, elige el día, la hora y el restaurante. Si esto no es suficiente, una vez que el camarero del restaurante eligió una mesa, Lillian casi siempre pide algo diferente. Sus amigos lo han dado por llamar el «cambio Lillian». Hasta les dice a sus amigos lo que deben comer y lleva el flujo de la conversación. Si Lillian no consigue lo que quiere, busca un lugar distinto al que eligieron sus amigos o pasa toda la noche resentida.

> Mejor ceder que romper.
>
> PROVERBIO ESCOCÉS

Unos pocos amigos de Lillian soportan sus maneras controladoras, pero muchos abandonaron la relación. Sin duda, sabe lo que produce en la gente sus maneras dictatoriales. Entonces, ¿por qué lo hace? La respuesta se encuentra a un nivel inconsciente, más que consciente. Muy en lo profundo, Lillian teme ser vulnerable. *Los Controladores temen perder el control del total.*

¿No es saludable un poco de control? Seguro. Recientes investigaciones indican que sentirse en control es vital tanto para la salud mental y física como para la felicidad del hogar y la satisfacción en el trabajo. En realidad, sentir que uno es el maestro de su propio destino es una de las características clave de la gente feliz, según mi amigo David Myers, autor de *The Pursuit of Happiness* [La búsqueda de la felicidad]. Es más, la psicóloga Judith Rodin ha demostrado con experimentos en la Universidad de Yale cómo el simple hecho de sentirse en control puede alterar el funcionamiento del sistema inmunológico de una persona[1].

No obstante, el exceso de control no es bueno. *Controlar demasiado puede crear estrés por sentir que no se tiene el control sobre todas las cosas.* Las personalidades del tipo A, por ejemplo, con frecuencia son controladoras y poseen así un alto riesgo de enfermedades del corazón[2]. En su afán de dominar, los Controladores a menudo se sujetan a sí mismos a rígidas rutinas que los apartan de disfrutar de la vida, sin mencionar la frustración que causan a las personas a su alrededor.

Los Controladores, sin saberlo, pasan la línea que separa la responsabilidad del control compulsivo. No pueden relajarse porque siempre creen que corren el riesgo de que los critiquen o avergüencen por cometer un error del todo humano. Y su comportamiento en exceso responsable afecta a las demás personas. Los Controladores no saben cuándo ni dónde parar. Imagínese cómo sería la vida si todo lo que queremos y cada meta que esperamos alcanzar estuviera dictada por los vientos del destino o los caprichos de otras personas. La perspectiva de esta falta total de poder sería terrible. *Sin embargo, a menudo, los Controladores creen que la vida es muy aterradora.*

A veces, en su intento de controlarlo todo (hasta el tiempo), los Controladores pierden el dominio de ellos mismos sin que medie una advertencia. Es la historia del golfista que se pone frenético luego de perder un golpe. Lanza el palo lejos de sí, toma otro palo de la bolsa y lo parte en dos sobre sus rodillas. Algunos Controladores literalmente «pierden la chaveta».

A los Controladores los impulsan sentimientos de extrema vulnerabilidad y baja autoestima. Ni mucho menos son tan seguros como parecen. Aterrados de que los critiquen, rechacen o expongan de alguna manera, tratan de protegerse manteniendo el control de cualquier aspecto de la vida.

ENFRENTE A LOS CONTROLADORES

Casi todos conocen a los Controladores. Sin embargo, no todos saben cómo tratarlos. Ya sea que sus Controladores estén en su oficina o en su hogar, necesita saber que es posible desactivar un ataque de control.

Enfrente al Controlador interior

Contrastando con los Controladores de su vida, podrá sentir que no puede ni por asomo encontrar tendencias controladoras en sí mismo. Aun así, piense en eso. ¿No es a veces un poquito controlador? ¿No se irrita a veces cuando las cosas no salen del modo que quisiera? ¿Nunca se puso un poco rígido o exigente? ¿Nunca es perfeccionista? Quizá no tenga algunas de estas molestas tendencias. Sin embargo, la mayoría de nosotros, si hacemos una revisión sincera, descubriremos al menos algunas tendencias controladoras de tanto en tanto. Por supuesto que esto no lo clasifica como un Controlador certificado, pero le ayudará a sentir un poco de empatía por los de su vida.

No lo tome como algo personal

Recuerde que en la mayoría de los casos, los Controladores tratan de protegerse; no intentan lastimarlo a usted. No se sienta responsable ni trate de hacer mejor las cosas cuando ellos se enfadan. Acusarlos de estar controlando, solo logrará que se vuelvan más temerosos y controladores. En su lugar, trate de explicarles cómo le hace sentir su comportamiento.

Usted puede decir algo así: «A lo mejor no te das cuenta, pero siempre que nos reunimos, terminamos haciendo las cosas a tu manera. Me siento frustrado por ello. Me gustaría tener el turno de elegir a qué restaurante o cine vamos a ir». Esto es mucho mejor para ambos, tanto para usted como para su amigo controlador, que decir: «Nunca confías en mí para alguna decisión». Recuerde que el comportamiento de un Controlador no es un comentario acerca de usted; es una estrategia que utiliza para defenderse de la ansiedad. Por lo tanto, la próxima vez que un Controlador dicte una orden, no lo tome como algo personal.

> Nada es más terrible que la actividad sin discernimiento.
>
> THOMAS CARLYLE

Vaya con el control

Hace poco traté a un gerente que se encontró con un jefe Controlador en un nuevo trabajo. El nuevo empleado era un gran trabajador, muy competente. Aun así, su jefe estaba encima de cualquier pequeñez. El primer impulso del gerente fue decirle a su superior: «Eh, deje de molestarme. Me contrataron para esto. Déjeme ser yo mismo». Cuanto más exploramos las probables repercusiones de este tipo de comentarios, más abiertamente conseguimos una alternativa.

«Permita que el jefe tenga la oportunidad de ver que usted pone el punto sobre las "íes" y procura que todo se haga», le aconsejé. La idea detrás de mi estrategia era darle al jefe controlador un tiempo para tranquilizarse.

El mismo principio se ajusta a usted. Al cooperar con la necesidad de los Controladores de tener el dominio, les puede ayudar a calmarse y ser menos controladores. Los Controladores quizá intenten mandar solo un poco; si confían más en usted porque ha permanecido tranquilo y acepta sus observaciones, pueden comenzar a disminuir su presión sobre usted.

Identifique la necesidad

La desactivación de los Controladores depende de que encuentre lo que en verdad quieren de usted. Gerald Piaget, autor de *Control Freaks: Who They Are and How to Stop Them from Running Your Life* [Los fanáticos del control: Quiénes son y cómo detenerlos en su vida], hace una importante pregunta: «¿Trata la persona de que usted se dé cuenta que ella tiene la razón, que es importante, reconocida, apreciada, poderosa?». Para hacerle frente, tiene que averiguar cómo darle al Controlador lo que desea sin comprometer sus propias necesidades. Si al Controlador que conoce lo impulsa la ansiedad respecto a una importante llamada telefónica que está esperando, por ejemplo, quizá le diga con brusquedad cuando pone los pies sobre la mesa: «¿Por qué haces esto? Ya te dije antes cuánto me altera eso». En vez de acusarlo de irracional e intolerante, póngase en el lugar de esa persona y dígale lo que en verdad necesita oír: «Lo siento, apuesto a que ansías mucho recibir esa llamada de la que me hablaste». Un simple comentario acerca de lo que está pasando debajo de la superficie puede suavizar al preocupado Controlador. Y le ayudará a enfrentar la tormenta sin empaparse.

> Quien obedece en contra su voluntad, calla ante su propia opinión.
>
> SAMUEL BUTLER

Ahogue a los Controladores con información

Piense en ellos como padres que protegen en exceso. Una de las mejores maneras de ayudarlos a tranquilizarse es mantenerlos informados. Cuanto más información les da, menos tienen de qué preocuparse y más lo dejará en paz. Esta estrategia es similar a «ir con el control». Si se resiste, por ejemplo, a la sugerencia de su jefe de tener una reunión con la gente de compras porque piensa que no es un buen modo de disponer de su tiempo, él pensará que usted no es confiable. Sonará la alarma y su jefe quizá piense: *Este no trabaja en equipo. Esta persona no quiere que la supervise. Está ocultando algo.* Por supuesto que usted no trata de ocultar nada. Pero él no lo sabe, por eso explíqueselo. Explique cómo recibe por teléfono la información que necesita de compras y piensa que es mejor continuar sin tener una reunión. Mejor aun, después de darle a su empleador esta información, pregúntele si aún cree que hace falta la reunión. Pensará que está preguntando algo obvio, pero ofrecerles a los Controladores la constante información e invitándolos a opinar hará que su relación se deslice con más suavidad.

Póngalo por escrito

Una de las mayores frustraciones que he encontrado en personas que trabajan para Controladores es que sus jefes pocas veces están dispuestos a nuevos métodos o procedimientos. Por ejemplo, digamos que ha encontrado una nueva y mejorada manera de extraer información acerca de la pasada actividad de ventas para los informes de fin de año, pero que el Controlador hecha por tierra su idea. ¿Qué puede hacer? Usted está convencido que computarizando los registros de la oficina ahorrará una tremenda cantidad de tiempo, pero el Controlador no se lo acepta. En una situación como esa, lo que mejor se puede hacer es poner sus ideas por escrito. Dé a los Controladores la oportunidad de pensar en eso. No los enfrente ni les pida que lo discutan luego. Suministre montones de razones por las que su idea será la acertada. Rodéela de hechos. Pasando por el difícil ejercicio de reunir información para probar que su punto de vista no sea tal vez el mejor uso de su tiempo, no obstante, lo será si termina consiguiendo el resultado deseado. Los hechos concretos y la información son algunas de las mejores herramientas para conseguir lo que necesita de un empleador, cónyuge o amigo controlador.

> Lo que se obtiene
> mal, marcha mal.
>
> PROVERBIO
> IRLANDÉS

Negocie su papel

Si se relaciona con un Controlador, es probable que debata una y otra vez los mismos asuntos: cómo uno conduce el automóvil, la forma de preparar la cena, etc. Cuando se da cuenta de la existencia de un asunto bumerán como este, convoque una reunión. Decidan juntos qué es lo mejor en ciertas tareas y quién lo deberá controlar. Si usted es mejor cocinero, debería tener el control de la cocina y el Controlador deberá estar de acuerdo para que se aparte. Si el Controlador es mejor conductor, deberá conducir cuando estén juntos. El truco para que resulte esta estrategia es recordarle al Controlador el acuerdo. Si esta persona, por ejemplo, comienza a decirle cómo cortar las zanahorias, dígale: «Hemos acordado que este es mi dominio y que yo debo dirigir aquí». Quizá la delegación de los papeles sea demasiado formal y prescrita para usted. Estoy de acuerdo, quizá lo sea. Aun así, negociar sus funciones preasignadas pueden aliviarle su vida con el Controlador y ayudarle a que se retire.

Acepte lo bueno con lo malo

Aunque sea difícil aceptarlo, de tanto en tanto los Controladores ofrecen valiosos consejos. Sin embargo, debido a que dan tantos consejos, usted los pierde. Trate de prestar atención a sugerencias y directivas que en verdad ayuden. Mire lo positivo, no solo lo negativo. En la forma de distribución del trabajo, los Controladores son el aglutinante de muchas organizaciones. Los Controladores casi siempre toman con seriedad sus responsabilidades y son conscientes, dedicados, éticos y muy trabajadores. Lo mismo ocurre en una familia. Entonces, si no tiene paciencia con los Controladores, piense en esto la próxima vez que su avión gire hacia la pista de aterrizaje y esté a la espera de que el controlador aéreo tenga un jefe que exija un impecable servicio al mínimo detalle.

> En lugar de poner a otros en su lugar, trate de ponerse en el lugar de ellos.

Conquiste alguna autonomía

Aunque encontrar lo bueno en los Controladores quizá sea muy útil, garantizado que encontrará un sinnúmero de sus «sugerencias» poco razonables. Este es el momento de un poco de agresividad. Jesús proveyó un buen ejemplo con Pedro. En su propia forma chapucera de ser, Pedro era un Controlador. Cuando Jesús les dijo a sus discípulos que iba a morir y resucitar, Pedro no estuvo de acuerdo con él, tratando de decirle lo que debía y no debía hacer. Al final, Jesús tuvo que reprenderlo con severidad:

«Quieres hacerme tropezar; no piensas en las cosas de Dios sino en las de los hombres» (Mateo 16:23). A veces los Controladores necesitan enfrentarse con los hechos. Usted puede asegurarles que está de su lado mientras que al mismo tiempo impone su propio estilo. Tuve una amiga cuyo jefe le enviaba largas notas escritas dirigiendo sus movimientos. Kathy habló en privado con su jefe y le dijo: «Usted sabe que trabajo muy bien sola. Cuando recibo notas escritas dictándome que debo hacer cosas de cierta manera, siento que es contraproducente. Conozco sus antecedentes de seguimiento y estoy aquí para apoyarlo, pero puedo producir mejor con un poco de autonomía».

Acaricie el ego del controlador

J. Keith Miller, autor de *Compelled to Control: Why Relationships Break Down and What Makes Them Well* [Obligado a controlar: Por qué las relaciones se rompen y qué las hacen buenas], cree que los Controladores crónicos se relajarán y suavizarán solo cuando comiencen a sentirse mejor con ellos mismos. «Cuando las personas que poseen poca tolerancia para las emociones dolorosas sienten que afloran la vergüenza y el temor, automáticamente se producen impulsos internos que surgen para ayudarlas a soportarlas». Miller sostiene que para que se rehabiliten los propios Controladores, deberán adquirir la autoestima que no dominaron en su niñez. Como psicólogo sé que mi trabajo en la terapia que les doy a los Controladores es en muchos casos facilitar un proceso de «readaptación» en el que sean capaces de aprender a aceptar que son valiosos y no necesitan avergonzarse de sus necesidades ni flaquezas. Una vez que ha comenzado este proceso, y que han elevado su sentimiento de autoestima, los Controladores no se sienten más ansiosos e impelidos a dominar. La buena noticia es que usted no tiene que ser un psicoterapeuta para ayudar a los Controladores a sentirse mejor con ellos mismos. Solo felicítelos

> Errar es de humanos, pero cuando la goma de borrar se desgasta antes que el lápiz, se exige demasiado.
>
> JOSH JENKINS

cuando pueda. Ayúdeles a sentirse mejor por lo que son y no por lo que hacen.

Sepa cuándo es tiempo de continuar

En algunos casos, el comportamiento de los Controladores está tan firmemente establecido que temen cambiar y, haga lo que haga, el efecto es casi nulo. Si cree que está empujando una pared de ladrillos, no solo corre el riesgo de sentirse a cada minuto frustrado, sino que le arrebataron también su autoestima y hasta su trabajo. En la disposición del trabajo, por ejemplo, los Controladores son capaces de ser peligrosas barricadas en su carrera. Rachel, una productora de televisión, describe su experiencia: «Él era la única persona en la agencia cuando me contrataron las oficinas centrales. El día que llegué, me dijo: "Todas las ideas se canalizan a través de mí". Llamaba a las oficinas centrales todas las mañanas y luego me daba tareas para el día, a retazos. Se aseguró que no tuviese autonomía. Sabía por adelantado el programa semanal, pero no me lo decía hasta la misma mañana de la actividad. No pude trabajar de esta manera». ¿Qué podía hacer esta persona? El colega de Rachel monopolizaba la información para que todo se filtrara primero a través de él. Desconfiaba de todo el mundo en la oficina, desalentaba la interacción entre colegas y no quería compartir crédito ni las mejores asignaciones con sus compañeros. Regía el Controlador. Rachel se tuvo que enfrentar con el desagradable hecho de que debía hacer el trabajo que él quería o buscarse otra cosa. Así que decidió irse luego de cumplir con su contrato por un año. Es probable que tomara la mejor decisión.

REFERENCIA CRUZADA

Para más información relacionada con los Controladores, véanse estas otras relaciones conflictivas: el Competidor, la Aplanadora y el Aguafiestas.

El traicionero

Incorregible de dos caras

¿Alguna vez ha confiado en alguien que dice una cosa en su cara y a sus espaldas algo del todo diferente?

Yo lo he hecho. Trabajé denodadamente en una importante oferta por varios meses junto con un supervisor. Nos preparamos para una reunión en la que yo tomaría la palabra y presentaría nuestras ideas ante un intimidador comité para su aprobación. Al fin, mi supervisor y yo llegamos al momento en el que ambos nos sentimos preparados. Convocamos a la reunión y nos fuimos para allí. A la mitad de la presentación, se tornó aparente que nuestra oferta no estaba yendo a ninguna parte. Sin embargo, como si esto no fuera lo bastante malo, mi supervisor me abandonó a mi suerte. Algunos minutos antes de entrar al salón de conferencias, estaba lleno de entusiasmo y me palmeaba la espalda con actitud triunfadora. Aun así, una vez que estuvimos dentro del salón, las cosas cambiaron y él también. Ninguno hubiera adivinado que algunas de las ideas de la oferta fueran suyas. Se unió a las críticas y se distanció de mí y del proyecto. Recuerdo que le oí decir delante de todo el grupo: «En mi opinión, toda la cosa necesita una revisión», mientras yo me bamboleaba sin aliento. No podía dar crédito a mis oídos.

Abandoné la reunión aturdido y asombrado. Él se fue de prisa.

¿Cómo fue capaz de cambiar tan rápido su posición? ¿Cómo fue capaz de echar abajo mis planes? ¿Cómo me traicionó por las espaldas cuando creía que éramos del mismo equipo? El Traicionero es una de las relaciones conflictivas más peligrosas y mortales. Se le acerca a hurtadillas por la espalda; por delante, esta persona es quizá su más grande admirador. Sin embargo, al igual que un asesino encubierto, salió en su búsqueda. Posee un cuchillo con su nombre grabado. Un cuchillo figurado, apuntado hacia su credibilidad. Manejado como es debido, puede hacerle picadillo su carrera y todo lo que importe.

Una de mis pacientes trabajó durante años para progresar en la superación de una niñez terriblemente difícil. Solo en época reciente vino a tener la valentía de enfrentarse del todo con esto y hablar de ello con franqueza. No hace mucho, dio un osado paso y le contó a una buena amiga un poquito de sus antecedentes y cómo estaba recibiendo ayuda profesional para superarlo. En una semana, su «amiga» había utilizado esta información confidencial para avergonzarla frente a otros. Mi sangre hirvió cuando me contó acerca del Traicionero.

> Tan odioso para mí como las puertas del Hades es el hombre que oculta una cosa en su corazón y habla otra.
>
> HOMERO

Este tipo de relación conflictiva puede ocurrir en cualquier parte. En su lugar de trabajo, en nuestros hogares y hasta en la iglesia. La traición ocurre cuando un compañero de trabajo esquiva un proyecto y luego toma el crédito de esa obra cuando está a punto de terminarse. Ocurre cuando un amigo está de su parte cuando ambos están solos, pero luego se une a sus rivales en una reunión social. Ocurre cuando le hace una confidencia a alguien en la iglesia solo para enterarse luego que esa persona contó su historia durante la cadena de oraciones.

El puñal por la espalda no es nada nuevo. El rey David experimentó el dolor de la traición. En el Salmo 55 escribe con elocuencia sobre ello: «Si un enemigo me insultara, yo lo podría soportar; si un adversario me humillara, de él me podría yo esconder. Pero lo has hecho tú, un hombre como yo, mi compañero, mi mejor amigo, a quien me unía una bella amistad, con quien convivía en la casa de Dios [...] Levantan la mano contra sus amigos y no cumplen sus compromisos. Su boca es blanda como la manteca, pero sus pensamientos son belicosos. Sus palabras son más suaves que el aceite, pero no son sino espadas desenvainadas» (Salmo 55:12-14, 20-21).

En el Nuevo Testamento vemos a Cristo como víctima frecuente de la traición. Dos de sus más íntimos amigos, Pedro y Judas, renegaron de Él y lo traicionaron. «Poco después se acercaron los que estaban allí; y dijeron a Pedro: Seguro que tú también eres uno de ellos; porque aun tu manera de hablar te descubre.

Entonces él comenzó a maldecir y a jurar: ¡Yo no conozco a ese hombre!» (Mateo 26:73-74, *La Biblia de las Américas*).

Si el traicionero hubiera sido un «enemigo», dijo David, lo habría soportado. Pero era su íntimo amigo. Sin duda, Jesús hubiera comprendido que un enemigo lo azotara, ¿pero sus propios discípulos? Esto es aun más doloroso.

> No seas vengativo con tu prójimo, ni le guardes rencor. Ama a tu prójimo como a ti mismo.
>
> LEVÍTICO 19:18

A propósito, la traición no se refiere al desconcierto ante un insignificante error como la cancelación de un almuerzo en el último momento ni a un descuido por no devolver una llamada telefónica. La traición es algo mucho más serio. Esta es la señal: uno sabe que lo traicionaron cuando siente el profundo dolor de la traición.

LA ANATOMÍA DE UN TRAICIONERO

El cuchillo que los Traicioneros utilizan puede tomar la forma de las habladurías, del robo de ideas, socavar reuniones, las mentiras u otras herramientas de doble propósito que se ajustan a sus fantasías. Cualquiera que sea el tipo de arma que utilicen los Traicioneros, los rasgos de su carácter son bastante firmes, casi siempre son: rencorosos, vengativos, engañosos, confabuladores, resentidos, coléricos y agresivos pasivos.

Rencorosos

Todos experimentamos dolores e injusticias. Aunque no todos llevamos un meticuloso registro de quién fue y cómo podemos devolvérselo. Sin embargo, los Traicioneros lo hacen. Le pueden decir en cualquier momento quién dijo qué acerca de ellos y por qué está equivocado. Uno de los pasatiempos favoritos de los Traicioneros es recontar los desaires y agravios que arrastraron por años.

Vengativos

Las Escrituras nos dicen de poner la otra mejilla cuando alguien nos hiere. Sin embargo, los Traicioneros no aceptan esto. Su lema es: «No te vuelvas loco, véngate». Un ojo por ojo y diente por diente tiene más sentido para los Traicioneros. A menudo están llenos de rencor y arden en deseos de venganza.

Engañosos

La vida sería mucho más fácil si no tuviésemos que tratar con hombres y mujeres que hacen promesas que no tienen la intención de cumplir. Es lamentable, pero esta es una de las características de los Traicioneros.

Confabuladores

Si es un admirador de Shakespeare, sin duda conocerá a Yago, el personaje que pasaron por alto en cuanto a un trabajo que deseaba y se confabuló para vengarse de Otelo, el jefe. Yago es como la mayoría de los Traicioneros, tramando planes para la caída de alguien. Los Traicioneros se especializan en decir lo que no corresponde, en el momento indebido, a la persona que no le incumbe.

Resentidos

El poeta y humorista inglés Thomas Hood describe a la persona resentida como «un puercoespín enrollado al revés, atormentándose a sí mismo con sus propias púas». Esta imagen se ajusta a los Traicioneros que a menudo reaccionan ante cualquier palabra o comportamiento ofensivo con el cual se encuentran. Por supuesto que el problema radica en que al final se desenrollan para hacerles un daño a los demás.

Coléricos

«Estoy cansado de ser la causa de todo», dice la mayoría de los Traicioneros. «No tengo por qué aguantar tampoco a cualquier tonto que se me ponga delante». Los Traicioneros sudan cólera. Es probable que no lo quieran demostrar, pero casi siempre están indignados, furiosos y enloquecidos.

Agresivos pasivos

Con toda probabilidad, los Traicioneros son bastante agradables y comprensivos en su apariencia. Detrás de su sonrisa se esconde una tremenda cantidad de conflictos y resentimientos. Por ello se encontrará a menudo enojado con ellos, sin saber por qué. Su agresión se expresa en forma pasiva y, por consiguiente, es difícil de precisar.

¿CONOCE A UN TRAICIONERO?

La siguiente prueba quizá le ayude a determinar si está en una relación conflictiva con un Traicionero. Identifique a la persona o personas que le vinieron a la mente al leer los párrafos anteriores. Encierre con un círculo la *S* si la afirmación respecto a la persona o personas que tuvo en mente es acertada. Hágalo con la *N* si la afirmación no se ajusta a esa persona o personas.

S   N   Antes confiaba en esta persona y ahora no.

S   N   Esta persona a menudo me dice una cosa a mí y una diferente a otra persona.

S   N   A veces pienso, cuando estoy con esta persona, que con amistades como la suya no necesito enemigos.

S   N   Esta persona está de acuerdo conmigo cuando estamos solos, pero en público se opone a mí.

S   N   Me he sentido traicionado por esta persona.

S   N   Esta persona busca la forma de vengarse.

S   N   He sufrido mucho con los dobles juegos de esta persona.

S   N   Esta persona es imprevisible y no confiable.

S   N   Estar con esta persona es a veces como abrirse paso por terrenos minados.

S   N   Yo no soy el único que me siento traicionado por esta persona.

S   N   Esta persona probablemente haría todo lo posible por alcanzar una meta.

S   N   Esta persona casi nunca enfrenta a las personas en su cara; siempre las critica a sus espaldas.

S   N   Esta persona usa información personal contra otros.

S   N   A veces siento como si esta persona me abandonara a mi suerte.

S   N   Tengo la impresión de que esta persona saborea la venganza.

Puntuación: Total de las *S* que circuló. Si marcó diez o más, con toda seguridad se encuentra en una relación conflictiva con un Traidor.

COMPRENDA A LOS TRAIDORES

Hace unos años, Melanie Griffith actuó como Tess McGill en la película *Secretaria Ejecutiva*, que trata acerca de una mujer de treinta años que descubre que su jefa le está robando el reconocimiento de sus buenas ideas. Al comienzo, la jefa de Tess, Katherine Parker (representada por Sigourney Weaver), aparentaba ser dulce y muy interesada en convertirse en una útil consejera para

Tess. Observe lo que la nueva jefa le dice a su secretaria durante su primera conversación importante: «Yo quiero sus opiniones, Tess. Recibo con agrado sus ideas y me gusta ver que se recompense el buen trabajo. En mi equipo el trabajo es recíproco, y llámeme Katherine».

> Las falsas palabras no son solo malas en sí mismas, sino que infectan el alma con maldad.
>
> SÓCRATES

Por primera vez en su carrera, Tess cree que ha conseguido una consejera y una aliada. Así que le cuenta a su novio cuán emocionada estaba porque al fin alguien creía en ella y la respetaba. Sin embargo, cuando Tess le da a Katherine una excelente idea para que su cliente comprara una sobresaliente radioemisora, Katherine intenta robarle el mérito asegurándole a Tess que habían rechazado la idea.

En vez de ser una consejera que la ayuda, Katherine Parker se revela como una adversaria manipuladora. Su dulzura es demasiado almibarada. Su forma amigable es un intento de ganar control.

A veces pareciera que los actos sucios de los Traicioneros se realizan solo por propósitos egoístas. Pisan a los demás, se unen a sus adversarios y les roban sus ideas para llegar hasta la cumbre. En realidad, sin embargo, estos dobles juegos no son tan sencillos.

El problema fundamental con muchos Traicioneros es la falta de autoestima. A menudo se sienten en desventaja y por eso usan métodos torcidos para triunfar. Lo derriban a usted para subir ellos. Aun si son sus supervisores, los Traicioneros actúan por inseguridad, creyendo que deben tener un orden perfecto para eliminar toda amenaza a su poder. Sienten que no pueden equivocarse. Si osa desafiar su autoridad, tenga cuidado. Ese es el momento de cuidarse las espaldas.

Algunos Traicioneros se alimentan con un sentimiento de impotencia. Usted podrá escucharlos decir que nada de lo que hagan cambia las cosas. Creen que están recibiendo un trato duro y que alguien tiene que pagar por ello. Conozco a un Traicionero que no recibió un ascenso que estaba esperando y, durante los ocho años siguientes, ha estado hablando mal del hombre que lo consiguió. Sin embargo, su resentimiento y frustración se han esparcido, y él traiciona a cualquiera que tenga mayor responsabilidad o libertad de acción que él. Este Traicionero, al igual que la mayoría, se siente débil y frustra la autoridad a cada paso.

Los Traicioneros esconden sentimientos ocultos de inadaptación e injusticia. Muy en lo profundo están resentidos con usted (por su apariencia, su inteligencia, su esforzado trabajo), pero no quieren confesar que están enojados, o molestos, o simplemente envidiosos.

> Cuando una persona no puede engañarse a ella misma, las posibilidades están contra sus capacidades para engañar a otras personas.
>
> MARK TWAIN

ENFRENTE A LOS TRAICIONEROS

«La lealtad carece de significado a menos que tenga como núcleo el principio absoluto de la abnegación», dijo Woodrow Wilson. Yo no podía estar más de acuerdo. Esto es lo que hace tan doloroso ser una víctima de los Traicioneros. Adoptan una actitud que aparenta ser transigente, leal, y sí, hasta sacrificada. Entonces, sin previo aviso, levantan el cuchillo y cuando usted ve el destello de la hoja, es casi siempre demasiado tarde. ¿Pero significa esto que estamos destinados a ser víctimas si tenemos Traicioneros en nuestra vida? No. Podemos hacer varias cosas para desarmar a los Traicioneros antes que golpeen. Aun si acaba de recibir una puñalada, existe la esperanza.

Sin embargo, antes de evaluar al agresor, comenzaremos por mirar en nuestro interior.

> Mientras comían, les dijo: «Les aseguro que uno de ustedes me va a traicionar».
>
> MATEO 26:21

Enfrente al Traicionero interior

Vengarse es un instinto natural de nuestra naturaleza caída. Todos sabemos lo que se siente cuando uno quiere una dulce venganza.

Encontramos algo atractivo en darle un tirón al que viene rápido y quitarle algo de mérito o susurrar una palabra malintencionada. Sentimos la tentación de jugarle una mala pasada a un desleal «amigo», pero nos detenemos. Sabemos lo que corresponde. Sabemos que la venganza en realidad no es tan dulce. Por lo tanto, la reprimimos. Aun así, el saber que todos tenemos cosas de un Traicionero en nosotros nos ayuda a mirar con un poco más de clemencia a los Traicioneros de nuestra vida.

Cuide sus espaldas

En el *Infierno* de Dante, el círculo final del infierno estaba reservado para los perpetradores del pecado más atroz de todos, la traición. Hiere profundamente el saber que alguien en quien confiamos nos ha traicionado, y es molesto estar controlando sin cesar nuestras espaldas[1]. No le propongo que sospeche de todos. Le sugiero que sea muy cuidadoso en contar sus más íntimos pensamientos solo con personas que sepa que son de confianza. Recuerde que los Traicioneros son furtivos, astutos, seductores y saboteadores. Pueden parecer justamente la persona a la que puede contarle secretos, así es como se presentan. Entonces, si posee razones de creer que los Traicioneros están dando vueltas por su oficina o en el círculo de sus amistades, sea cauteloso con las cosas de mayor importancia. Cuide sus espaldas.

> Es vergonzoso brindar amistad a alguien que oculta la envidia.

Rastréelos y ahuyéntelos con humo

La mayoría teme que los desenmascaren. Una vez que descubre claros signos de Traicioneros en pie de guerra, actúe rápido para decirles que lo sabe[2]. A lo mejor se siente tentado a esperar y ver qué pasa, pero no lo haga. A menudo se puede arreglar la situación charlando con calma con los Traicioneros. Sin embargo, si elige esta ruta, ande con cuidado. La meta es decirles a los Traicioneros que usted sabe lo que están haciendo. Cuando oiga que los Traicioneros emiten dañinos comentarios, pregúnteles qué quieren decir con esos comentarios. Es probable que la mayoría trate de explicar que esos comentarios fueron un malentendido y así está bien. El punto radica en no llevarlos a que confiesen ni se disculpen; es solo para decirles que lo sabe. Eso es todo. Y una calmada pregunta sin elaboración le comunica al Traicionero que usted está al tanto de lo que ocurre sin causar una guerra abierta.

Defienda a las víctimas

«Ron echa a perder toda reunión de ventas que dirige», le dice a usted un compañero de trabajo. ¿Cuál es su impulso inmediato? Si es como la mayoría de las personas, querrá unirse con algunos de sus propios pensamientos negativos acerca de Ron. No obstante, si desea ayudar a reprimir las traiciones en su puesto de trabajo o en cualquier otra parte, resista a la tentación. Cuando vea que están traicionando a otra persona, intente detenerlo. Dígale con firmeza a los Traicioneros que simplemente no lo cree. O señale algo bueno acerca de la persona que están traicionando. Después de todo, algún día usted necesitará que Ron o algún otro hagan lo mismo por usted.

> No ponga demasiada confianza en el hombre que se jacta de ser tan honesto mientras dura el día. Espere hasta que se reúna con él en la noche.
>
> ROBERT C. EDWARDS

Use el poder de la pluma

Conversé con la víctima de un Traicionero que al final decidió enfrentarse con su atormentador y fracasó miserablemente. Ella se dirigió a la oficina del Traicionero para ajustar las cuentas. «En vez de ganar la situación», me confesó ella, «me desmoroné. Socavó mi confianza por completo». Luego, esta persona habló con el jefe de personal de la compañía acerca del comportamiento del Traicionero. «Me hizo sentir aun peor. Me dijo que no trabajaba en equipo». Desmoralizada, esta persona aceptó un empleo en otra compañía por menos salario. «Esta experiencia me enseñó muchísimo», dijo ella. «Ahora cuido mis espaldas documentando mi trabajo con notas escritas. Soy mucho más inteligente». Aprendió una lección importante. Si un traicionero lo está acechando, una de las mejores maneras en que se podrá proteger es escribiendo. Al enviar una corta nota por escrito a un colega o a un superior, posee un rastro de papel que los Traicioneros no pueden borrar.

Construya una red

En su puesto de trabajo, una de las medidas preventivas más importantes que puede adoptar para protegerse de los Traicioneros es crear una impresión favorable en las personas a su alrededor, tanto supervisores como compañeros de trabajo. Construya una red de personas que confíen en usted. Almuerce con sus compañeros y sea de ayuda para sus jefes. Una vez que estas personas lo conozcan, será más probable que acudan en su defensa cuando comiencen a circular comentarios mordaces.

Confíe en un confidente

Sumado a la creación de una red de apoyo de amigos y compañeros de trabajo, es importante tener un confidente que sea de confianza, una persona que puede actuar de espejo, reflejándole la verdad. Pregúntele a esa persona: «¿No te parece que Fulano de Tal está tratando de hacerme quedar mal?». Un buen confidente le dirá las cosas con claridad y le informará si solo se está volviendo paranoico o si hay un verdadero peligro en el horizonte. Sea cuidadoso de no usar a su confidente como un lugar de echar basura y asegúrese que sus motivos no sean para desacreditar a los Traicioneros. Si necesita hablar más de la situación, deberá hacerlo con otro amigo al margen de la relación.

> No tomen venganza, hermanos míos, sino dejen el castigo en las manos de Dios, porque está escrito: «Mía es la venganza; yo pagaré», dice el Señor.
>
> ROMANOS 12:19

Deje la venganza

Si los Traicioneros lo han lastimado, es probable que aún sienta el dolor. Esto es comprensible. Sin embargo, no permita que el dolor lo domine. Cuando hace poco despidieron a un hombre de negocios conocido mío, un amigo mutuo me dijo con una cruel sonrisa: «Bueno, hay justicia en el mundo. ¡Si esperas lo suficiente, las cosas se pagan!». Cuando le pregunté al hombre de negocios lo que quería decir con su comentario, descubrí que el hombre que despidieron lo había despedido una vez a él. Cuando le pregunté cuándo lo había despedido el otro, ¡me dijo que el despido había ocurrido quince años atrás, cuando ambos eran jóvenes ejecutivos! ¿Quién necesita acordarse de un agravio ocurrido quince años o inclusive quince meses atrás? Se dice que la venganza «es un plato que mejor se come frío», significando que cuanto más espera, más dulce es. Creo que la venganza es un plato que es mejor no comerlo. Guardando el dolor, nutriendo sus heridas, conspirando para la venganza, todo esto lo lastima más que a los mismos Traicioneros. Entonces hágase usted mismo un favor y deje la venganza. Haga de su vida lo mejor posible. Disfrute a plenitud. Después de todo, vivir bien es la mejor venganza. Cualquier otra cosa solo son uvas agrias.

REFERENCIA CRUZADA

Para más información relacionada con estas y otras relaciones conflictivas véanse: el Chismoso, el Indiferente, el Envidioso y la Aplanadora.

9

EL INDIFERENTE

Se desconecta y evita contactos

Hace poco un buen amigo mío dio un cambio radical. Resulta que Jerry y yo nos reuníamos varias veces a la semana. Queríamos mantenernos informados mutuamente, hablar de cosas del trabajo y reírnos un rato. Los fines de semana nuestras familias compartían a veces una comida. En muchos aspectos, daba por sentado mi relación con Jerry. Era tranquila, divertida y firme.

Sin embargo, entonces algo cambió. De repente Jerry parecía distante. Empezó a estar «ocupado» y nuestros programas no se conectaban. La relación en la que confiaba había desaparecido. A propósito o no, Jerry me despedía.

¿Hice algo mal? ¿Fue algo que dije? Estaba plagado de preguntas que no eran fáciles de responder y que me dejaba con tensiones sin resolver.

¿Alguna vez oyó hablar de esto? Si es así, conoce el sentimiento de la traición. Sabe lo que se siente cuando una persona afectuosa y amigable se torna de repente fría como el hielo. Ya conoce al Indiferente.

Las relaciones con los Indiferentes se presentan en dos formas. Como con Jerry, quizá aparezcan de súbito. Igual que una puerta que se cierra de un portazo en una habitación silenciosa, las relaciones con indiferentes nos pueden sorprender con un rápido cierre. Parece que, de la nada, la persona decide tratarnos de manera diferente. Y nosotros experimentamos el dolor de que nuestra confianza se quebró en dos.

Otro tipo de relaciones con Indiferentes es lo que se encuentra en lo que yo llamo «Indiferentes constantes». Estas son las personas que al parecer *siempre* fueron frías e inalcanzables. No le envían el mensaje que no le mandan tampoco a casi ninguna persona. Estas personas mantienen a todo el mundo a distancia. Un respetado administrador de la universidad, Tim, cae bajo esta categoría. Era tranquilo, reservado y siempre distante, un Indiferente constante. Entrar en su oficina era como entrar en un congelamiento profundo. No era malo ni malhumorado, solo desentendido. A Tim no le hacían falta un cálido apretón de manos ni unas palabras de bienvenida. No demostraba señales de interés personal. Aun en la iglesia permanecía inexpresivo. Si uno era lo bastante valiente para comenzar una conversación con él, terminaba sosteniéndola por completo. Algunas personas rechazaban con amabilidad a Tim como un introvertido, pero lo suyo era algo más que eso. Al fin y al cabo, había elegido una carrera que requería un alto grado de contacto con las personas. Tim se aisló de todos salvo unas pocas selectas personas de la universidad. La mayoría del tiempo Tim usaba su indiferencia para controlar e intimidar. Si uno no podía quebrar ese helado exterior, vivía con temor. Y esto era lo que él quería.

> Sus reacciones hacia su enemigo pueden herirlo más que su enemigo.
>
> HANNAH HURNARD

Los Indiferentes, ya sean constantes o súbitos, llevan un helado escalofrío a su sistema. Al contrario de los Camaleones, que lo ahogan a uno con sus ansias de agradar, los Indiferentes lo dejan a uno ansiando una oleada de calor. Es lamentable, pero con frecuencia es poco lo que podemos hacer para cambiar a los Indiferentes, aunque es mucho lo que podemos hacer para evitar una mordedura de hielo de estas personas difíciles.

> Lo que no se puede curar se debe soportar.
>
> ROBERT BURTON

LA ANATOMÍA DE UN INDIFERENTE

Ebenezer Scrooge, el icono de los Indiferentes, tuvo un «consejero» en el fantasma de Jacob Marley. Como resultado de su relación, el avariento anciano exclamó: «¡No quiero ser el hombre que fui!». Y de veras cambió su forma de ser. Por supuesto que esta es nuestra esperanza para todos los

Indiferentes. Sin embargo, cuando consideramos las características que marcan su forma de relacionarse, haría falta un milagro. He aquí algunas de las características más importantes de los Indiferentes: impersonales, insensibles, exclusivos, enigmáticos, silenciosos, impasibles, apáticos y antipáticos.

Impersonales

Hablar con Indiferentes es tan personal como leer una carta dirigida al «Residente». Demuestran poco interés en usted y en su vida, y si llegan a desear algo, es solo los hechos. Ni en el trabajo ni en una reunión social le preguntarán por su fin de semana o acerca de lo nuevo en su vida. Si a uno le ha sucedido algo bueno últimamente, no harán ningún comentario.

Insensibles

Los Indiferentes son capaces de mirar a través de usted como si fuera una ventana. Nada de lo que diga parece importarles; pareciera que no le prestan atención. Podrán gruñir o solo aclararse la garganta como respuesta a algo que dice. Si usted se siente invisible cuando está con ellos, esto se debe a que los Indiferentes son insensibles.

Exclusivos

Jennifer tuvo de repente un nuevo grupo de amigos que eran muy exclusivistas. En cualquier encuentro, se entendía que nadie más era bienvenido en su club social. «Cuando traté de sentarme cerca de Jennifer en el comedor», dijo uno de sus antiguos amigos, «pude ver por el nervioso gesto de su rostro que no estaba cómoda teniéndome sentada en su grupo. Me sentí de regreso a la escuela secundaria». Los Indiferentes (sobre todo la variedad constante) a menudo tienen un pequeño clan al que nadie más se atreve a entrar.

Enigmáticos

Una de las más frustrantes características de los Indiferentes es que uno difícilmente sabrá jamás lo que en verdad piensan. Uno posee un sentimiento negativo porque ellos se excluyen, pero no lo sabe con seguridad. Por esta razón con frecuencia nos hacen sentir como que debemos andar con pies de plomo.

Silenciosos

Igual que los peces en el agua, los Indiferentes se pueden mover en silencio entrando y saliendo en el transcurso del día. A menudo son gente de pocas palabras, sobre todo los Indiferentes constantes. En una reunión de comité, por ejemplo, no hablarán; se sentarán, con los brazos cruzados e inmóviles, hasta que alguien les haga una pregunta.

Impasibles

Mientras que los Indiferentes súbitos llegan a expresar una amplia gama de emociones, los Indiferentes constantes casi siempre son de expresión seria. Raras veces revelan sus verdaderas emociones. A uno le da la impresión de que sus tácticas entumecieron sus sentimientos.

Apáticos

Con algunos Indiferentes es como si uno hiciera todo lo posible por mantenerse informado de cosas que necesita conocer absolutamente. Los Indiferentes que deben darle un informe a usted, por ejemplo, le dan de lado o pasan por alto sus pedidos en cuestiones en las que necesita su total cooperación. Ni siquiera contestan sus llamadas o notas por escrito.

Antipáticos

«Es como si me hubieran amputado de su cuerpo de amigos», así es como Merilee describe el súbito cambio en su relación. «Simplemente no quiso saber nada más de mí. Me puso el sello de "rechazada" y me echó fuera». Los Indiferentes pueden ser muy antipáticos. Por una miríada de razones, parecen no tener problemas en eliminar sus amistades.

¿CONOCE A UN INDIFERENTE?

La siguiente prueba quizá le ayude a determinar si está en una relación conflictiva con un Indiferente. Identifique a la persona o personas que le vinieron a la mente al leer los párrafos anteriores. Encierre con un círculo la *S* si la afirmación respecto a la persona o personas que tuvo en mente es acertada. Hágalo con la *N* si la afirmación no se ajusta a esa persona o personas.

S N Esta persona muestra poco interés personal en mi vida.

S N Sin mediar aviso, esta persona cambia las dinámicas de nuestra relación.

S N Esta persona casi parece que me echa a un lado.

S N Siento como que esta persona sin cesar me quita de en medio.

S N Esta persona mantiene a distancia a la mayoría.

S N Los amigos de esta persona forman un grupo exclusivo al que muy pocas personas tienen acceso.

S N Nunca estoy muy seguro de lo que en verdad piensa o siente esta persona.

S N Me siento rechazado por esta persona.

S N Esta persona es apática.

S N No confío en que esta persona preste atención a las cosas que le pido.

S N Las emociones de esta persona parecen unidimensionales.

S N Esta persona trata a las demás con indiferencia.

S N Esta persona me da un tratamiento frío.

S N Antes me sentía bastante unida a esta persona, pero ella de repente abandonó nuestra relación.

S N Me siento incómodo cerca de esta persona.

Puntuación: Total de las *S* que circuló. Si marcó diez o más, con toda seguridad se encuentra en una relación conflictiva con un Indiferente.

COMPRENDA A LOS INDIFERENTES

En mi preparación como médico psicólogo, he consultado a menudo con médicos que trataban a pacientes que sufrían de extensas quemaduras físicas. Debido a que el proceso de sanidad lleva mucho tiempo y a que el tratamiento necesario es tan doloroso, algunos pacientes con quemaduras lo abandonaban. Cuando las enfermeras los transportan a grandes tanques donde se restriega con meticulosidad su piel quemada a fin de prevenir peligrosas infecciones, esos pacientes gritarían: «¡No me toquen! ¡No me toquen!».

En muchos aspectos, los Indiferentes son como estos pacientes con quemaduras. Por muchas razones, se apartan de la sociedad y dicen: «¡No me toquen!». Es más bien una maniobra paradójica, debido a que *con frecuencia los Indiferentes echan a un lado a la gente en los momentos en que más necesitan su consuelo y apoyo.*

Es probable que el profeta Jonás, del Antiguo Testamento, haya sido un Indiferente, desentendiéndose y evitando el contacto hasta con Dios. Cuando Dios llamó a Jonás para que predicara en la ciudad de Nínive, el profeta se escapó. Solo cuando se encontró atrapado en el vientre de un gran pez dejó de correr y se enfrentó con Dios. Sin embargo, cuando se dirigió a Nínive y la gente se arrepintió de su maldad, Jonás se apartó de nuevo. Sentado fuera de la ciudad debajo de una planta, Jonás gimoteó y puso mala cara.

El novelista francés Albert Camus dijo: «Cuanto más me acuso, más derecho tengo para juzgarte a ti». Los Indiferentes, al menos de manera inconsciente, estarían de acuerdo con Camus. *Estar bajo su comportamiento rechazador produce una sensación de autocompasión y hasta de vergüenza.* Con toda probabilidad, el rechazo hacia usted es una reacción hacia algo que lo ha amenazado. Quizá ni sepan de qué se trata, pero sí saben que al rechazarlo a usted se protegen ellos mismos.

> El más encarnizado enemigo y también el que una vez fue su amigo pueden volver a ser sus amigos; el amor que se ha enfriado puede avivarse de nuevo.
>
> SÖREN KIERKEGAARD

En apariencia, los Indiferentes pueden parecer contentos, pero el calmado exterior es muy engañoso. *Debajo de la fachada de satisfacción yacen con frecuencia muchas heridas*. En vez de correr el riesgo de que uno pueda herirlos, ellos se desentienden de la relación.

La misma dinámica ocurre con los indiferentes constantes; excepto ellos mismos, *todos los demás* son en potencia una amenaza. Como resultado, los Indiferentes constantes mantienen a todo el mundo a distancia. Muy en lo hondo, los Indiferentes constantes no desean ser como son, pero no pueden ayudarse a sí mismos porque nunca aprendieron a comunicar y expresar sus sentimientos. Y una vez que manejan su estilo de autoprotección, los Indiferentes constantes descubren que es difícil dejarlo. Aprenden que con ese constante desentendimiento, con frecuencia pueden manipular e intimidar a otros. Por lo tanto, la distancia no solo sirve para protegerlos, sino para darles también poder.

He aquí la esencia de la cuestión: *Los Indiferentes ven la vulnerabilidad como debilidad*. Quizá sientan las mismas emociones que otros, pero piensan que si comunican esos sentimientos, perderían el poder sobre la gente.

ENFRENTE A LOS INDIFERENTES

Nadie quiere que lo pasen por alto. Ninguno desea que lo dejen fuera. Es lamentable, pero usted no puede controlar la actitud de los demás. Si le demuestran indiferencia, se deberá ajustar a ello. La buena noticia es que puede encontrar maneras de responder a esa actitud y conseguir que sea más cómoda para usted.

Enfrente al Indiferente interior

Sea sincero. ¿Nunca ha demostrado indiferencia a alguien? La mayoría de las personas lo ha hecho en alguna ocasión. Parece ser parte del arsenal humano de autoprotección para retirarse y correr hacia un refugio cuando algo amenazante surge en una relación. Aunque no lo haya hecho una norma de su vida, es probable que conozca el deseo de retirarse, de cruzar a la acera de enfrente para evitar un contacto. Utilizando este sentimiento usted ha experimentado (aun sin haber actuado de acuerdo) el comienzo del proceso con un poco de empatía. Identifique el deseo de retirarse para que así sea capaz de vislumbrar un poco lo que experimentan los Indiferentes.

> Son muchos los que proclaman su lealtad, ¿pero quién puede hallar a alguien digno de confianza?
>
> PROVERBIOS 20:6

Explore los cambios

En la mayoría de los casos en los que nos encontramos con Indiferentes damos por sentado que el distanciamiento es iniciativa del otro. Sin embargo, debemos estar dispuestos a reconocer que quizá hemos sido la causa de ese distanciamiento. Repase los últimos meses y anote cualquier cambio de importancia en su vida (carga laboral, nivel, salud, finanzas, relaciones). Mientras revisa los puntos de la lista, pregúntese si alguno de ellos quizá contribuyó a esa desavenencia. Haga el mismo ejercicio para los Indiferentes. Usted no podrá conocer todos los cambios, pero haga todo lo posible. Al hacer estas listas se obliga a enfrentar los cambios. No suspenda este ejercicio diciendo: «Nada ha cambiado». Se sorprenderá al descubrir que, desde la perspectiva de los Indiferentes, aun un pequeño cambio es muy amenazador. Si en su vida su relación con un Indiferente es en su puesto de trabajo, también podrá explorar cambios en el ambiente. ¿Se ha producido un acontecimiento reciente que es probable que haya creado una sutil rivalidad? ¿Están compitiendo los dos por los mismos fondos o algo parecido? ¿Qué hay respecto a las normas de la oficina? ¿Están en diferentes lados de la cerca? Si puede constatar con exactitud cambios en sus vidas, habrá dado un gran paso en revelar el misterio que existe detrás del trato del Indiferente.

Trate una charla de corazón a corazón

Igual que muchas personas que se topan con Indiferentes, Ron había decidido no aclarar sus problemas con Kurt, un compañero de trabajo. Ron se resignó a ver a Kurt casi a diario en el trabajo sin hablarle salvo que fuera absolutamente necesario. Como explicó Ron: «Esto parecía tener bastante sentido hasta que uno se da cuenta que su muro se ha tornado en una prisión impuesta por uno mismo. Las personas casi siempre pagan un alto precio por muros relacionales. Por lo tanto, antes que dibuje sus planos y comience la construcción, antes que diga: «¿Para qué tratar de hablar con alguien que me pasa por alto?», primero busque una oportunidad de hablar cara a cara y en privado. Hable de sus sentimientos con la otra persona y espere una respuesta. No ponga respuestas en la boca del otro. Su trabajo no es desahogarse, sino comprender escuchando. Una vez que ha expresado sus sentimientos y la otra persona ha respondido, trate de descubrir qué produjo el cambio (si la otra persona está de acuerdo en que hubo uno) y qué puede remediar la brecha. Una conversación de corazón a corazón es a veces todo lo que se necesita para resolver las diferencias entre las personas.

> La soledad y el sentimiento de ser desamparado y rechazado es la mayor de las pobrezas.
>
> MADRE TERESA DE CALCUTA

Cuente los costos y aflíjase por las pérdidas

Mi experiencia con un Indiferente, descrita al comienzo del capítulo, se tornó un punto sensible para mí. Hasta hoy no estoy del todo seguro qué produjo este cambio. He tratado de examinar lo que pude haber hecho y, desde entonces, he tenido más de una charla corazón a corazón con Jerry. Sin embargo, ya las cosas nunca han sido como antes. Tenemos una relación amigable, pero es definitivamente diferente. Esa diferencia fue dura de aceptar para mí. Aun así, por un lado me di cuenta que esta relación nunca cambiará. Si usted también ha llegado hasta este punto, es hora de lamentarse. No cometa el error de mantener vivo su dolor alimentando la esperanza por algo que está destinado a continuas desavenencias. Lamente la pérdida de la relación, y llegue a un punto de tomar una resolución interna. Yo me consuelo sabiendo que hasta Jesús experimentó la indiferencia en su ciudad natal y «no pudo hacer allí ningún milagro, excepto sanar a unos pocos enfermos al imponerles las manos» (Marcos 6:5). Cuando enviaba a sus discípulos a recorrer los pueblos, decía: «Y si en algún lugar no los reciben bien o no los escuchan, al salir de allí sacúdanse el polvo de los pies, como un testimonio contra ellos» (Marcos 6:11). Una vez que acepté que Jerry y yo ya nunca más disfrutaríamos de la camaradería de antaño, sacudí «el polvo de los pies» y fui capaz de descansar. Fui capaz de respirar hondo, relajarme y continuar. Si algún día volviéramos a construir una amistad, lo celebraré. Pero mientras tanto, archivé el asunto.

> La gente está sola porque construye muros, no puentes.
>
> JOSEPH FORT NEWTON

No confunda la actitud fría con el rechazo

Cuando se habla de los Indiferentes constantes, es muy fácil suponer que su comportamiento es un descrédito sobre usted. Pero no siempre es así. He tratado a muchos estudiantes universitarios que pensaban que un profesor en particular los tenía apartados. «Él no me da ni la hora y me siento como un tonto cuando trato de ser amable con él. ¿Por qué me trata de esa manera?», preguntó una estudiante muy frustrada. Le manifesté que no creía que el comportamiento del profesor era una muestra de rechazo y la desafié a que hablara con otras compañeras de clase y comprobara si ellas también habían sentido la indiferencia del profesor. «Dr. Parrott, usted tenía razón», me dijo luego.

«Casi todas las compañeras con las que hablé se sintieron de igual forma». Los Indiferentes constantes no lo rechazan a usted. No se trata de un caso especial, por lo tanto, no confunda el gran frío con una *vendetta* personal.

Hable con un amigo mutuo al que respete

Cuando estaba en la universidad, tuve una experiencia con un Indiferente. El muchacho y yo no éramos buenos amigos y bastante íntimos. Cuando él se retiró, no lo entendí. Al final, una noche en el comedor, le pregunté a un mutuo amigo si se había dado cuenta que algo diferente había ocurrido. «Por supuesto, ¿no sabías que la mamá y el papá de Mike se están divorciando?» No tenía idea. Mike nunca me lo contó y yo ni siquiera conocía a sus padres. ¿Cómo iba a saberlo? Esto me enseñó una buena

lección acerca de llegar a conclusiones y también sobre el valor de consultarlo con un amigo mutuo. Usted debe cuidarse del chisme cuando hable con una persona acerca de otra, pero si es respetuoso y utiliza esta estrategia como una forma de aclarar su realidad, quizá sea en extremo valioso. Por lo tanto, haga una informal investigación con un colega o un amigo. Comprobará que no está solo y aprenderá algo que explique la falta de atención.

> Las mentiras más crueles son las que a menudo se dicen en silencio.
>
> ROBERT LOUIS STEVENSON

Quédese fuera del frío profundo

Algunas personas que no quieren creer el cambio de su amigo, arriesgan quemaduras de frío en su relación volviendo al frío supremo del Indiferente una y otra vez. En un vano intento de calentar al Indiferente lo siguen intentando. La compulsión es comprensible: esta vez será diferente. Pero no es así. Si está haciendo esto, no hace falta que abandone toda esperanza, pero deberá irse poniendo en posición de que lo hieran. Échese para atrás. Establezca el suficiente espacio para los Indiferentes de manera que vean lo que se están perdiendo. Al retroceder, invierte los papeles. No hay garantías, pero he visto resultados de esta estrategia, sobre todo en casos en los que los Indiferentes se sintieron asfixiados por la otra persona.

Aprenda del dolor

Una canción popular hace algunos años decía algo acerca de no tener «tiempo para el dolor». ¿Quién *tiene* tiempo para el dolor? Todos nosotros más bien quisiéramos volar por la vida, evitando todos los puntos ásperos y los choques. Pero, por supuesto, no resulta de esta manera. La mayoría hemos crecido con al menos algunas experiencias dolorosas, que incluyen ser dejado de lado, olvidado o rechazado. Como psicólogo, me he encontrado con muchas personas que tuvieron uno o ambos padres que, por ejemplo, eran emocionalmente inalcanzables en momentos cruciales. En el recinto universitario donde enseñaba, he visto muchísimos momentos dolorosos cuando la romántica atracción de alguien cambiaba de repente y se tornaba fría y distante. En todos los puntos de nuestra vida tenemos el potencial de experimentar un rechazo. Aun así, sea cual fuere la fuente de esos dolorosos recuerdos, estas heridas se reactivan con facilidad cuando las personas se muestran indiferentes con nosotros. No obstante, a través de contemplarlo en oración, puede usar ese tiempo para sanar el dolor que dejaron al descubierto los Indiferentes. Como dijo J.I. Packer: «Dios usa el dolor y la debilidad, a la par de otras aflicciones, como un cincel para esculpir nuestras vidas. El sentimiento de debilidad ahonda la dependencia de Cristo para la fortaleza diaria [...] el vivir con su «espina» sin quejarse es verdadera santificación».

REFERENCIA CRUZADA

Para más información relacionada con los Indiferentes, véanse estas otras relaciones conflictivas: el Chismoso, el Envidioso y el Burro de Carga.

10

El envidioso

Arde de envidia

Toda persona de cualquier edad sabe lo que es estar celoso de amigos, miembros de la familia, compañeros de trabajo o hasta perfectos extraños. Digamos, por ejemplo, que su amigo viene al trabajo con un atractivo traje nuevo y usted le lanza un sincero cumplido: «Lindo traje. Estoy celoso». Usted también quisiera un traje nuevo. ¿Quién no? Y salvo que haya algo más en su mensaje, no tiene que preocuparse por él. Pero si en secreto tiene la esperanza de que la ropa de su compañero de trabajo se manche durante el almuerzo, ¡tenga cuidado! Allí es donde los amables celos se transforman en una malvada envidia.

La envidia no es una emoción amable. Es agresiva. Contrario a los celos, que se concentran en poseer lo que se desea, la envidia se enfoca en tomar algo que se desea de la persona que lo posee. La envidia no es el simple deseo de poseer lo que tiene la otra persona; envidia es desear que la otra persona *no* la tenga. En la conversación diaria, por supuesto, ambos términos se usan a menudo indistintamente. Pero son muy diferentes.

¿Por qué decimos que una persona se pone verde de envidia? Bueno, quizá es el más repugnante de los pecados, muy diferente de los otros seis pecados capitales. La envidia, contrario a la glotonería, la lujuria, el orgullo y los demás, ni siquiera es placentera. Es gratuita, hecha por amor a sí misma. No obstante, en cualquier ejemplo, la envidia es una emoción retorcida, atormentadora y hasta homicida. Recuerde que Caín mató a Abel porque el sacrificio de este agradó más a Dios. La Biblia está llena de historias de envidia: Jacob y Esaú. Lea y Raquel, José y sus hermanos, hasta Herodes y Jesús. La envidia se alimenta sola y corrompe los huesos. El poeta John Milton estuvo en lo cierto al hacerla la propia emoción del diablo. En el *Paraíso perdido*, Satanás, viendo a Adán y Eva enamorados en el Paraíso, los envidia y conspira su caída. La envidia no tiene ninguna meta positiva. No importa quién es el envidiado ni quién envidia, la emoción es destructiva. Deshumaniza a ambas personas. Piense en el cuento de Cenicienta. Ella es la envidia de su cruel madrastra y de sus feas hermanastras, y su terrible malicia hacia ella la sentenció a la servidumbre y al sufrimiento.

> La envidia:
> la enfermedad verde.
>
> WILLIAM SHAKESPEARE

En verdad, ser un objeto de envidia puede ser tan doloroso como sentir envidia de otro. Sorprendentemente, pocas personas han escrito acerca de cómo manejar la envidia cuando uno es objeto de ella. Ser envidiado es tener algo venenoso apuntando hacia usted. Y se ha prestado poca atención para encontrar el antídoto. Por demasiado tiempo, a las personas en sus hogares y centros de trabajo las han perseguido el monstruo de la envidia y no han sabido qué hacer.

LA ANATOMÍA DEL ENVIDIOSO

Usted puede ser el blanco de la envidia en una relación romántica, en el trabajo, en la escuela, con amigos o en su familia. El Envidioso puede aparecer casi en cualquier parte. Sin embargo, cuando lo hace, casi siempre se expresa con estas características comunes: dañino, colérico, competitivo, angustiado, ambicioso, criticón y autocompasivo.

Dañinos

¿Recuerda cuando el presidente de Iraq, Saddam Hussein, prendió fuego a los campos de petróleo de Kuwait que no pudo aprovechar y contaminó playas que tuvo que abandonar? Esto fue envidia en tecnicolor. Causar dolor es un síntoma de envidia crónica. Si los Envidiosos no pueden tener el cielo, harán lo posible para hacer surgir el infierno en la vida de otros lastimando cualquier cosa que ellos aprecien.

Coléricos

La envidia siempre viaja junto a su prima la cólera. Conozco un hombre que cuando vio a su antigua novia con otro hombre, se puso tan colérico que se dirigió hacia la pareja y comenzó a golpear al otro hombre. La cólera es la parte de la envidia que permite al Envidioso mantener a la persona envidiada a distancia, permitiéndole así restaurar un poco su amor propio.

Competitivos

Una vez que se crea que es el mejor en todo, ya sea en decorar, cocinar, escribir, hacer amistades, dar discursos o cualquier otra cosa, se está haciendo vulnerable a la envidia. No es necesario decir que los Envidiosos hacen precisamente esto. Sacan su autoestima de lo que poseen y cómo lo hacen. Y cuando lo que poseen no es mejor que lo que tienen los demás, lo cual nunca ocurre, la envidia hace su aparición. La envidia pone a los Envidiosos en una carrera de nunca acabar que jamás lograrán ganar.

> Como el óxido corroe el hierro, así la envidia corroe al hombre.
>
> ANTÍSTENES

Angustiados

La envidia puede adoptar diversas formas, desde una abrupta explosión de resentimiento a una amargura que arde débilmente. Sin embargo, cuando llega el momento, la envidia está marcada por un profundo sentimiento de pesar, dolor, pena y sufrimiento. Cuando las personas ponen su mira en otros y miden su éxito basadas en este criterio, están predestinadas a la angustia.

Ambicioso

«El codicioso siempre está con deseos», dijo Horace Bushnell. Raras veces, si es que hay algunas, los Envidiosos están contentos. Están verdes de ambición. Del mismo modo que los inversionistas observan la caída de sus acciones o que un equipo perdedor observa el correr del reloj, se desesperan por más tiempo, dinero, mejor aspecto, más inteligencia, amigos, oportunidades y siga usted con la lista.

Criticones

Dado que los Envidiosos están siempre comparándose con otros, sufre su autoestima. Una manera de tratar de sostener su propio sentido de bienestar es encontrar faltas en los demás. Enseguida los criticones encuentran una manera de vivir. Si logran socavar su éxito, piensan que se sentirán mejor ellos mismos. «Ella se casó con él por su dinero. ¿Cómo cree que él podría encontrar una esposa?» Los Envidiosos son iconoclastas de nacimiento, que crecen exponiendo los defectos de otros. En verdad, su mayor placer es tirar abajo a los que están surgiendo.

Autocompasivos

Lloriquear, lloriquear, lloriquear. La envidia se alimenta de la llorosa autocompasión. «¿Por qué no logro estar tranquilo de vez en cuando?» «Nadie presta atención a lo que hago». «Todos están mejor que yo». El escritor y predicador Charles Swindoll dijo una vez acerca de la autocompasión: «Acaríciela y críela como a un infante, y en breve tendrá en sus manos a una bestia, un monstruo, un rabioso, a un grosero bruto que esparcirá el veneno de la amargura y la paranoia a través de su sistema».

¿CONOCE A UN ENVIDIOSO?

La siguiente prueba quizá le ayude a determinar si está en una relación conflictiva con un Envidioso. Identifique a la persona o personas que le vinieron a la mente al leer los párrafos anteriores. Encierre con un círculo la *S* si la afirmación respecto a la persona o personas que tuvo en mente es acertada. Hágalo con la *N* si la afirmación no se ajusta a esa persona o personas.

S   N   Esta persona se compara sin cesar con otros.

S   N   Esta persona menosprecia los logros, talentos o la apariencia de otros.

S   N   Esta persona parece complacida cuando otros sufren reveses.

S   N   Esta persona tiene un extraño don para encontrar faltas en los demás.

S   N   El éxito de otro puede hacer caer a esta persona en la autocompasión.

S N Si esta persona no puede disfrutar algo, hará hasta lo imposible para ver que otros tampoco lo disfruten.

S N Esta persona necesita derribar a la gente triunfadora.

S N Esta persona enfrenta la vida como una competencia, siempre embaucando por la mejor posición.

S N A veces esta persona se consume de rabia por el éxito de alguien.

S N Esta persona es una experta en socavar el progreso y el éxito de otros.

S N «Suficiente» nunca es suficiente para esta persona.

S N Esta persona siempre desea más de lo que poseen otros.

S N Esta persona acumula información que puede usarse para mejorar su aspecto.

S N Esta persona sufre cuando otros triunfan.

S N Aun ante la evidencia de que esta persona es celosa, ella lo negará.

Puntuación: Total de las *S* que circuló. Si marcó diez o más, con toda seguridad se encuentra en una relación conflictiva con un Envidioso.

COMPRENDA A LOS ENVIDIOSOS

El diablo estaba cruzando el desierto y llegó hasta donde algunos de sus demonios tentaban a un santo varón que con facilidad se libraba de sus malvadas sugerencias. El diablo observó su fracaso y luego caminó hacia ellos para darles una lección: «Les mostraré cómo se hace». Entonces le susurró al santo varón: «A tu hermano lo acaban de nombrar obispo de Alejandría». Un increíble gesto de celos ensombreció el sereno rostro del hombre y todo su porte se vino abajo. «Esto», les dijo el diablo a sus diablillos, «es lo que recomiendo».

Oír algo bueno de un rival (aun de un pariente) puede echar abajo toda buena voluntad. Los celos y la envidia son capaces de golpear por sorpresa como un misil. ¿Pero por qué quisiera alguien consumirse de envidia? Considere estos hechos:

- No todos los que esperan poseer una casa o alcanzar otros objetivos económicos harán realidad esas metas.
- No todos los que esperan hacer cursos universitarios estarán en condiciones de costearlos.
- No todos los que esperan alcanzar objetivos en su carrera triunfarán.
- No todos los que esperan casarse encontrarán un cónyuge.
- No todos los que esperan ser padres serán capaces de tener una familia.

Esta pequeña lista de las esperanzas de la gente podría continuar por varias páginas más. El problema reside en que no siempre conseguimos lo que deseamos. Al crecer nuestro descontento y frustrarse nuestras ambiciones y deseos, las condiciones maduran para los tóxicos vapores de la envidia.

En muchos casos, las semillas de la envidia se encuentran en la tierna infancia. Es probable que a los Envidiosos los criaran con altas expectativas y no los prepararon para soportar las limitaciones. Crecen como niños que lo tienen todo y no sienten que deban prescindir de algo. Si ven algo que quieren, se creen que deben poseerlo. Y si usted se encuentra entre ellos y lo que anhelan, su deseo de tener derecho a ello los impulsa a bajas emociones de envidia. Es así de simple.

> Una persona es en verdad extraordinaria cuando no envidia el éxito de su rival.

Los Envidiosos muestran sus rostros porque se sienten despojados. Las esclarecedoras líneas de «House Hunting», la premiada historia de Joyce Carol Oates acerca de una joven pareja que perdió un bebé, describe un suceso así: «Cuán sutilmente cambia el estado de duelo por el de envidia. Según recordaran, jamás habían sido envidiosos, pero de repente se sorprendieron mirando con fijeza a jóvenes padres con sus hijos [...] cuya felicidad se sentía como la irritación de la lana de acero contra la piel». Los sentimientos de carencia que sentía esta pareja se producían en relación con su evaluación de las condiciones de sus vecinos. La pareja deseaba lo que otros a su alrededor poseían, un privilegio que sentían se les había negado.

> El corazón tranquilo da vida al cuerpo, pero la envidia corroe los huesos.
>
> PROVERBIOS 14:30

La gente a menudo envidia lo que tiene cerca, no lo distante. Históricamente, Aristóteles fue el primero en prestarle verdadera atención al problema, llamando a la envidia «el pecado contra el hermano», y afirmando que la envidia se siente de manera más aguda en dos personas de la misma edad e intereses similares. Es probable que los Envidiosos que tienen fija su mirada en ganar montones de dinero vayan a envidiar a sus vecinos o amigos que ganan más dinero antes que a los Rockefeller. El recién graduado ingeniero en electricidad que está buscando trabajo envidiará el nuevo puesto de un compañero de clase y no tendrá problemas con un actor amigo que consiguió un estupendo papel en una obra. Cuanto más cercana se compara una situación con la propia del Envidioso, mayor será el interés y la probabilidad de que surja la envidia.

> La envidia es como la enfermedad; consume el alma.
>
> PROVERBIOS JUDÍO

Lo extraño del asunto es que la mayoría de los Envidiosos no quieren sentir envidia. Esto es algo importante para comprender su comportamiento. Los Envidiosos a menudo más bien serían de un gran ánimo y generosos, pero descubren que no son capaces de sentirse así.

En el centro de la lucha psicológica de los Envidiosos hay una sensación de vacío de que la vida se les escapa. Con frecuencia sienten un gran descontento dentro de ellos mismos. Les parece que no viven todo su potencial. Joseph Epstein, un erudito literario y autor de *Ambition: The Secret Passion* [Ambición: El secreto de la pasión], la llama la «envidia desinteresada» y sugiere que lo que causa esa sensación es «el propio e inconfundible sentimiento de que uno debería extraer más de sí mismo». Los envidiosos conflictivos se enteran que un compañero de estudios está triunfando en el negocio inmobiliario o de un amigo en los negocios que durante cinco años fue su subalterno, y que ahora lo nombraron presidente de una gran empresa, y sienten la punzada cercana al odio. No solo porque quieren tener lo que los otros poseen y no quieren que ellos lo tengan, sino porque el éxito de los otros les recuerda que no están viviendo a plenitud su propia vida. Se sienten empequeñecidos por el éxito de los demás. Esto es lo que los pone verdes de envidia.

> Demasiados cristianos envidian el placer de los pecadores y el gozo de los santos porque no tienen ni lo uno ni lo otro.
>
> MARTÍN LUTERO

ENFRENTE A LOS ENVIDIOSOS

Los Envidiosos son capaces de envenenar una valiosa amistad, lograr que las reuniones familiares estén llenas de resentimientos o convertir el centro de trabajo en una cámara de torturas. Y esto es un callejón sin salida. Si triunfa, tiene éxito, ellos se resentirán. No obstante, si trata de ser amable con los que lo envidian, podrán pensar que es condescendiente. Hasta un dejo de lástima en su actitud puede ser gas natural para los fuegos de su envidia. ¿Qué les queda entonces a los envidiados? Por suerte, tienen muchas opciones. A continuación ofrecemos algunas de las más eficaces maneras de enfrentar a este conflictivo Envidioso.

Reconozca al Envidioso interior

Es fácil negar nuestras maneras envidiosas. Después de todo, las disimulamos dentro de otras emociones. Por ejemplo, un amigo suyo parece tener una esposa más atenta que la suya, un hijo que tiene más reconocimientos que el suyo o más oportunidades de viajar de las que tiene usted. La autocompasión llega arrastrándose y de forma inconsciente usted se siente inferior. El resultado es la envidia. Sin embargo, el envidioso nunca ganó la simpatía de nadie, por lo que usted comienza a ver la situación como injusta e injustificable. De esta manera, la envidia se torna un justo resentimiento, el cual, a su vez, le otorga a usted el «derecho» de protestar. ¿Le parece conocido? Si no, usted es un caso raro o está aún en la negativa.

Todos arrastramos un poco de envidia. Es parte del ser humano. A decir verdad, un estudio a través de las culturas acerca de los celos y la envidia presentes en las relaciones, conducido por los psicólogos Martin Daly y Margo Wilson, de la universidad de McMaster, arrojó que esas emociones estaban presentes en cada cultura que investigaron. Es más, descubrieron que toda persona dentro de una relación importante las experimenta de tanto en tanto. En un cierto grado, cada ser humano maduro puede identificarse con los sentimientos de envidia crónica al compararlas con nuestras propias suaves formas de inseguridad competitiva. Concedido, usted pronto podrá reconocer estas emociones como contraproducentes, pero aceptando esta parte de uno mismo, sin importar cuán pequeña sea, le ayudará a sentir empatía por los Envidiosos de su vida.

> La envidia se mata sola con sus propias flechas.
>
> PROVERBIO GRIEGO

Inunde con sus oraciones a las personas que lo envidian

«Ustedes han oído que se dijo: "Ama a tu prójimo y odia a tu enemigo". Pero yo les digo: Amen a sus enemigos y oren por quienes los persiguen» (Mateo 5:43-44). Con este sencillo mandato encontrado en el Sermón del Monte, Jesús proclamó una estrategia para revolucionar el corazón humano. Cuán absurdo habrá sonado la primera vez que lo predicó, ¿orar por los que lo persiguen? Sin embargo, esta acción es la única y más importante manera de tratar a la gente que lo envidia. Si no se ama a los que nos envidian, vivir o trabajar con envidiosos se convierte en un juego de seguir el marcador; tomar ojo por ojo. Aun así, «volver la otra mejilla» y «caminar la milla extra» libera a los envidiados de la tiranía de los Envidiosos. Estas acciones nos protegen de estallar y nos liberan de la innecesaria preocupación. Incluya lo más posible a los Envidiosos en sus oraciones y dé gracias a Dios por ellos, aun si antes de poder hacerlo tiene que rechinar con los dientes.

No tome los ataques de envidia como algo personal

Una de las razones por las que nos pica la maldad de la envidia es que tomamos sus ataques como algo personal. En lo que fallamos es en darnos cuenta que los Envidiosos no nos ven como somos en realidad. Transforman los objetos de su envidia en un papel idealizado. «La envidia siempre lo hace ver como una cosa», dice Ana Ulánova, autora de *La Cenicienta y sus hermanas*. «Si a usted lo envidian, lo ven como un perfecto objeto idealizado o como la raíz de todo el sufrimiento de la otra persona. No lo ven como es en verdad. Solo lo ven como la parte de usted que la otra persona desea robar o tomar». Darse cuenta que los Envidiosos lo ven como una «cosa» le puede ayudar a desentenderse un poco de cualquier ataque y no tomarlo de forma personal. Recuerde que la manera en que se ve usted mismo es mucho más importante que como lo ven los Envidiosos.

Busque una comunidad segura

Si usted es la envidia de un Envidioso, quizá se sienta aislado de la comunidad. El humorista Garrison Keillor censura a un residente de su místico lago Wobegon: «¿Quién te crees que eres? No eres tan inteligente. Tú eres del lago Wobegon. No debieras pensar que eres alguien. No eres mejor que el resto de nosotros». Este doloroso fenómeno también ocurre en las ciudades reales. Y si alguna vez se ha sentido excluido de una comunidad debido a que la gente lo envidia, busque un lugar en el que la gente lo acepte tal y como es. Esto es fundamental para mantener la responsabilidad y un sano sentido del balance social. Le hace falta buscar un lugar en el que se aprecien sus dones y donde pueda bajar la guardia. Necesita un lugar en el que pueda ser indefenso. El Dr. Scott Peck dijo en *The Different Drum* [El tambor diferente]: «No puede haber una comunidad sin vulnerabilidad». Tiene razón.

No oculte su arduo trabajo

Tengo una amiga que escribió un libro, pero decidió no contarle a nadie lo que hacía porque no quería que la gente pensara que era osada. Decidió que no se lo contaría a otros hasta que no terminara el manuscrito ni antes que no tuviera un contrato con un editor. Todo el tiempo guardó silencio haciendo investigaciones, archivando notas con gran esmero, empleando un cuidadoso estilo y haciendo la difícil tarea de escribir borradores. Estuvo escribiendo por más de dos años, contándoselo solo a unos pocos de sus más íntimos amigos. Aun después de haber firmado un contrato con una editorial, se mantuvo quieta. Es probable que esto fuera un error. Cuando se publicó el libro, con mucho entusiasmo le dio un ejemplar a cada una de sus colegas. Se sorprendió por el frío recibimiento que sus colegas le dieron al libro. Nadie le dijo nada acerca de su libro. Tres semanas después, mientras estaba parada al lado de la copiadora, oyó por casualidad una conversación cuyo destino más probable era que se escuchara: «Dudo que lo haya hecho ella. Nos hubiéramos enterado si hubiera trabajado con tanto esfuerzo fuera de la oficina». El mismo día, un viejo compañero de trabajo entró en la oficina de mi amiga y le espetó: «¡No puedo creer que no nos hayas dicho nada acerca de este libro! No tenía idea que estabas trabajando en él. ¿Cómo crees que me siento?». Mi amiga estaba asombrada, aplastada y anonadada. Pudo haber aliviado algo de la envidia si les hubiera manifestado el arduo esfuerzo que le costó lograr su cometido.

> Abel también presentó al SEÑOR lo mejor de su rebaño, es decir, los primogénitos con su grasa. Y el SEÑOR miró con agrado a Abel y a su ofrenda, pero no miró así a Caín ni a su ofrenda. Por eso Caín se enfureció y andaba cabizbajo.
>
> GÉNESIS 4:4-5

Sorprenda a los Envidiosos en el triunfo

La gente envidiosa con frecuencia es negativa. Es su manera de evitar el dolor de reconocer que sus insatisfacciones no se deben a usted, sino a sus propios sentimientos de fracaso. Por esta razón, bendígalos y sea liberal en felicitarlos. Busque aspectos en los que los Envidiosos estén triunfando y alábelos por sus esfuerzos. Si se entera que lograron algo valioso, tome el teléfono y alabe su éxito. Sin embargo, antes que se quede encantado con esa buena obra, pregúntese por qué la hace. Si no es sincero en sus alabanzas, los Envidiosos se darán cuenta y su envidia solo aumentará.

Acepte un poco de envidia como el precio a pagar por el éxito

Enfrente los hechos, todos podemos ser el blanco de la envidia. Tratar de defenderse del todo contra ellos resultaría inútil. Y no crea que puede evitarlo por el simple hecho de ser discreto y actuar de prisa. Si trata de responder alejándose, lo tomarán por frío y huraño. Y si trata de apaciguar a la gente envidiosa con explicaciones razonables, nunca desearán escucharlo. Del mismo modo que las hermanas de la Cenicienta despreciaban sus intentos de alcanzarlas, una persona envidiada «aprende que cualquier esfuerzo por ser agradable solo intensificará la brecha», dice Ana Ulánova. «La envidiada tropieza con un muro que no posee una abertura ni ningún camino para rodearlo». Parece cruel, pero es la realidad. A veces, se ve envuelto en la envidia de algunas personas y no tiene a dónde ir. Acepte un poco de envidia como el precio a pagar por ser quién es y por lo que hace.

> Porque donde hay envidias y rivalidades, también hay confusión y toda clase de acciones malvadas.
>
> SANTIAGO 3:16

Tenga especial cuidado si es un «novato»

Hay una situación que es tan oportuna para la envidia que requiere especial atención. Ocurre cuando un «novato» se enfrenta con la vieja guardia. Recuerde lo que pasó entre Saúl y David después de la última campaña militar de David. Por años Saúl fue el indiscutible héroe militar de Israel. Pero luego David, que tenía dentro de sí el toque de Dios, llamó la atención del pueblo con sus victorias en batalla. Y Saúl, el viejo guerrero, sintió que los demonios comenzaron a revolver su interior. Cuán ominoso fue para Saúl ver cómo David se ganaba las aclamaciones que él había disfrutado como rey. Qué amenazador oír a las multitudes rugir por David y que las mujeres cantaran: «Saúl destruyó a un ejército, ¡pero David aniquiló a diez!» (1 Samuel 18:7). En este clásico caso de una estrella eclipsada por una superestrella, Saúl ve, teme y de manera sanguinaria se resiente por el cambio de guardia.

A lo mejor, también les pasa a sus superiores. Si es un novato en el carril rápido, tenga especial cuidado de no ondear su bandera demasiado alto ni tocar su corneta demasiado fuerte. Honre a los que marcharon antes que usted. Como lo señaló el dramaturgo inglés Francis Beaumont: «La envidia, igual que un gusano, siempre elige la mejor fruta; como un astuto sabueso, selecciona el ciervo más gordo del rebaño».

Tenga cuidado para que no lo timen

Tina trabajaba muy esforzadamente para lograr éxito como agente de una inmobiliaria. Sin embargo, su satisfacción se tornó amarga cuando su compañía tomó a una nueva agente que se las arregló para trabajar menos y hacer más ventas. Tina ocultó su desagrado por la nueva agente ofreciéndose a tomar mensajes telefónicos mientras ella no estaba. Cuando Tina comenzó a hacer mayores ventas que su rival, nadie relacionó este cambio de circunstancias con la tendencia de Tina de «olvidarse» de entregar ciertos mensajes telefónicos. Yo espero que los Envidiosos de su vida no se comporten como lo hizo Tina. Sin embargo, tenga cuidado de las personas que lo envidian.

REFERENCIA CRUZADA

Para más información relacionada con los Envidiosos, véanse estas otras relaciones conflictivas: el Competidor, el Traicionero y el Chismoso.

El volcán

Activa el vapor y está listo para entrar en erupción

Mientras crecíamos, la mayoría de nosotros no tuvo mucha práctica con una ira saludable. En realidad, nos enseñaron a temer semejantes sentimientos. La verdad es que la ira es normal y natural. No tenemos la responsabilidad de tener ira, sino solo de cómo respondemos y la usamos cuando aparece. El apóstol Pablo lo comprendió así cuando dijo: «Si se enojan, no pequen» (Efesios 4:26).

Dicho llanamente, a los humanos nos crearon con una capacidad de experimentar una apasionada ira. No hay duda de ello. Sin embargo, para algunas personas de temperamento brusco, la ira se convierte en más que una emoción humana. Se transforma en un patrón crónico de rabia autoderrotista cuyo detonador es imprevisible. Este es el caso de los Volcanes, gente que a cada momento levanta presión y está demasiado pronta para estallar. La hostilidad es el sello de su personalidad.

Mis amigos David Stoop y Stephen Arterburn cuentan la historia de Cliff, cuyas volcánicas respuestas parecen ser inverosímiles, hasta que uno se encuentra con un Volcán. Frustrado con una cortadora de césped que no quería arrancar, Cliff entró a su casa, atravesó por la cocina y pasó delante de su esposa. «¿Se descompuso la cortadora?», le preguntó ella a Cliff. Él no respondió. Ni siquiera tomó nota de su presencia. Fue a su estudio, sacó su impresionante rifle para venados y regresó al patio.

Su esposa, observando ahora desde la ventana de la cocina, le gritó a su esposo: «¿Qué estás haciendo?» Tampoco respondió y caminó hacia la cortadora. Se detuvo a tres metros de la misma, deslizó varios cartuchos dentro del cargador del rifle y cargó la recámara con un cartucho. Cliff levantó el rifle, apuntó a la cortadora y disparó. Chispas y delgados fragmentos de metal saltaron de la indefensa cortadora de césped. Fue un milagro que a Cliff no lo alcanzara la metralla[1].

Parece descabellado. Sin embargo, historias como estas no resultan sorprendentes para alguien que se haya encontrado con Volcanes. En sus rabietas de adultos arrojan sillas, destrozan platos, abollan automóviles, todo en un vano intento de apaciguar su siempre ruidoso temperamento. Cualquier cosa puede transformarse en el blanco de su ira, desde cortadoras de césped hasta sus seres queridos. Ya sea personal o político, insignificante o de peso, cualquier cuestión está permitida para los Volcanes que se sienten frustrados o amenazados.

> El iracundo comete locuras, pero el prudente sabe aguantar.
>
> PROVERBIOS 14:17

Los Volcanes hablan con fluidez las puntuaciones: «? * ! ! #». Gruñen y rezongan; sisean y murmuran. Los Volcanes a veces yacen dormidos, juntando presión con suavidad, pero de pronto son capaces de estallar con furia violenta, vomitando ceniza roja y residuos ígneos sobre cualquiera que se encuentre cerca. Si alguna vez ha experimentado una de estas erupciones, o peor aun, está pegado a la lava de estos volcanes, anímese. Este capítulo contiene algunas de las conocidas estrategias más eficaces para lograr que los hostiles Volcanes no pierdan el control.

LA ANATOMÍA DE UN VOLCÁN

En ocasiones, Leslie, mi esposa, y yo, damos conferencias en Juventud con una Misión, en sus oficinas centrales en la costa oeste de Hawai. Como resultado, hemos aprendido un montón acerca de los volcanes y las formaciones de lava que dominan la isla. Ver estos volcanes geológicos me ha ayudado a comprender algunas de las características de los Volcanes humanos: inestables, cínicos, criticones, conspiradores, groseros, vengativos, egoístas y propensos a culpar.

Inestables

¿Alguna vez ha estado sentado en una silla que tiene una pata floja? A lo mejor es lo bastante fuerte como para soportarlo, pero no está seguro cuánto tiempo va a confiar en ella. Esta es la situación de un montón de Volcanes. Su conducta inestable hace difícil, si no imposible, de apoyarse demasiado en ellos. Uno nunca sabe emocionalmente cómo se comportarán los Volcanes.

Cínicos

Los Volcanes no son las personas más optimistas con las que se encontrará. Tienden a cuestionar los motivos de la gente y esperan lo peor de los demás. Parece que el cinismo corre por sus venas y se suma a su ira fácilmente provocada. Como dijo una vez Ralph Waldo Emerson: «Un cínico puede congelar y descorazonar con una sola palabra».

Criticones

Dios ayude a la persona que ha hecho algo que no era lo que esperaba un Volcán. Si las cosas no salieron perfectas, se sienten del todo justificados para quitar los frenos y sacar cada onza de frustración reprimida. Los Volcanes tienen una aguda mirada para encontrar errores, reales e imaginarios.

Conspiradores

Los Volcanes miran con frecuencia por encima del hombro para ver quién los está escuchando. Creen que no se puede confiar en nadie. Por eso, todos son una potencial amenaza. Es muy natural entonces que los Volcanes sientan con frecuencia que «todos» están en su contra, que les quieren hacer daño.

Groseros

¿De qué otra manera puede decirlo? Los Volcanes son groseros evidentes. Les da un manotazo a los estantes de un empleado del supermercado que trata de ser servicial, pero que no puede encontrar un determinado artículo. No importa que el empleado haga el intento. Los Volcanes hacen cortantes comentarios y se esfuman del negocio. Los Volcanes tiran a la basura la cortesía y la paciencia.

Vengativos

Ya conoce la frase. Sin duda la ha visto en botones y pegatinas de parachoques. «Yo no me vuelvo loco, me vengo». No obstante, para los Volcanes esto no es un chiste. Sienten el impulso del desquite y la venganza. Quieren ajustar las cuentas. Se vuelve su obsesión impulsora siempre que se creen maltratados. Planean incontables maneras de vengarse, descuidando todo el tiempo la antigua sabiduría que dice: «El que busca venganza, cava dos tumbas».

Egoístas

La empatía es una cualidad que está claramente ausente del repertorio de los Volcanes. Parecen incapaces de entender la perspectiva de otra persona y se esfuerzan poco para ponerse en el lugar del otro. La mayoría de los Volcanes se concentran en sus propias necesidades, grandes y chicas, y pueden estallar con una venganza si a usted no le interesa lograr la satisfacción de sus necesidades en cuanto surjan.

Propensos a culpar

Uno de los problemas en la computadora mental de los Volcanes es la tendencia a hacerse declaraciones internas de «debiera». Dicen para sí que las cosas debieran ser como ellos lo esperan o tienen expectativas. Y cuando no es así, recurren a la ira. Los Volcanes tratan de motivarse con *debieras*, como si un poco de culpa les ayudara en un mejor desempeño.

¿CONOCE A UN VOLCÁN?

La siguiente prueba quizá le ayude a determinar si está en una relación conflictiva con un Volcán. Identifique a la persona o personas que le vinieron a la mente al leer los párrafos anteriores. Encierre con un círculo la *S* si la afirmación respecto a la persona o personas que tuvo en mente es acertada. Hágalo con la *N* si la afirmación no se ajusta a esa persona o personas.

S   N   A nivel emocional, esta persona es inestable.

S   N   A esta persona le gusta vengarse de otras.

S   N   La gente que conoce bien a esta persona diría que es cínica.

S   N   Esta persona tiene un ojo de águila para las faltas de otros.

S   N   A veces no es muy difícil sacar a esta persona de sus casillas.

S   N   Estar con esta persona a veces es como estar con una bomba de tiempo que puede explotar.

S   N   Dicho con franqueza, esta persona puede ser grosera.

S   N   A menudo, esta persona le parece como si otros le quisieran hacer daño.

S   N   Esta persona posee un bajo nivel de empatía por otros.

S   N   Esta persona tiene un detonador violento.

S   N   Cuando las cosas no salen a su manera, recurre a la ira.

S   N   Esta persona se enfoca a menudo en «emparejar los tantos».

S   N   A veces ocurren cosas sorprendentes cuando esta persona estalla en ira.

S   N   Esta persona a veces puede perder los estribos en público.

S   N   Es difícil prever lo que va a molestar a esta persona.

Puntuación: Total de las *S* que circuló. Si marcó diez o más, con toda seguridad se encuentra en una relación conflictiva con un Volcán.

COMPRENDA A LOS VOLCANES

¿Por qué mientras la mayoría de las personas dejan pasar agravios menores, los Volcanes no pueden contener su rabia? ¿Por qué se sienten provocados con tanta facilidad? Los investigadores dan varias respuestas. En experimentos usando provocaciones deliberadas tales como frustrantes problemas matemáticos y asistentes groseros, *los científicos han identificado en los Volcanes una potencialmente catastrófica reacción en cadena.* Como resultado de la provocación, el cerebro envía señales a las glándulas suprarrenales a fin de que envíen una dosis extra de hormonas para el estrés, incluyendo la adrenalina, dentro del torrente sanguíneo. Una vez que ocurre esto, el torrente sanguíneo cargado de hormonas se descontrola mucho a través de las arterias provocando que la sangre de las personas comience a «bullir» y que estas estallen en ira.

Sin embargo, estas iracundas explosiones no solo se pueden explicar biológicamente. Investigadores psicólogos señalan que *algunos Volcanes usan la ira como una defensa contra relaciones dolorosas.* Es común que se hayan criado en hogares donde los humillaron, rechazaron, criticaron injustamente o hasta los maltrataron. La respuesta aprendida a este entorno negativo es protegerse con una pesada armadura de ira y agresión. Los cauterizaron. Aprendieron que las relaciones son dolorosas y no están dispuestos a que otros tomen ventaja de ellos. La ira, entonces, se convierte en una forma de vida. Es una especie de aislamiento del potencial dolor físico.

Quizá el apóstol Pablo usó la ira de esta forma cuando estalló ante Marcos por abandonarlo como joven misionero. El incidente causó una profunda grieta entre Pablo y Bernabé. «Se produjo entre ellos un conflicto tan serio que acabaron por separarse» (Hechos 15:39). Pablo no estaba dispuesto a que lo

> Si los hombres no consideraran tanto en qué se diferencian, sino más bien en qué concuerdan, en el mundo habría menos sentimientos faltos de caridad y sentimientos iracundos.
>
> JOSEPH ADDISON

irritaran de nuevo. Como dicen las Escrituras: «A Pablo no le pareció prudente llevarlo, porque los había abandonado en Panfilia y no había seguido con ellos en el trabajo» (Hechos 15:38). Sin embargo, aunque Pablo estaba enojado, no era un Volcán. En realidad, otras cartas del Nuevo Testamento sugieren que Pablo arregló este asunto: «Aristarco, mi compañero de cárcel, les manda saludos, como también Marcos, el primo de Bernabé. En cuanto a Marcos, ustedes ya han recibido instrucciones; si va a visitarlos, recíbanlo bien [...] Éstos son los únicos judíos que colaboran conmigo en pro del reino de Dios, y me han sido de mucho consuelo» (Colosenses 4:10-11).

Otro factor que agudiza el comportamiento de los Volcanes es el ejemplo dado por uno o ambos padres. Un exhaustivo estudio longitudinal efectuado a escolares en Nueva York reveló que el comportamiento agresivo en su casa está íntimamente asociado con la agresividad de los niños en la escuela[2]. Sin embargo, apenas necesitamos un estudio para darnos cuenta que los niños imitan a sus padres. Si

> Un hombre airado abre su boca y cierra sus ojos.
>
> CATO

los niños se crían en hogares donde los padres tienen la mano pronta y controlan a sus familias con maltrato verbal y físico, tiene sentido llegar a la conclusión de que los niños aprenderán a usar la ira de la misma manera. Estos pequeños simplemente son Volcanes en formación.

Quizá el factor definido con más claridad, causante de los crónicos estallidos de ira, se encuentre en la cínica desconfianza de los Volcanes hacia las otras personas. Esperando que los demás los maltraten, los Volcanes están siempre a la expectativa de un mal comportamiento y casi siempre lo encuentran. Esta desconfianza genera frecuente ira, y esa ira, combinada con una falta de empatía hacia los demás, lleva a los Volcanes a expresar su ira abiertamente. Por ejemplo, si un Volcán está esperando un ascensor y este se detiene dos pisos más arriba por un poco más de lo normal, el Volcán comienza a pensar: «¡Qué desconsideración!

Si las personas desean seguir conversando, deberían salir del ascensor y permitirme así ir a donde debo!». El Volcán no puede ver ni escuchar a las personas dos pisos más arriba y no tiene manera de saber lo que en verdad detiene el ascensor. Sin embargo, en el lapso de pocos segundos, la cínica desconfianza del Volcán lo lleva a sacar hostiles conclusiones sobre las invisibles personas dentro del ascensor, sus motivos egoístas y su desconsiderado comportamiento. Esta es la forma de actuar de los conflictivos Volcanes.

ENFRENTE A LOS VOLCANES

Cuando el Santa Helena en Washington entró en erupción varios años atrás, todos en el noroeste del Pacífico recibieron el efecto en algún grado por las consecuencias. Recuerdo haber sacado cenizas volcánicas de los escalones de la casa de un amigo en Portland, Oregón, a centenares de kilómetros de distancia. E igual que estas erupciones geológicas fuerzan a las personas a soportar cosas que nunca esperaban, así ocurre con las erupciones de los volcanes humanos. Por suerte poseemos bastantes técnicas comprobadas para soportar sus iracundos estallidos, aun cuando no tengamos mucho aviso previo.

Acepte el Volcán interior

En su libro *Emociones, ¿puedo confiar en ellas?*, el Dr. James Dobson declara que hay cuatro situaciones principales que van a provocar ira en casi todas las personas. La primera es la fatiga. Cuando las personas están cansadas, agotadas y hambrientas, son más susceptibles a la ira. La segunda es el desconcierto. Cuando nos desprecian o desmoralizan en un lugar público, el frecuente resultado es la ira. La tercera es la frustración. Un plan frustrado en casi cualquier magnitud puede hacer estallar a muchas personas. Al final está el rechazo. Cuando se hiere a una persona, a menudo surge la ira en ella. El caso es que la ira es una emoción que todos experimentamos. Cuando nos encontramos con Volcanes y nos sentimos rechazados por su estallido de ira, es natural que deseemos correr en dirección opuesta. Decimos: «¿Cuál es su problema? ¡Yo nunca me comportaría así!». La verdad es que hasta cierto punto la mayoría de nosotros estallamos de manera irracional. Y aunque no hacemos de esto un estilo de vida como los Volcanes, a veces estallamos con una ira descontrolada. Así que acepte esta emoción y haga lo que pueda para sentir empatía por los Volcanes. Esto ayudará a mejorar la presión en sus relaciones con ellos.

> Cualquiera puede llegar a airarse, esto es sencillo; pero estar airado con la persona adecuada, en el grado conveniente, en el momento apropiado, con el propósito preciso y de una manera acertada, eso no está dentro de la capacidad de todos y no es fácil.
>
> ARISTÓTELES

No sepulte su propia ira

En un reciente viaje a Londres, visité los «cuartos de la guerra» donde Winston Churchill trabajó resguardado bajo tierra durante la Segunda Guerra Mundial. Mientras estuve allí, aprendí que las bombas que cayeron durante esta guerra aún siguen matando personas en Europa. Aparecen, y a veces estallan, en lugares de construcción, en redes de pesca o en las playas cincuenta años después que los cañones se silenciaron. Solo en Francia explotaron trece bombas el año pasado. Las bombas no detectadas se vuelven más peligrosas con el tiempo porque la corrosión puede dejar al descubierto el detonador. Lo que es cierto para las bombas sin explotar también lo es para la ira no resuelta. La ira oculta estalla cuando menos lo esperamos. Esta es la trampa cuando intentamos soportar la ira de los Volcanes tratando de disminuir y menoscabar la propia. Es una táctica natural. Después de todo, cuando nos enfrentamos con la mentalidad de *guerra a toda costa* de los Volcanes, queremos la paz a cualquier precio. Esto dirige mal los razonamientos de: «Si nunca expreso mi ira, ellos con certeza disminuirán la suya».

En mi trabajo como psicólogo he conocido a numerosos cónyuges que dijeron: «¡Por supuesto que no estoy enojado!», cuando en realidad ardían de rabia. La mayoría está convencida que no agradarían a la gente si dieran escape a su ira, que gritarle a alguien sería mucho más parecido a un crimen y que una vez que comenzaran nunca volverían a componerse. Sin embargo, sepultar nuestra ira es una práctica peligrosa. No solo haría casi imposible mantener intacto lo que recubre nuestro estómago, sino que dificulta crear relaciones genuinas. Si somos incapaces de arriesgar una rabieta de vez en cuando, sacrificamos intimidad y creamos un campo minado de iracundos estallidos listos para surgir sin motivo alguno.

> La ira apaga la lámpara de la mente.
>
> ROBERT GREEN INGERSOLL

No sea chivo expiatorio

«¡Tengan cuidado mamá, niños, gatos y perros! ¡Aquí viene papá y otra vez está molesto!», es una actitud común en hogares donde el papá es un Volcán. ¿Por qué? Porque los Volcanes estallan con mayor frecuencia en el momento y en el lugar en que se sienten más seguros. En realidad, los Volcanes pueden estar molestos con su jefe, su hijo o su pastor, por ejemplo, pero usted es el que termina recibiendo la acometida de su venganza debido a que es menos propenso a reaccionar. Entonces, si descubre que sin cesar es objeto de las erupciones de los Volcanes, es probable que se deba a que usted es una «cosa segura», un *chivo expiatorio*. Este término proviene del Antiguo Testamento haciendo referencia al inocente chivo que el sumo sacerdote llevaba al altar (véase Levítico 16:20-22). Poniendo ambas manos sobre la cabeza del chivo, el sumo sacerdote confesaba los pecados del pueblo. Entonces al chivo lo llevaban al desierto y lo soltaban, simbolizando así que llevaba los pecados del pueblo a una tierra que estaba inhabitada.

¿Alguna vez se ha sentido igual que ese chivo cuando es objeto de la ira de un Volcán? Esto no es tan anormal. Por lo general, usted es un inocente espectador que no está haciendo nada malo, cuando de repente se torna receptor de la ira, amontonada sobre su cabeza igual que cenizas al rojo vivo expulsadas por una violenta montaña. Comprendiendo este fenómeno común le puede ayudar a soportar a los Volcanes de dos maneras. Primero, se puede consolar sabiendo que no es la causa de su ira. Y, segundo, puede fijar límites con esta gente al ayudarla a identificar la verdadera causa de su ira; de esta forma usted no será su chivo expiatorio.

> Los hombres a menudo hacen en la ira lo que sean en sus cabales.
>
> WILLIAM ROUNSEVILLE ALGER

Prevención de la contaminación

En su biografía titulada *Number 1* [Número 1], el antiguo manager de los Yanquis de Nueva York, Billy Martin, narra acerca de la cacería en Texas con la estrella del béisbol Mikey Mantle en la hacienda de un amigo suyo.

Cuando llegaron hasta la hacienda, Mantle le dijo a Martin que esperara dentro del automóvil mientras él hablaba con su amigo. El amigo de Mantle enseguida les dio permiso para cazar, pero le pidió a Mantle un favor. Tenía un mulo que se había quedado ciego y no tenía el corazón para terminar con su miseria. Le pidió a Mantle que matara al mulo por él. Cuando Mantle volvió al automóvil, simuló estar enojado. Frunció el ceño y cerró la puerta de un golpe. Martin le preguntó qué pasaba y Mantle le dijo que su amigo no le permitía cazar. «Estoy muy furioso con este tipo», dijo Mantle. «Voy a ir hasta el establo para matarle a uno de sus mulos». Mantle condujo como un maníaco hasta el establo. Martin protestó, pero Mantle estaba firme. «¡Solo obsérvame!», le gritó. Cuando llegaron al establo, Mantle saltó fuera del vehículo con su rifle, corrió hacia adentro y mató al mulo. Al irse, escuchó dos disparos y volvió corriendo al automóvil. Vio que Martin también había sacado su rifle. «¿Qué estás haciendo, Martin?», le gritó.

Martin le respondió gritando, con el rostro encendido por la ira: «¡Ya verá ese desgraciado! ¡Acabo de matarle a dos de sus vacas!».

La ira puede ser peligrosamente contagiosa. Como lo señala Proverbios: «No te hagas amigo de gente violenta [...] no sea que aprendas sus malas costumbres» (Proverbios 22:24-25).

Considere un registro de disputas

Si los Volcanes de su vida admiten que tienen un problema de ira y están dispuestos a enmendar el problema, puede sugerirles que lleven un «registro de disputas». Esta es una técnica que uso con frecuencia con clientes Volcanes a los que les doy terapias, pero no necesita de un profesional para utilizarlos de manera positiva. El registro de disputas es un medio, parecido a un diario, a fin de analizar los sucesos provocadores. Los Volcanes llevan un registro de todas sus iras, incluyendo lugares, sucesos, personas presentes, lo que dijeron o hicieron, los resultados, cómo se sintieron después y qué desearon haber hecho distinto. Este simple ejercicio aumenta la noción de los Volcanes respecto a dónde, cuándo, por qué y con cuánta frecuencia se encolerizan. Y este conocimiento puede ayudar más de lo que usted se imagina para que los Volcanes se mantengan tranquilos. Llevar un registro de disputas por solo una semana sería la cosa más trascendental en su vida y la de usted.

> Siempre que esté enojado, tenga la seguridad de no solo es un mal presente, sino que ha incrementado un hábito.
>
> EPICTETO

Deje espacio para Dios

Un Volcán compañero de trabajo irrumpe en su oficina y le da una reprimenda por algo que no es de su responsabilidad. El Volcán grita con fuerza acerca de su incompetencia mientras usted lo mira con completa incredulidad. Cuando el Volcán se inclina hacia usted por encima de su escritorio y le apunta con un dedo en su cara, siente que su sangre comienza a hervir. ¿Qué hace a continuación? ¿Arremete contra el Volcán en autodefensa y le grita: «Estás equivocado»? Si no, al menos soñará con hacer algo muy espectacular. Es natural que conteste cuando lo atacan.

Es natural que desee justicia y castigo. Sin embargo, la verdad es que enojarse con un Volcán es un drama mortal. Nadie gana en este juego. En su lugar, debería hacer cualquier cosa a su alcance para no devolverle la ira con más ira. Dios ha dispuesto para nosotros este principio importante, y el apóstol Pablo lo enfatiza en su Epístola a los Romanos: «No paguen a nadie mal por mal. Procuren hacer lo bueno delante de todos. Si es posible, y en cuanto dependa de ustedes, vivan en paz con todos. No tomen venganza, hermanos míos, sino dejen el castigo en las manos de Dios» (Romanos 12:17-19). Esta es la clave: Déjele a Dios todo el castigo.

Rinda sus derechos de devolver un golpe

Mi mentor académico en la universidad fue el Dr. Archibald Hart. Es un hombre consagrado a Dios que cuidó mucho mi carácter y, entre muchas otras cosas, me enseñó cómo manejar mi ira cuando sentía deseos de responder. «Les», me decía, «nunca olvides perdonar». Y me recordaba la epístola de Pablo a los Efesios: «Abandonen toda amargura, ira y enojo, gritos y calumnias, y toda forma de malicia. Más bien, sean bondadosos y com-

Mantenga la calma; la ira no es una razón.

DANIEL WEBSTER

pasivos unos con otros, y perdónense mutuamente, así como Dios los perdonó a ustedes en Cristo» (Efesios 4:31-32). El Dr. Hart decía que perdonar es rendir mi derecho de herirte si tú me hieres a mí. Me gusta esta definición. Significa que cuando soy objeto de ira inmerecida, puedo hacer la elección de perdonar al Volcán al no devolver el golpe. De este modo, el perdón le deja espacio para que Dios distribuya el justo castigo, no yo. Líbrese entonces de los gritos airados y rinda su derecho a devolver el golpe.

No vaya a la guerra sin comprender la batalla

Si se encuentra de manera inconsciente atrapado en una airada lucha decisiva con Volcanes que estallaron sin aviso, no saque toda su artillería antes de que no comprenda con claridad por qué está luchando. Así es como se cometen daños irreparables en las relaciones y las familias. En su lugar, posponga su impulso de demostrar su posición y tómese el tiempo para definir con lucidez a qué se debe la batalla. Diga a los Volcanes: «Quiero estar seguro que comprendo lo que te está molestando. ¿Es esto...? Al definir el conflicto, usted trae algo de objetividad dentro del mismo y puede evitar un montón de contienda inútil. La Dra. Carol Tavris, autora de *Anger: The Misunderstood Emotion* [La ira: La emoción mal comprendida], aconseja: «Nunca hable en el ardor de la ira. Dirá las cosas mal o de manera indebida. Dese tiempo a sí mismo para calmarse porque quiere que su ira logre algo».

Aprecie la contribución que hacen los Volcanes

Cuando una característica destructiva como la ira influye en la actitud de las personas, es fácil perder de vista sus rasgos positivos. Tratando de soportar a los Volcanes, recuerdo con frecuencia que hasta los volcanes geológicos ofrecen grandes beneficios (a pesar de su poder destructivo). Por ejemplo, muchos materiales volcánicos tienen importantes usos industriales y químicos. Las rocas formadas por la lava se usan, por lo general, en la construcción de carreteras. La ceniza volcánica a que se expone la naturaleza mejora en gran medida la fertilidad del suelo. En muchas regiones volcánicas, la gente utiliza el vapor subterráneo como una fuente de energía. Para los científicos, los volcanes hacen las veces de «ventanas» al interior de la tierra. Ya entendió la idea: Así como los volcanes geológicos brindan muchos beneficios, también lo hacen los volcanes humanos. Tome entonces un poco de tiempo para reconocer las cualidades positivas de los Volcanes de su vida. Le ayudará a soportar con más eficiencia las intermitentes y emocionales explosiones.

REFERENCIA CRUZADA

Para más información relacionada con los Volcanes, véanse estas otras relaciones conflictivas: el Indiferente, el Criticón, y la Aplanadora.

12

LA ESPONJA

Siempre en apuros, pero nunca da nada

Poco después de mudarse a un nuevo edificio, Melissa golpeó a la puerta del apartamento frente al suyo. Así fue como conoció a Janice. «Hola, soy Melissa, tu nueva vecina. Sé que esto parece absurdo, pero no tengo idea de cómo se pone en marcha el aire acondicionado de mi apartamento».

Las dos mujeres congeniaron desde el principio. Tenían mucho en común, ambas eran solteras y con unos veinte años de edad. Sin embargo, había una diferencia y era que mientras Janice tenía un trabajo a tiempo completo en una agencia de publicidad, Melissa solo trabajaba a tiempo parcial como florista (no porque lo necesitaba, sino debido a que le gustaban las flores) y se mantenía en gran parte por un fondo fiduciario. Aun así, las dos mujeres se hicieron buenas amigas. Al progresar la relación, Janice se sintió desarmada ante el sentimiento de desamparo de Melissa.

Como verá, Melissa no solo no sabía cómo poner en marcha su aire acondicionado, sino que también tenía problemas en andar por la ciudad, decidir qué restaurante elegir, saber dónde llevar su automóvil para que le cambiaran el aceite, qué zapatos combinaban con el vestido, etc. Y sin darse cuenta en verdad, todas estas necesidades se tornaron atractivas para Janice. A ella le gustaba cómo se sentía por Melissa: más competente, más necesitada y más apreciada.

Janice y Melissa comenzaron a pasar mucho tiempo juntas. Sin embargo, poco a poco la relación comenzó a desequilibrarse, cargando Janice con el mayor peso. En una ocasión, Janice trató de lograr que Melissa fuera más independiente. Se puso en contacto con algunos amigos y arregló un par de entrevistas de trabajo para ella. Le prestó una chaqueta. Luego Melissa recordó la hermosa blusa que Janice usaba casi siempre con ella. «A la verdad que sabes combinar las cosas», murmuró en tono de admiración, cuando Janice pescó la blusa del armario. A Melissa le encantaba que se preocuparan por ella y en ese tiempo Janice lo hacía con su amabilidad fuera de lo común.

No obstante, Melissa también tenía necesidades emocionales. Cuando Janice volvía del trabajo, a menudo encontraba a Melissa esperándola. Antes que Janice pudiera abrir la puerta de su apartamento, Melisa soltaba con brusquedad algunas de sus necesidades o luchas personales. Las sesiones de charla después del trabajo terminaban en invitaciones fijas para cenar, y antes que se diera cuenta, Janice suplía constantemente la ayuda, los consejos y el consuelo (sin mencionar alimentos) gratis, y Melissa la estaba absorbiendo.

> El hombre que vive por sí mismo y para sí mismo, es probable que se eche a perder con la compañía que tiene.
>
> CHARLES
> H. PARKHURST

Luego de meses de ayudar a Melissa a tomar decisiones y después de meses de prestar atención a sus luchas, Janice se dio cuenta que se había transformado en la niñera extraoficial de Melissa. La base de su relación no era del servicio mutuo. Se basaba en que Janice daba y Melissa recibía.

¿Conoce a personas como Melissa, personas en el lado de los imposibilitados y necesitados? ¿Conoce a personas que necesitan más atención de la que usted a su vez recibe de ellas? Si es así, sabe las realidades de relacionarse con las Esponjas. Ya sabe lo que es estar sentado con estas personas sosteniendo tediosas conversaciones de autodesprecio y escuchando con paciencia sobre sus luchas. Ya sabe lo que es estar con personas que siempre están necesitadas, pero que raras veces dan algo a cambio.

Sabrá también cómo estas Esponjas pueden agotarlo, vaciarlo y absorber la vida a su alrededor. Lo que quizá no sepa es que no tiene que ser una víctima de estos abismos de necesidad sin fondo. Puede practicar la verdadera amistad y compasión sin sentirse como una niñera no remunerada. Este capítulo le enseñará cómo.

LA ANATOMÍA DE UNA ESPONJA

Los biólogos marinos nos cuentan que en el fondo del océano viven más de cinco mil variedades diferentes de esponjas. Deben ser tantas como los distintos estilos de las Esponjas humanas. Sin embargo, aunque todas las Esponjas poseen sus características singulares, en la mayoría hay varios rasgos comunes. Las Esponjas son individuos pegajosos, sofocantes, necesitados, provocan la culpabilidad, temerosos, egocéntricos, agobiantes y propensos a crisis.

Pegajosos

«Fui a una fiesta con una amiga», confesó James, «y no quería despegarse de mí aun cuando le dije que quería estar un poco con los invitados. En realidad, en ese momento fue cuando salió corriendo anegada en llanto». James se había encontrado con una de las más seguras características de una Esponja humana, ser pegajoso. Se le adhieren y no se desprenden por el resto de su vida.

Sofocantes

En las relaciones sanas, dos personas crecen y se desarrollan gracias a esta relación. Sin embargo, en una relación con las Esponjas no existe el desarrollo mutuo. Tienden a ahogar la vida de la relación.

Necesitados

Las Esponjas a menudo están sin un centavo. Siempre están buscando un trabajo mejor. Necesitan un automóvil nuevo. No tienen mucha suerte. Necesitan, está bien, necesitan un montón de cosas. Esta es una señal que define a las Esponjas. Sin necesidades, no tendrían forma de acercarse a otros, así que lo acosan pidiéndole consejos en lo grande y lo pequeño.

Provocan la culpabilidad

Las Esponjas son expertas en hacerlo sentir terriblemente culpable si no se ofrece a ayudarles. Le pueden llegar a decir: «Estoy muy preocupado porque mis plantas se secarán mientras esté en Boston el mes que viene». La única respuesta humana a un comentario así es decirles: «¡Ah! ¡Déjame regarlas!». Si no lo hace, se sentirá como un ser despreciable.

Temerosos

Durante un reciente viaje a Singapur aprendí un término nuevo: *kiasu*. En una conferencia donde yo era el orador, la gente compraba libros con ansias. No los podía recibir lo bastante rápido y muchos parecían comprarlos sin mirar siquiera sus cubiertas. Lo mencioné a la persona encargada de la venta de libros y me dijo: «Ah, esto es *kiasu*, un temor chino de perderse lo que otros tienen». Las Esponjas tienen el mismo temor. No quieren perderse nada y cuentan con usted para estar seguros de ello.

Egocéntricos

Esto parecerá más bien directo, pero es la verdad: Las Esponjas son egocéntricas, siempre piensan en ellas. Las consumen sus propias necesidades y no pueden mirar más allá. Les preocupa más cómo se sienten o cómo lo hacen que cualquier otra cosa. Las Esponjas, aunque no son necesariamente egoístas, son egocéntricas.

Agobiantes

En las relaciones sanas, la intimidad tiene sus altibajos. La relación posee un tipo de punto central, al cual las personas están conectadas, pero del que ellas se acercan o alejan según pasa el tiempo. La mayoría de las personas lo comprenden y aprenden a tolerar los períodos de mayor distanciamiento sin que les dé pánico. Sin embargo, a las Esponjas no. Les da pánico cuando sienten la distancia, por lo cual ahogan y rondan en un típico y vano intento de estar cerca.

Propensos a crisis

Una crisis es lo que saca a las Esponjas de la cama por la mañana. Las estimula de la manera en que lo hace el café a otras personas. «¿Qué voy a hacer?», lloran a la espera de que usted entre corriendo, con ropa, una cama, una comida, una presentación, un automóvil o su oído. Una crisis es capaz de conseguir lo máximo de los demás y las Esponjas lo saben.

¿CONOCE A UNA ESPONJA?

La siguiente prueba quizá le ayude a determinar si está en una relación conflictiva con una Esponja. Identifique a la persona o personas que le vinieron a la mente al leer los párrafos anteriores. Encierre con un círculo la *S* si la afirmación respecto a la persona o personas que tuvo en mente es acertada. Hágalo con la *N* si la afirmación no se ajusta a esa persona o personas.

S N A veces siento como que esta persona está pegada a mi costado.

S N Esta persona raras veces se interesa por mis necesidades y preocupaciones.

S N A veces siento como que esta persona me absorbe prácticamente mi tiempo y recursos.

S N Quizá esta relación sea muy cercana en algunos aspectos, pero está estancada.

S N Esta persona casi siempre parece estar necesitada.

S N Cuando le digo no a esta persona, a menudo me siento culpable.

S N Esta persona es pegajosa y necesitada.

S N Con frecuencia me siento ahogada por esta persona.

S N A veces siento como que esta persona va de una crisis a otra.

S   N   Hay momentos en los que siento que esta persona me está hundiendo.

S   N   Esta persona tiene el temor de perderse algo o que la dejen fuera.

S   N   Tengo dificultades con esta persona para fijar límites.

S   N   Invierto un tiempo desproporcionadamente grande resolviendo los problemas y las preocupaciones de esta persona, comparado con el que invierto en los míos.

S   N   Esta persona no teme pedir un favor.

S   N   Esta persona a menudo drena mi energía.

Puntuación: Total de las *S* que circuló. Si marcó diez o más, con toda seguridad se encuentra en una relación conflictiva con una Esponja.

COMPRENDA A LAS ESPONJAS

Termine la siguiente frase: «Si no triunfas la primera vez...» ¿Tiene la respuesta? Mi esperanza es que diga algo como: «Trata de nuevo». Para las Esponjas no es así. Lo más probable es que vendrán con algo como: «Eres del todo inútil». *Las esponjas sufren de una terrible autoestima baja.* Es más, el psicólogo Jonathan Brown, de la Universidad de Washington puso a prueba la autoestima de las personas y arrojó algo de luz sobre el porqué las esponjas actúan como lo hacen[1]. Tuvo a un grupo de ciento setenta y dos personas, ochenta y una con una elevada autoestima, el resto con baja, jugando en un juego de palabras en la computadora. La mitad de los participantes recibió una versión demasiado difícil para hacer en el tiempo permitido, asegurándose así su fracaso. Más tarde, Brown les pidió que evaluaran sus rendimientos.

A los que tenían una baja autoestima, el fracaso los golpeó como una tonelada de ladrillos. Sentimientos de vergüenza y humillación surgieron entre los escombros. Peor aun, generalizaron su fracaso al extremo, evaluando su inteligencia y competencia más negativamente después de un pobre rendimiento que desde uno de éxito. Las personas con una elevada autoestima hicieron todo lo contrario. Evaluaron su inteligencia un poco más alta después del fracaso, compensando su fracaso. Este es el valor de la autoestima, explica Brown: Nos capacita a responder a sucesos, buenos o malos, de maneras que alientan nuestro sentimiento de dignidad.

> El egoísmo es la mayor maldición del género humano.
>
> WILLIAM E. GLADSTONE

Las Esponjas, sufriendo de una irreal autoestima baja, agonizan sobre su fracaso y como resultado son personas menos dispuestas a correr riesgos y más aptas para apoyarse en los demás. Jesús contó una parábola acerca de la Esponja, una persona con una autoestima tan baja que enterró sus talentos en la tierra (véase Mateo 25:14-30). Esta es la cruz del problema de las Esponjas: *No poseen la suficiente autoestima como para estar parados sobre sus dos pies, por ello se paran sobre los de usted.*

En este sentido, las Esponjas tratan con desesperación de unirse a otra persona en el vano intento de sentirse mejor con ellas mismas. Esto ocurre hasta en el matrimonio. Cuando uno de los cónyuges está tan absorto en el otro, el cónyuge pone en riesgo la relación. Esto crea un matrimonio simbióti-

> Lo que di, lo tengo; lo que gasté, lo tuve; lo que guardé, lo perdí.
>
> ANTIGUO EPITAFIO

co: Si el cónyuge está triste, la Esponja está triste, si el cónyuge está contento, la esponja está contenta. Esto quizá no parezca tan malo, pero los problemas comienzan cuando las Esponjas no pueden decir dónde terminan ellas y comienzan sus cónyuges. La relación se vuelve demasiado unida como para ser cómoda.

Las Esponjas están en necesidades porque estas les sirven como puente hacia otras personas. Es su manera de acercarse a ellas. Es un poco ilusorio debido a que su necesidad no es tanto lograr la satisfacción de sus manifiestas necesidades, sino algo más profundo. *Las Esponjas, más que la mayoría de las otras*

relaciones conflictivas, manifiestan con franqueza, cosa bastante extra-
ña, que están necesitadas.

ENFRENTE A LAS ESPONJAS

¿Alguna vez le enseñaron a decir que no? A decir verdad, en la mayoría de los «buenos» hogares decir que no nos señalaba como a egoístas, el peor pecado de todos. ¿Me equivoco? Si se identifica con esta inclinación interna a dejar que las Esponjas tomen control porque usted es una «buena» persona, inspire profundamente. Relájese. No tiene que hacer una cura de rehabilitación por ser un «adicto al sí». Por supuesto, decir que no es importante para soportar a las Esponjas, pero existen un sinnúmero de otras estrategias probadas para no permitirles que absorban cada pizca de su tiempo y energías. He aquí cómo.

Enfrente a la Esponja interior

Quizá sienta un rechazo por la constante necesidad de las Esponjas. A lo mejor le quitó los deseos por sus maneras de hacerlo sentir culpable. Tal vez lo enferme la manera en que drena su tiempo, energías y recursos. Sin embargo, a pesar de sus comprensibles sentimientos, una buena manera de empezar a soportar a las Esponjas es reconocer las partes *suyas* que sean similares a las de estas personas. No me refiero a que usted es la clase de persona que les pregunta a sus amigos si se puede mudar a su apartamento por tres semanas mientras pintan su casa. No sugiero que descargue sus problemas personales sobre otras personas sin darles el apoyo emocional que necesitan también. A lo que me refiero es que a veces usted también siente una necesidad de tener a alguien que lo cuide. No tendrá que ser fuerte y quizá sea algo fugaz, pero es la misma necesidad. Si puede aceptar que posee una parte de Esponja dentro de sí, será más probable que trate con más benevolencia a las Esponjas que lo rodean.

Examine su deseo de ayudar

«Yo siempre doy terapia a mis amigos y no recibo nada a cambio», se quejó Ellen a su esposo. Él le respondió que ella nunca parecía *querer* algo en retribución. En ese momento, Ellen se dio cuenta que había sentado un precedente de siempre escuchar y de que nunca la escucharan. ¿Por qué? Porque esto obraba dentro de su compulsiva necesidad de ayudar. Ellen, al igual que tantas personas relacionadas con Esponjas, había caído en lo que el consejero Carmen Renee Berry llama «la Trampa Mesías»[2]. Esta es la trampa armada por la mentira de que «cada necesidad de los demás es más importante que la mía». La verdad es que sus necesidades son críticamente importantes. Si no reconoce sus propias necesidades, tendrá problemas para satisfacer bien las necesidades de otros. Entonces, si oye de vez en cuando rebotar esta mentira en su cerebro, lo desafío a efectuar un simple ejercicio. Haga una lista con sus necesidades y deseos. Sea sincero con esto. Escriba en un pedazo de papel lo que le venga a la mente. La cosa es reconocer que usted

> Para cualquier cosa valiosa hay que pagar un precio; y el precio siempre es trabajo, paciencia, amor, sacrificio, no papel moneda, no promesas de pago, sino el oro del verdadero servicio.
>
> JOHN BURROUGHS

también tiene debilidades, que las Esponjas no tienen que monopolizarlas. Las suyas también son reales. Una vez que acepta esto, puede perder su compulsión a dar y aprender a construir relaciones más equilibradas, en las que usted también recibe.

Limpie el desorden del descuidado ágape

En su libro *Contra la corriente*, Ricardo Semler cuenta acerca de una poderosa lección aprendida trabajando para Semco, una gran empresa. Se encontraba en una reunión en la que se estaba proponiendo la compra de archivos por valor de cincuenta mil dólares. Varios departamentos habían estado esperando por meses los archivos y en su desesperación habían decidido hacer un pedido en conjunto. «No compramos un solo archivo nuevo ese día», escribió Semler. «En su lugar decidimos parar la compañía por medio día y tener nuestra primera Inspección Bianual de Archivos y Limpieza».

Los administradores dieron unas simples instrucciones a cada uno para que mirara dentro de cada archivo y eliminara cada pedazo de papel que no fuera esencial. «Yo era uno de los mayores acaparadores, con cuatro archivos grandes y un pedido de dos más», dijo Sempler. Sin embargo, después de la limpieza, lo había recortado todo a un solo archivo. Lo mismo ocurrió para muchos otros empleados. Es más, la limpieza fue tan buena, que cuando cada uno terminó, Semco remató docenas de archivos innecesarios.

La misma lección puede aplicarse a las relaciones con las Esponjas. A veces, lo que pensamos que nos hace falta darles no es en realidad lo que necesitan. Por lo tanto, oren por discernimiento y arreglen el desorden de la relación, el exceso de compasión compulsiva que no se maneja con límites saludables. Vaya reduciendo hasta llegar a la forma esencial de ser lo más útil posible y ordene su «descuidado ágape».

Desinfle la crisis

En medio de otra crisis, Wendy fue a casa de Karen en el momento que ella estaba a punto de irse para el trabajo.

—Tengo que irme en cinco minutos —le dijo Karen.

—No puedo creer lo que pasó en casa de mi familia —gimió Wendy—. No pude darme una ducha… solamente había agua fría.

—Esto es terrible —respondió Karen.

—Estoy muy sucia —respondió Wendy.

Ahora era el turno de Karen. Wendy esperaba que le dijera: «Aquí tienes una suave toalla. Acabo de limpiar el baño. Ve y date una buena ducha caliente. Cuando salgas, asegúrate de cerrar la puerta».

Esta vez, sin embargo, Karen respondió diferente.

—Ya se te ocurrirá algo —le dijo—. Siempre lo haces.

Diciendo esto, Karen se encaminó hacia la puerta para irse al trabajo.

Lo que Wendy pedía y Karen negaba estaba implícito. Aun así, después de este incidente, Wendy dejó de probar lo que Karen haría por ella y esta se sintió mucho mejor con su amistad.

Acepte el abismo sin fondo de las necesidades

Uno de los cuentos favoritos de abuelas judías de la humorista Erma Bombeck es la del nieto que va a la playa con su abuela. El muchacho llevaba su balde, su palita y su sombrero para la playa. Mientras jugaba en la arena cerca de la orilla, la abuela se quedó medio dormida. Mientras dormía, una gran ola arrastró al niño al mar. La abuela despertó y estaba desolada. Cayó de rodillas y oró: «Dios, si salvas a mi nieto, haré lo que tú quieras. Me haré socia de cualquier club que me pidas. Iré de voluntaria a los hospitales, le daré a los pobres y haré todo lo que te haga feliz». De pronto, a su nieto lo arrojaron a la playa delante de sus pies. ¡El muchacho estaba vivo! Sin embargo, cuando la abuela se levantó, parecía disgustada. Puso sus manos en las caderas, miró al cielo y dijo de manera cortante: «¿No sabías que él tenía un sombrero?»[3].

Las Esponjas son bastante similares a esta abuela. Parecen muy apremiadas y necesitadas. Sin embargo, cuando uno trata de satisfacer sus necesidades, nunca están satisfechas. Supere la sorpresa (y también el dar) y reconozca que las verdaderas esponjas siempre quieren más, no importa cuánto les dé usted.

> El avaricioso es igual al árido terreno arenoso del desierto, que se traga con codicia toda la lluvia y la humedad, pero no produce hierba ni planta que dé frutos para el beneficio de otros.
>
> Zenón

Diga que no y no se sienta culpable

Decir que no es un arte. Es una herramienta para manejar su tiempo y energías, permitiéndole verse a usted mismo en relación con el resto del mundo. El decir que no también es como una clave que nos mantiene sanos en relación con las Esponjas. Le permite quitar lo que es innecesario, inapropiado o simplemente conflictivo. Por ejemplo, una Esponja necesita dinero para estar presente en la boda de un antiguo amigo. ¿Qué le dice cuando le pide ayuda financiera? Decir que sí significaría usar dinero que usted ha ido ahorrando para un viaje largamente planeado. ¿Le dice que no? Si lo hace, ¿es probable que se castigue con el sentimiento de culpa? No necesita hacerlo. Usted no tiene la obligación a acceder a un pedido, no importa cuán persuasivo se haya hecho. Como se dice casi siempre, por el hecho de que *pueda*, no significa que *debe*.

> Si la luz es roja o incluso amarilla, será sabio dejar que Dios lo refrene.
>
> Charles Swindoll

La regla que trato de adoptar es la de no aceptar nada que no sea mi obligación, hasta que no lo adopte antes como un compromiso. Esta quita la culpa de la ecuación. Como verá, cada vez que asuma una obligación sabiendo que no posee los recursos ni el tiempo ni el compromiso para cumplirlos, se acerca a ser un Mártir (y todos saben cuán divertidas son estas conflictivas personas). Entonces, trátelo. Diga un no con elegancia, agradeciendo a la persona que haya pensado en usted, y luego explique sus circunstancias, si lo considera necesario. No obstante, recuerde que es en verdad posible decir que no sin sentirse culpable.

Transforme la simpatía en empatía

Henry Ford dijo: «Si hubiera un solo secreto para el éxito, este radicaría en la capacidad de entender el punto de vista de la otra persona y ver las cosas desde el ángulo de esa persona así como desde el suyo». Estoy completamente de acuerdo. Se refiere a la empatía, esta artística habilidad de ponernos en los zapatos del otro tanto con el corazón como la mente. Por supuesto, este es el truco: *con ambos*, corazón y mente. Demasiado a menudo confundimos la empatía con sentir el dolor del otro en nuestro corazón. Sin embargo, esto solo es simpatía. Y aunque la simpatía es una noble expresión, es nada más que la mitad de lo que se necesita para tener empatía. La empatía agrega a la simpatía un sentido objetivo al análisis de los problemas de las personas antes de actuar en ellos. Y esta es una de las claves para soportar a las Esponjas: analizar y simpatizar. Por ello tómese tiempo para ser imparcial respecto a las circunstancias de las Esponjas antes que usted salte «corazón en mano» para ayudarlas. Si lo hace así, transformará a la simpatía en empatía y se ayudará a sí mismo y a las Esponjas en este proceso.

Establezca buenos límites

En mi trabajo como médico psicólogo de una unidad de quemados de un hospital, he pasado incontables horas con familias que solo querían ayudar de alguna forma al familiar que sufría. Sin embargo, antes de entregarle a una familia así el cuidado de un paciente que ha sufrido quemaduras, les digo lo siguiente: «Pongan límites firmes. Durante el primer día en casa del paciente, no hagan nada que no estén preparados a hacer por el resto de la vida». He visto a demasiadas familias haciendo cambios «temporales» que se volvieron normas permanentes de complacencia.

> Por muy lejos que vayas, de nada te sirve si no vas en la dirección correcta.
>
> WILLIAM BARCLAY

Necesitamos fijar los mismos tipos de límites con las Esponjas. Usted podrá pensar que permitirle a una esponja dormir una noche en su sofá es en verdad de ayuda. Aun así, cuando este ofrecimiento se transforma en una permanente invitación varias veces al mes, se da cuenta que es más que temporal. Aquí es cuando hace falta fijar límites, reglas claras y objetivas que comprendan tanto usted como la Esponja.

La mejor manera de entender dónde necesita fijar límites es pensar en las personas para las que ha trabajado con más empeño para ayudarlas. Vea qué tipos de comportamiento han provocado su impulso de hacerlos felices, y considere maneras de mantener bajo control su impulso de agradar. Luego establezca sus expectativas, comuníquelas y quédese tranquilo. Si está dispuesto, por ejemplo, a prestarle su automóvil a una Esponja, decida con qué frecuencia y cuántas veces. Diga: «Esto es lo que yo puedo hacer por ti, pero no más».

Enfréntese cuando sea necesario

Uno de los errores más comunes y peligrosos que puede cometer en sus relaciones con las Esponjas es permitir que le suba a usted la presión interior porque no está enfrentándose con la molestia. Si no lo hace, al final explotará. Terminará gritando: «¡Tú siempre hablas de ti y me estás volviendo loco!». Una estrategia mucho mejor es enfrentar a las Esponjas con el sentimiento que producen en usted. El enfrentamiento siempre es riesgoso, pero es mucho más seguro que permitir que su frustración siga prevaleciendo. Piense en el enfrentamiento como si sostuviera un espejo para ayudar a las Esponjas a fin de que vean lo que están haciendo y cómo lo afecta a usted. Es posible que no tengan idea que se están descargando en usted o que usted siente que ellos nunca escuchan. Es posible que asuman que debido a que hablan con tanta libertad sobre sus problemas, usted saltará y contará también los suyos. Salve lo que pueda de esta relación conflictiva comunicando con amabilidad lo que ve que está sucediendo. Podrá ser la cosa más bondadosa que sea capaz de hacer en su vida por las Esponjas.

REFERENCIA CRUZADA

Para más información relacionada con las Esponjas, véanse estas otras relaciones conflictivas: el Camaleón, el Envidioso y el Mártir.

13

EL COMPETIDOR

Atento para donde las dan las toman

El sol del desierto está a punto de levantarse y ya golpea de una forma que solo les gusta a los lagartos. Si hubiera sombra, haría treinta y siete grados. Las hectáreas de campos calientes de tenis al aire libre del complejo Mission Hills están desiertos, excepto uno. Sobre su hirviente superficie una adolescente le devolvía las pelotas de tenis por encima de la red con tanta rapidez como su masculino compañero las podía arrojar. Lanzaba un revés tras otro más allá de su alcance.

Esta adolescente era Jennifer Capriati, que se convirtió en profesional a los trece años de edad y de quien se dijera que sería «la próxima Chris Evert». Sin embargo, un poco más de tres años después de haberse transformado en la jugadora más joven que jamás haya estado entre los diez mejores y haber pasado la marca del millón de dólares en ganancias de su carrera en Wimbledon, y luego de haber ganado una medalla de oro en los Juegos Olímpicos de Barcelona, Jennifer, la consumada competidora, tocó fondo.

Después de sufrir una derrota en el Abierto de Estados Unidos de 1993 que la desestabilizó, Jennifer se lamentó sin cesar y al final avanzó a rastras sobre el filo de un precipicio emocional y cayó dentro de un limbo autodestructivo que trajo como resultado, entre otros, que la citaran por robos en tiendas y la arrestaran por posesión de drogas. Durante varios meses Jennifer tuvo continuas pesadillas acerca de pérdidas. «Me pasé después de esto una semana en cama a oscuras, simplemente odiando todo», les contó luego a los reporteros. «Cuando me miraba al espejo, en realidad veía esta imagen distorsionada: Estaba tan fea y gorda que en verdad quería matarme». Lo que mató a

Jennifer fue su yo público. Le volvió las espaldas al tenis, salió de competencia y se negó a tocar una raqueta por meses.

Jennifer resumió su espiral descendente diciendo: «La forma en que me siento tiene que ver con la manera en que juego, y si juego mal, yo diría: Sí, puedo soportarlo, pero en realidad no podía; me sentía como si nadie me quisiera como persona». En un momento de verdadera vulnerabilidad, confesó: «Siempre esperaba estar en la posición más alta, y *si no ganaba, esto significaba para mí que era una perdedora*».

> Nada se hace más hermoso que lo que se hace con rivalidad.
>
> John Ruskin

Con una sola frase, esta joven estrella del tenis llegó al centro de lo que es estar consumido por la competitividad. Para los Competidores, ya sea en los deportes o en cualquier otra cosa, ganar es todo y perder es desastroso.

A la mayoría de nosotros nos agrada un poco de competencia de vez en cuando, pero los Competidores no saben cuándo deben detenerse. Prácticamente transforman toda actividad, dentro o fuera del campo de deportes, en una contienda repleta de premios, trofeos y categorías. Todo se vuelve una oportunidad de ser más listo y sobrepasarlo a usted, desde efectuar una reservación en un restaurante hasta casarse al despertar por la mañana. Todo es competencia. Si les cuenta a los Competidores lo lindas que fueron sus vacaciones, ellos le contarán cuán mejores fueron las suyas. Un punto para los Competidores. Cuénteles cuánto trabajó hoy y ellos sobrepasarán su historia con su repleta agenda y su interminable flujo de citas. Dos puntos para los competidores. Así es como se juega este juego, anotando las puntuaciones.

Por supuesto que los Competidores no solo están en el trabajo ni en círculos sociales. Con demasiada frecuencia viven en nuestros hogares. ¿Qué hermano o hermana, por ejemplo, no pueden contar una historia de infatigables celos y competencia? Aun cuando sean adultos, la rivalidad de hermanos muestra su rostro de vez en cuando. Para los Competidores, sin embargo, esto nunca acaba. En su caso, hasta Navidad se vuelve una contienda; sus regalos revelan que en verdad no son más que niños devotos. El signo revelador de los verdaderos Competidores, ya sea compañeros de trabajo, amigos o familiares, es que creen que la única conversación interesante es el juego de «trata de superar esto». Y aun cuando usted esté al tanto de su maniobra, siempre termina en un inútil juego, compitiendo por... bueno, compitiendo por amor a la competencia. Y casi siempre se siente como un perdedor.

LA ANATOMÍA DE UN COMPETIDOR

Los Competidores raras veces caben dentro de un perfil o molde establecido. Sin embargo, en general, las personas consumidas por la competencia suelen ser ambiciosas, envidiosas, implacables, individualistas, legalistas, ostentosos, estrategas, intimidantes y castigadores.

Ambiciosos

«Esta es una jungla», dicen los Competidores, «un mundo del pez grande que se come al chico, en el que el único que sobrevive es el más apto». No existe la actitud indiferente de la simple espera por el mejor. Los Competidores tienen un tigre en el tanque, una insaciable ambición que los impulsa a perseguir todo lo que se les ponga delante. Tampoco tiene que estar buscándolos. Los Competidores serán los primeros en decirle que se están poniendo en marcha, que tienen la mira puesta en algo grande. Suben por la escalera hasta arriba y sopesan cada situación en términos de lo que pueden hacer para avanzar en su posición.

Envidiosos

La envidia no es una emoción amable. No es solo «yo quiero lo que tú tienes». Es un agresivo «Yo quiero lo que tú tienes y no quiero que tú lo tengas. Yo quiero quitártelo y, si no puedo, te lo voy a dañar». Los Competidores son propensos a envidiar más que a tener celos, los cuales son más civilizados y se enfocan en poseer lo que otra persona tiene o hace, y así se quita toda rivalidad. La envidia, por el otro lado, es competitiva por comparación, enfocándose en lo que poseen los demás y les falta a ellos.

Implacables

Los Competidores raras veces descansan y casi nunca abandonan una cosa. Igual que tenaces perros pit bulls, se mantienen de manera implacable en su persecución. Los Competidores no comprenden que la competencia tiene una forma de quitar lo inocente de toda actividad: deportes, música, aun conversaciones. Perder no es divertido, y en la mayoría de las competencias más de la mitad de los Competidores pierden (teniendo en cuenta la gran cantidad de aspirantes para un solo trabajo). En realidad, en muchos casos, los Competidores «ganan» porque simplemente desgastan a sus oponentes.

Individualistas

Competir significa esforzarse por algo por lo que otros luchan también. Por definición, los Competidores son individualistas. «Yo, contra el mundo», es su lema. Es muy raro que sean jugadores en equipo y ven el apoyarse en otros como una muestra de debilidad. Como robustos individualistas se mantienen con fidelidad a su llamado: Hazlo por la vía fácil; no pidas ayuda.

Legalistas

Conozco a un Competidor que estudió inglés de alta escuela solo para atrapar a la gente cometiendo errores gramaticales. El otro día me telefoneó y me preguntó cómo había estado una importante presentación mía.

—Creo que buena —le repliqué.

—¿Buena? —chilló deleitado.

Confundido le pregunté qué había encontrado tan gracioso.

—¡Buena! Dijiste "buena" en lugar de "bien". ¡Te sorprendí!

A este compañero nada lo hace sentirse mejor que encontrarle a alguien un insignificante error legalista.

Ostentosos

Los Competidores tienden a deleitarse en sus logros, pasados y presentes. Tratan de impresionarlo a uno con lo que han hecho. Cuando llegan a sus habilidades como padres, por ejemplo, no tienen ningún problema en detallarle los logros de sus hijos y decirle cuán grandes son. Esta tipo de ostentación es una manera de decirle que son contendientes y que usted necesita prestar atención a sus habilidades si decide luchar con ellos.

Estrategas

La mayor parte del tiempo, los Competidores no son improvisados. Ellos vienen preparados, han practicado sus movimientos y memorizado sus planes. Igual que los estelares mariscales de campo en el fútbol americano, los Competidores tienen sus libros de juego de donde seleccionan con esmero una estrategia a fin de encontrar el punto débil de sus oponentes y ganar ventaja. Conversé con un estudiante que me contó que siempre trataba de pedirle un favor a su compañero de cuarto justo antes de que se quedara dormido. «Es más agradable cuando está cansado», me dijo, «y mucho más dispuesto a hacer lo que yo quiero».

Intimidantes

¿Recuerda el libro de gran venta *Winning through Intimidation*? [Ganar a través de la intimidación]. El título resume un importante dogma filosófico mantenido por la mayoría de los Competidores. A la caza de cualquier herramienta que les diera una ventaja en su interminable búsqueda de alcanzar la cima, los Competidores a menudo recurren a la intimidación. Al fin y al cabo, como le diría cualquier boxeador profesional, es una forma de mantener a su oponente en guardia. Por lo tanto, los Competidores usarán un comportamiento no verbal, tal como una mirada o postura amenazadora, para decirle quién se lleva el gato al agua.

Castigadores

Los Competidores son perdedores resentidos. Hace poco estaba esperando un vuelo en el aeropuerto de Denver y me llamó la atención un muchacho que tendría unos doce años. Llevaba puesta una camiseta que proclamaba: «Si llegas segundo, eres el primer perdedor». No sé si él comprendía el impacto del mensaje de esa camiseta, pero si fuese así, sin duda habría sido un Competidor en su entrenamiento. Los Competidores desprecian la derrota y culparán todas las cosas posibles por no llegar primeros, incluyéndose ellos mismos. Cuando los Competidores no ganan, no solo pierden el «juego», sino también una parte de ellos mismos. Su propia identidad queda estremecida. Al entrenador de los Dodgers de Brooklyn, Leo Durocher, se le conoce por decir: «Muéstrame un buen perdedor y te mostraré un perdedor».

¿CONOCE A UN COMPETIDOR?

La siguiente prueba quizá le ayude a determinar si está en una relación conflictiva con un Competidor. Identifique a la persona o personas que le vinieron a la mente al leer los párrafos anteriores. Encierre con un círculo la *S* si la afirmación respecto a la persona o personas que tuvo en mente es acertada. Hágalo con la *N* si la afirmación no se ajusta a esa persona o personas.

S   N   Cuando estoy con esta persona, a menudo me parece que trato de impresionarla.

S   N   Esta persona raras veces, si es que alguna, me pide ayuda.

S   N   Esta persona trata con desesperación de subir la escalera del éxito.

S   N   Esta persona puede ser frustrantemente detallista.

S   N   A veces pienso que esta persona se sentiría bien si yo tuviera que sufrir.

S N A menudo esta persona habla de sus logros personales, recientes y pasados.

S N La mayoría está de acuerdo en que esta persona trabaja mucho.

S N Es difícil que esta persona alguna vez se alegre de mis éxitos y cuando lo hace parece falso.

S N A esta persona le encanta cualquier actividad competitiva.

S N A menudo esta persona me señalará pequeños errores que he cometido solo para que sepa que lo ha notado.

S N Tal parece como si nuestra relación tuviera pegado un marcador.

S N Si esta persona no gana, sufre un gran dolor emocional por períodos más grandes que la mayoría de la gente.

S N Esta persona casi nunca demuestra una debilidad.

S N A veces esta persona me agota con solo estar cerca de ella.

S N Tal parece que esta persona disfruta en intimidar a otras.

Puntuación: Total de las *S* que circuló. Si marcó diez o más, con toda seguridad se encuentra en una relación conflictiva con un Competidor.

COMPRENDA A LOS COMPETIDORES

«¿De dónde surgen las guerras y los conflictos entre ustedes?», pregunta el apóstol Santiago. «¿No es precisamente de las pasiones que luchan dentro de ustedes mismos? Desean algo y no lo consiguen» (Santiago 4:1-2). Sin duda, Santiago dio en el clavo para entender a los competidores. *Tienen* que ganar porque quieren algo que nunca consiguen, a fin de aquietar las «pasiones que luchan dentro de ustedes mismos». *Más específicamente:*

los Competidores ganan su sentido de autoestima a través de la competencia. ¿Y quién los puede culpar? Nuestra sociedad a menudo considera que el equivalente de ganar es ser digno.

Existe una isla en los Mares del Sur donde la competencia es inaudita. Por ejemplo, practican un juego en el que un equipo arroja herraduras y consigue una cierta puntuación, pero la parte contraria trata de conseguir la misma cantidad de tiros. Ambas partes continúan arrojando hasta lograr un empate exacto. La meta del juego no es ganar, sino tirar. No hay ganadores, no hay perdedores, solo muchachos felices.

Es sorprendente, pero los esfuerzos cooperativos como este son comunes en muchas sociedades alrededor del mundo, aunque son ajenas a la mayoría de los estadounidenses. De niños aprendemos a ganar (o perder) al competir en juegos como dodgebol, fútbol y jockey. Hasta los juegos de las fiestas tales como las sillas musicales son una brutal competencia, donde un participante gana y todos los demás pierden. En realidad, *participamos en estos juegos porque nuestra cultura valora y alaba la competencia*,

> La única competencia digna de un hombre sabio es consigo mismo.
>
> WASHINGTON ALLSTON

mientras que los habitantes de cierta isla del Pacífico juegan porque su sociedad valora y alaba la cooperación.

Para la mayoría de nosotros, la competencia es un hecho de la vida. Nosotros crecemos oyendo el lema del entrenador de los Green Bay Packers, Vince Lombardi: «Ganar no es cualquier cosa, es la única cosa». En muchos de nuestros trabajos somos contrarios el uno del otro y el éxito de la compañía (sin mencionar el de nuestro país) se le atribuye con frecuencia a este espíritu competitivo. Sin embargo, algunas personas llevan esta actitud competitiva a *todo* lo que hacen, esta es la historia de los Competidores.

La mayoría de nosotros participamos en una pequeña competencia dentro de una arena definida; esto es algo que podemos prender y apagar. Por ejemplo, somos capaces de competir con agresividad en el campo de racquetball en el gimnasio, pero no nos confundimos cuando conducimos de vuelta a casa en la interestatal con la carrera de las 500 millas de Indianápolis. Este no es el caso de los Competidores. Experimentan la competencia como una obsesión que los consume, que es penetrante o los pone fuera de control. Aunque los Competidores se disfrazan como deportistas estadounidenses saludables y entusiastas, su implacable impulso a competir está lejos de ser saludable. ¿Por qué? Porque la competencia siempre involucra una referencia a otros. Si usted gana, alguien pierde. Y a nadie le gusta ser un perdedor. ¡Sobre todo a los Competidores!

Los Competidores son capaces de reducir a los casi siempre competentes y racionales seres humanos en puros montones de agresión, dolor y enojo, a menudo en cuestión de minutos. Esto sucede en numerosas arenas. En el trabajo, los Competidores disputan con agresividad las promociones y la posición social, pasando por encima de otros para conseguir una mirada del jefe. En reuniones sociales y con amigos, los Competidores luchan por la atención, el reconocimiento y el respeto. Quieren que los vean como el invitado más elegante, más atractivo o más inteligente. Sin embargo, las rivalidades más dolorosas de los Competidores están más cercanas a sus hogares. La competencia entre madres e hijas o padres e hijos es un perenne tema para las novelas modernas y los programas de televisión diurnos. Y cuando se trata de hermanos y hermanas, un tercio de los estadounidenses describe sus relaciones entre hermanos como competencias para toda la vida. ¿O nunca ha sido testigo de dos ancianas hermanas sacando a la luz momentos dolorosos de la vida de cada una con asombrosa exactitud, a pesar de que muchos ocurrieron durante la secundaria? ¿O nunca vio a

> Ambicionar el verdadero honor y la real gloria y perfección de nuestra naturaleza es el verdadero principio e incentivo de la virtud; pero ambicionar títulos, puestos, respetos ceremoniales y pompa civil es algo tan vano e insignificante como las cosas que cortejamos.
>
> Philip Sidney

dos hermanos ancianos corriendo por el último pedazo de torta de chocolate durante una reunión familiar, tal como lo hicieron muchas veces en edad escolar? Tal parece que la competencia fraterna deja una marca en la vida de los adultos, afectando la manera en que se relacionan los Competidores con las personas a su alrededor. Ya sea con los amigos, compañeros de trabajo, vecinos o cónyuges, las secuelas de la niñez pueden desencadenar una súbita reacción competitiva en los Competidores.

Tenga en cuenta la historia bíblica de Jacob y Esaú, mellizos en competencia desde el comienzo: «Los niños luchaban dentro de su seno» (Génesis 25:22). El primero en nacer fue Esaú y luego Jacob «agarrado con una mano del talón de Esaú» (versículo 26). Los dos niños crecieron hasta convertirse en hombres de temperamentos diferentes, cada uno eligiendo un distinto modo de vida. Esaú se convirtió en un experto cazador y en el hijo favorito de su padre porque le traía caza del campo. Jacob, por el otro lado, tenía una vida más sedentaria como pastor. Era el favorito de su madre. En una ocasión, Esaú, al volver de una cacería, estaba hambriento y exhausto. Le suplicó a Jacob por algún guiso y lo recibió solo después que Jacob, viendo la debilidad del hermano, le pidió que le diera su primogenitura. Al final, Jacob robó a Esaú la bendición de su padre. Jacob, aun ya adulto, nunca soltó el talón de su hermano.

> Crecemos pequeños tratando de ser grandes.
>
> E. STANLEY JONES

Antes de ir demasiado lejos, es importante darse cuenta que los Competidores no necesariamente *nacen* compitiendo. Los antropólogos informan acerca de muchas otras sociedades en las cuales nuestro estilo de contienda se ve como ofensivo y desatento en exceso. Aun así, por supuesto, los seres humanos tampoco cooperan en forma natural. Lo vemos en dos formas. Los Competidores, según la mayoría de las normas, están haciendo una elección. No pueden culpar a la «naturaleza competitiva» de sus genes. *El origen de un espíritu competitivo de alto octanaje puede rastrearse casi siempre hasta llegar a sentimientos de inseguridad fuertemente enraizados.* Los Competidores temen el fracaso, y debido a este temor, es muy fácil que se sientan amenazados y de ese modo se ven obligados a probarse de continuo su valía.

Los Competidores se encuentran en una posición precaria. *No miden sus logros con su capacidad personal, sino con la capacidad de cualquier otro.* Esto no solo los impulsa a dividir y conquistar, sino a ser superiores. Y esto es peligroso porque socava la sabiduría y la humildad. Abre las puertas a la ambición egoísta. Reflexione en estas palabras del Nuevo Testamento: ¿Quién es sabio y entendido entre ustedes? Que lo demuestre con su buena conducta, mediante obras hechas con la humildad que le da su sabiduría. Pero si ustedes tienen envidias amargas y rivalidades en el corazón, dejen de presumir y de faltar a la verdad. Esa no es la sabiduría que desciende del cielo, sino que es terrenal, puramente humana y diabólica. Porque donde hay envidias y rivalidades, también hay confusión y toda clase de acciones malvadas» (Santiago 3:13-16).

ENFRENTE A LOS COMPETIDORES

¿Qué podemos hacer cuando nos enfrentamos a una relación intensa? ¿Qué hacemos para soportar a los Competidores? A decir verdad, no los va a cambiar. Es más, por mucho que se esfuerce en tratarlo, más competitivos se pondrán. Entonces, ¿no nos queda otra cosa que soportar rivalidades indeseadas? Es difícil. Usted puede hacer varias cosas para evitar que lo arrastren hacia una innecesaria competencia y mejorar sus relaciones con los Competidores.

> Vivan en armonía los unos con los otros; compartan penas y alegrías, practiquen el amor fraternal, sean compasivos y humildes. No devuelvan mal por mal ni insulto por insulto; más bien, bendigan, porque para esto fueron llamados, para heredar una bendición.
>
> I PEDRO 3:8-9

Reconozca a su Competidor interno

¿Disfruta una parte de su interior su rivalidad con los Competidores? ¿Le gusta a una parte de su interior la interrelación de jugar unos con otros? Tanto en el trabajo como en su casa, es probable que participe en alguna competencia seria porque le gusta. A lo mejor no lo quiere admitir, pero la competencia quizá sea lo que mantenga su relación con los Competidores. Laura Tracy, autora de *The Secret Between Us* [El secreto entre nosotros], declara que «las relaciones más intensas y altamente cargadas existen dentro del contexto de la competencia [...] Sin embargo [la competencia] es una conexión que debe mantenerse en secreto, en especial de nosotros mismos». Pocos admitimos que somos competitivos, aunque tengamos pocos problemas en atribuir la competitividad a otros. Si desea crear una mejor relación con los Competidores, deberá antes enfrentar el hecho de que ambos poseen algo en común: la competencia. No tiene que divulgar este secreto; solo necesita admitirlo.

No olvide la motivación de los Competidores

Una vez que ha resuelto cualquier deseo de su parte de mantener una relación competitiva, el próximo paso es recordar por qué los Competidores se comportan así. Recuerde que ellos están cargados de inseguridad. De modo que ganar, desde su punto de vista, es un reflejo de su verdadera identidad. Los Competidores temen perder. Los Competidores son incapaces de separar quiénes son de lo que hacen. Por lo tanto, si pierden, creen que *son* perdedores. Si usted, mientras se relaciona de manera recíproca con los Competidores, mantiene en su mente esta motivación primaria, si recuerda que ellos actúan por inseguridad, se sorprenderá lo fácil que será aceptarlos a ellos y sus juegos. Básicamente llegamos a la empatía. Al ponerse en su lugar, al comprender su perspectiva, será más benigno con ellos a fin de que sean como necesitan ser, y será mucho menos vulnerable a sus esquemas competitivos.

> La única cosa más molesta que un amigo con un viejo automóvil ruidoso es un amigo con uno nuevo silencioso.

Enfrente el mayor mito de la competencia

La mayoría de nosotros estamos convencidos de que jugamos y trabajamos mejor cuando deseamos vencer a alguien. Creemos que la competencia nos lleva a mejorar el rendimiento. Damos por sentado que la competencia brinda la ventaja necesaria para dar la hora o el esfuerzo extra que nos distinguirán. La verdad de la cuestión es que la competencia lleva a un bajo rendimiento. Es cierto. Esforzarse por la superación propia es lo que produce los mejores resultados. Hace años que las investigaciones nos dicen esto. En 1978, investigadores estudiaron a dos grupos de niños, a los que se les pidió que hicieran dibujos «tontos». Un panel de artistas profesionales evaluó los trabajos artísticos y consideró que un grupo era mejor que el otro. ¿Cuál era la diferencia entre ambos grupos? El grupo menos creativo competía por premios.

El mismo patrón surge con los adultos. Por ejemplo, los atletas que prestan atención a sus metas de rendimiento personal tiraron y corrieron mejor que los atletas que solo se concentraron en vencer a sus oponentes. Uno de los descubrimientos más alarmantes proviene de un reciente estudio conducido por Janet Spence, de la Universidad de Texas, en Austin. La Dra. Spence descubrió que los ejecutivos con su mira puesta en su rendimiento ganaron dieciséis por ciento más dinero que quienes estaban motivados por la competencia[1]. Esto parece razonable cuando se tiene en cuenta que los hombres de negocios, cuyas miras están en la competencia, temen más al fracaso, se contentan con solo ganar y, por lo tanto, corren menos riesgos creativos y disfrutan menos de su trabajo. La cosa es que esa motivación interna, como resultado, es un incentivo mucho más eficaz que la competencia.

Controle su cociente cooperativo

El profesor Alfie Kohn, de la Universidad Tufts, autor de *No Contest* [Sin competencia], dice: «"Competencia sana" es una contradicción en términos»[2]. Indica que nunca es constructiva la actitud de: «Yo gano, tú pierdes». Sin embargo, no todos los expertos están de acuerdo. Para la mayoría de las personas, ganar y perder son asuntos de grado y actitud. Ven una diferencia entre la competencia constructiva y la destructiva, entre el juego limpio y los trucos sucios. Recibir el premio al Maestro del Año es una muestra de un buen trabajo. Aun así, en usted no se justifican los sentimientos de complacencia si ganó saboteando a escondidas el esfuerzo de sus colegas. La competencia raras veces hace esta importante distinción. Sin embargo, *usted* puede hacerla. Un punto importante a recordar es que la competencia constructiva permite un lugar para la cooperación. La raíz latina de la palabra competencia, *competere*, significa «esforzarse juntos». Y cuando uno compite con un aliado, no hay perdedores. Usted y su «oponente» están en realidad del mismo lado. Jugando golf, por ejemplo, ambos querrán mejorar su juego y divertirse. Usted ayudará a mantener el mismo paso juntos en vez de emplear sus energías mirando las fallas de su compañero.

> ¿Somos personas que nos manejan e impulsan los vientos de nuestros tiempos, presionados a conformarnos o a competir? ¿O somos personas con un llamado y receptores de la misericordiosa atracción de Cristo cuando Él promete transformarnos?
>
> GORDON MacDONALD

No entre en el juego

Aclaremos esto: Si las personas quieren hacer de cada interacción una contienda, nada los detendrá. Aun así, usted no tiene que ser la víctima ni tiene que participar en la contienda. Simplemente puede negarse a jugar. Almorzando un día con un colega, dije de paso algo acerca de un libro que estaba leyendo. «Ah, yo leí ese libro hace meses en cuanto salió», me respondió, «siempre estoy a la caza de las últimas publicaciones. Adelante, dime un título y te apuesto que lo he leído». Es tonto, pero comencé a romperme la cabeza en busca de recientes publicaciones para demostrarle que estaba equivocado. No me importaba ni jota si hacía un punto al leer los últimos libros publicados. ¡Bien para él! ¿Pero por qué me encontraba yo ahora tratando de probarle que estaba equivocado? Porque montó la trampa y yo tragué la carnada.

Buscaba una competencia y, sin siquiera intentarlo, me transformé en su oponente. Al poco rato me estaba probando si yo había o no leído algún libro de reciente publicación. «Bueno, no he leído este, pero lo compré y leí una reseña de él en el *New York Times*». Me resistía a creer que estas palabras salieron de mi boca. En realidad, trataba de convencerlo de que no era un incapaz cuando se trataba de leer lo que era interesante. Sin embargo, ¡lo ridículo se transformó en absurdo cuando dio a conocer el puntaje! «Cuatro a dos», él estaba en realidad constatando quién había leído más. Si los Competidores tratan de enredarlo en un sutil juego de «mejora esto», puede pararlo diciéndole algo así: «Estoy muy contento que te sientas tan bien de tus logros, pero esta no es una competencia, ¿o me equivoco? Solo quiero mantener una conversación». Este tipo de comentario casi siempre pone punto final a una innecesaria competencia. No obstante, si los Competidores son veteranos y esto no resulta, imponga las reglas: «Esto es lo que voy a hacer y tú puedes hacer lo que quieras. Yo simplemente no quiero entrar en una competencia».

> La oposición enardece al entusiasta, nunca lo transforma.
>
> JOHANN FRIEDRICH VON SCHILLER

Practique una simple economia

Los Competidores con frecuencia formulan preguntas así: ¿Quién lo tiene? ¿Cómo lo consigo? y ¿Por qué lo tienes tú en lugar de tenerlo yo? Participan en lo que la mayoría de los economistas llaman *juegos de suma cero*: Lo que usted gana, la otra persona lo pierde. El principio sostiene que solo hay lo suficiente y que al final se usará y estaremos en cero. Los Competidores actúan basados en este principio. Su envidia los impulsa a perder todo sentido de que hay suficiente para circular. Piensan: «Si tú tienes una pieza mayor, yo tendré una pieza más chica». Sin embargo, tenga en mente que muchas de las mejores cosas de la vida no son escasas. En la mayoría de los hogares, por ejemplo, hay suficiente amor paternal para todos los hijos. Las amistades, las ideas y los intereses se pueden compartir sin que nadie pierda nada. Trate de mantener esta perspectiva equilibrada cuando trate con los Competidores.

Preste atención a sus propias metas

Cuando los mejores en cada profesión hablan sobre sus motivaciones, a menudo se refieren al trabajo en sí, raras veces para sobrepasar a otros. Esto no es igual con los Competidores. Lo que los impulsan es cómo se comparan con la competencia. Esto, por supuesto, deja poco lugar para descansar en la satisfacción de un trabajo bien hecho. Para los Competidores, un trabajo nunca está bien hecho salvo que sobrepase el trabajo de cualquier otro. Y esto es raro. Para evitar esta trampa mortal, fije lo que quiere lograr y luego persiga esa meta. Use «ganar» solamente como un marcador temporal para juzgar su progreso, no como un fin en sí mismo. En otras palabras, no caiga en la trampa de compararse con otros. El final de ese camino no es el éxito, sino solo la envidia y la frustración.

Cuídese de la envidia

La competitividad es un signo de envidia. Cuando los Competidores se lanzan a sus caminos de competencia casi siempre se debe a que usted posee algo que ellos desean. A lo mejor es algo tangible como un cargo, o algo intangible como una cualidad personal: la confianza en sí mismo, por ejemplo. Cualquiera que sea, puede evitar el choque con los Competidores si no balancea delante de ellos lo que envidian como una zanahoria que nunca alcanzarán. Esto enfurece a los Competidores y lo deja a usted preguntándose por qué tratan siempre de ganarle. Siempre que le sea posible, no se pavonee de su éxito y no les muestre sus logros. Se arriesga a no tener ninguna posibilidad de mantener relaciones importantes con Competidores, si ellos se sienten constantemente amenazados por su éxito. Es mejor que se cuide de esto.

Aprecie el poder de los Competidores

De acuerdo, es difícil apreciar siempre a una persona que parece que la criaron, acostumbraron y alimentaros con el concepto de ganar-perder. Sin embargo, la mayoría de los Competidores traen excelentes poderes a cualquier relación. En primer lugar, son personas activas. Los Competidores no están sentados y esperan que las cosas sucedan. Si los desafían en cualquier campo, se esforzarán en tener éxito. Esto puede incluir a su relación. Los que se conocen como Competidores a menudo se esfuerzan con diligencia para mejorar sus relaciones. Los Competidores también son estrategas y pueden idear útiles planes y programas para beneficiar a otros. La clave es conseguir canalizar sus energías competitivas en la dirección adecuada. A muchos Competidores también les gusta divertirse. En sus momentos divertidos, su naturaleza competitiva puede ser un trampolín para alegres bromas y memorables chistes. Acentúe las cualidades positivas de los Competidores de su vida. No permita que las cualidades que lo irritan lo aparten de disfrutar de los Competidores como amigos.

REFERENCIA CRUZADA

Para más información relacionada con los Competidores, véanse estas otras relaciones conflictivas: el Controlador, el Envidioso, el Burro de Carga y la Aplanadora.

EL BURRO DE CARGA

Siempre empuja y nunca está satisfecho

Nadie lo vio venir. Allá por los años de 1950, con la prosperidad en alza y con las máquinas automatizadas marchando en los centros de trabajo, los expertos alertaron acerca de un exceso de tiempo libre. Con computadoras y otros artilugios de conveniencia, los estadounidenses pensaron que se dirigían hacia un tiempo de menos trabajo y más tiempo libre. Hasta los sociólogos fundaron un instituto a fin de prepararse para la peligrosa sobreabundancia de tiempo libre que veían venir.

Los profetas de la fortuna de la sociedad no pudieron equivocarse más. La fuerza laboral de la actualidad trabaja de manera infatigable largas y penosas horas. Durante los últimos quince años, el tiempo libre típico de un adulto se ha reducido cuarenta por ciento, bajando de veintiséis a dieciséis horas a la semana. El adulto promedio invierte ahora cuarenta y siete horas a la semana dentro de su trabajo (muy por encima de las cuarenta horas registradas en 1973). Y cuando se trata de profesionales y dueños de negocios, las cantidades saltan a cincuenta y cinco horas semanales.

El trabajo consume. Nos quejamos de esto. Tratamos de evitarlo. Nos desesperamos por salir de él. Pero solo una pequeña minoría de nosotros dice que no podríamos estar sin nuestros trabajos, no debido a que necesitemos el dinero, sino porque nos gusta nuestro trabajo. El modelo del que trabajaba por el dinero pasó hace décadas. Al nuevo trabajador estadounidense lo motiva la gratificación y la satisfacción, no solo la seguridad. Nuestro deseo de trabajar, sin embargo, ha dejado los fines de semana, el tradicional tiempo para el ocio y la recuperación, para ser llenado con más trabajo: aceptar más tareas y mandados. En realidad, la mayoría de los estadounidenses no se sienten más descansados el domingo por la noche que lo que se sintieron el viernes.

Al trabajar tanto las personas promedio, es difícil imaginarse que algunas trabajan incluso mucho más. Se trata de los Burros de Carga. Y para ellos, el trabajo es algo embriagador. No pueden vivir sin él. Son adictos.

> La ambición es una pasión tan poderosa en el ser humano que, por mucho que alcancemos, nunca estamos satisfechos.
>
> NICOLÁS
> MAQUIAVELO

«Al fin y al cabo, no tengo por qué dejar que la nieve me impida ir al trabajo», dice Kevin. Me estaba mostrando su nuevo vehículo con tracción en las cuatro ruedas. No nieva mucho en Kansas City, pero cuando lo hace, no para nunca. «Yo acostumbraba mantener en la oficina una muda de ropa y me pasaba la noche en un catre cuando el informe meteorológico se ponía malo», me confesó. «Ahora, puedo dormir en mi propia cama y continuar yendo al trabajo en las mañanas nevadas». Ni Dios ni su jefe pedían la intensidad y la cantidad de trabajo que Kevin insistía en hacer. Sin embargo, el trabajo era su vida. Era su diversión. Si iba a nadar por treinta minutos después del trabajo, lo hacía de tal forma para tener luego más energía y volver al trabajo después de la cena. Kevin conducía rápido, comía rápido y raras veces se demoraba en una decisión. Conozco personas que recibían informes de su compañía fechadas el 25 de diciembre porque Kevin estaba en su oficina muchas Navidades, «uno de los días más productivos del calendario». Kevin no estaba disgustado; simplemente era un Burro de Carga. Y me agotaba con solo observarlo.

Si usted trabaja con alguien como Kevin o si vive con un Burro de Carga, no se desespere. Esta relación conflictiva no tiene por qué llevarlo a la muerte.

LA ANATOMÍA DE UN BURRO DE CARGA

En la actualidad, más de veintiséis millones de hombres y mujeres, cerca de un cuarto de la fuerza laboral, ha cambiado parte o el total de sus trabajos de la oficina a su casa. Es una inmigración masiva, a toda velocidad. La fantasía es que la vida va mejor y con mayor control si podemos combinar el hogar y la oficina, el trabajo y la familia. Sin embargo, los investigadores descubrieron pronto que los Burros de Carga hacen bien las cosas en cualquier puesto de trabajo, ya sea en un complejo de oficinas o en un rincón de un tranquilo dormitorio. ¿A qué se parecen los Burros de Carga? Son incansables, trabajadores compulsivos, presumidos, insatisfechos, impacientes, perfeccionistas, inquietos e intimidadores.

Incansables

El *rechinar* de las ruedas es inacabable para los Burros de Carga. Sus motores no paran nunca. Sus máquinas siempre caminan, sus baterías siempre zumban. Aun cuando los Burros de Carga no trabajen en un proyecto, trabajan en un proyecto. Los hostiga, los aguijonea, raras veces los deja solos. Dentro del cuarto de calderas físico del Burro de Carga siempre hay un reducido personal, y este nunca se toma un descanso.

Trabajadores compulsivos

Todos podemos transformarnos en Burros de Carga, pero casi siempre se encuentran en las ocupaciones profesionales. Los profesionales como médicos, maestros, abogados, músicos y programadores de computadoras son en particular propensos a convertirse en Burros de Carga. También lo son los pastores, misioneros y otros líderes cristianos. Al parecer, hasta en la iglesia los pesadamente cargados Burros de Carga no encuentran descanso. Sienten el impulso de hacer más, mucho más, que lo esperado o necesario. Y sus compulsiones se desbordan sobre los demás. Los Burros de Carga se quejan con frecuencia que sus colegas no halan parejo.

Presumidos

Dado que la mayoría de los Burros de Carga son profesionales, basan su vida en experiencias que no tiene la mayoría de las personas. El día entero los médicos y contadores declaran que saben más de ciertos asuntos que los demás. Lo hacen en un lenguaje que a los no profesionales les cuesta trabajo entender y discutir. Mientras los Burros de Carga ascienden por la escalera de los éxitos, aumentan su incuestionable autoridad y sentido del control. Su confianza en sí mismos y una cierta cantidad de vanidad parecen venir mezclados con la turba. Cuando los Burros de Carga llegan a la cima del montón, miran hacia abajo a los demás.

Insatisfechos

Oscar Wilder escribió una vez: «En este mundo hay solo dos tragedias. Una es no lograr lo que uno desea y la otra es lograrlo». Trataba de advertirles a esos guerreros de oficinas que no importa cuánto trabajen para alcanzar el éxito, pues este nunca los va a satisfacer. Y tiene razón. Los Burros de Carga están siempre intentando alcanzar el próximo escalón y, como es raro que estén satisfechos, se pasarán indefinidamente la vida preparándose para vivir.

Impacientes

¿Sabía que, por término medio, la mayoría de nosotros pasaremos cinco años de nuestra vida parados en una fila? Pasaremos dos años tratando de contestar llamadas telefónicas, ocho meses abriendo correo directo y un año buscando objetos perdidos. Bueno, esto será aceptable para la persona promedio, pero no para los Burros de Carga. Estos se encuentran en un loco frenesí por acelerar todas las cosas, a veces haciendo más de una actividad al mismo tiempo, lanzándose a través de semáforos en amarillo y terminando las frases de otros. El Dr. Archibal Hart, mi mentor académico, escribió que «la enfermedad del apuro y su reforzada abundancia de adrenalina es una adicción tan potente y al final tan destructiva como la cocaína o el alcohol».

Perfeccionistas

Los Burros de Carga no pueden quedarse con un simple «bastante bueno». Creen que deben ser padres perfectos, cónyuges perfectos, y trabajadores perfectos. Sus normas son exigentes e irreales, ninguno puede vivir conforme a ellas. Aun así, los Burros de Carga tratan de hacerlo. Son duros con ellos mismos por incurrir en fallas y sufren una tremenda culpa por no ser mejores. En casi todos los proyectos señalarán un pequeño detalle que no está muy bien y declararán que todo es un fracaso.

Inquietos

La mayor felicidad de los Burros de Carga es cuando vuelven a casa. Sin embargo, no se deje engañar. No esperan una fiesta ni un descanso; ya han puesto sus ojos en su siguiente tarea de su interminable lista de cosas pendientes. Hasta cuando los Burros de Carga tienen su tiempo para sí, son inquietos. «Luego de un par de citas», me contó un perturbado hombre de veintitantos años, «Julie comenzó a traer trabajo a nuestras citas nocturnas. No se quedaba quieta y comenzó a dictar notas en una grabadora de bolsillo o llamaba por teléfono a sus socios con el celular cuando podríamos haber disfrutado de la luz de la luna desde el balcón de mi departamento». Los Burros de Carga son eternamente inquietos.

Intimidadores

Bertrand Russell registró en su ensayo «Hombres eminentes que he conocido», que el hombre público más impresionante que alguna vez haya conocido fue el estadista británico William Gladstone, un Burro de Carga sin duda alguna, con el cual una vez estuvo bebiendo vino Oporto después de una cena. En ese momento, Russell tenía diecisiete años y Gladstone ochenta. «Estuvimos sentados en silencio por un largo rato; al final, con su retumbante voz de bajo», escribió Russell, «se dignó en hacer un solo y único comentario: "Es un buen Oporto el que me ha dado, ¿pero por qué me lo dio en un vaso para clarete? [...] Nunca más volví a sentir semejante terror"». Los Burros de Carga tienen una forma de lograr que las personas se sientan de esa manera.

¿CONOCE A UN BURRO DE CARGA?

La siguiente prueba quizá le ayude a determinar si está en una relación conflictiva con un Burro de Carga. Identifique a la persona o personas que le vinieron a la mente al leer los párrafos anteriores. Encierre con un círculo la *S* si la afirmación respecto a la persona o personas que tuvo en mente es acertada. Hágalo con la *N* si la afirmación no se ajusta a esa persona o personas.

S   N   A veces, esta persona se lleva a las vacaciones o a la cama cosas relacionadas con el trabajo (papeles, lectura, computadora portátil).

S   N   Una vez que esta persona comienza un trabajo, no hay más descanso ni paz hasta que lo termina.

S   N   Esta persona necesita constantemente hacer algo.

S   N   Esta persona trabaja mucho durante el día y trae trabajo a casa.

S   N   Esta persona espera perfección de sí misma y de los demás.

S   N   Esta persona tiene pocos amigos con quienes hablar de sus sentimientos.

S   N   Esta persona parece ser incapaz de decir que no al trabajo.

S   N   Esta persona parece ser implacablemente inquieta.

S   N   Muchas personas se sienten amenazadas por la productividad y el estilo de esta persona.

S   N   Esta persona se concentrará en la única insignificancia mal hecha.

S   N   Parece que así como debemos descansar después de un largo y difícil proyecto, esta persona se prepara para comenzar uno nuevo.

S   N   Esta persona trata de hacer varias cosas al mismo tiempo.

S   N   A veces me da la impresión que esta persona mira de arriba abajo a los demás y los ve menos competentes que ella.

S   N   Esta persona es extremadamente consciente del tiempo.

S   N   A veces me preocupo por la salud física y emocional de esta persona.

Puntuación: Total de las *S* que circuló. Si marcó diez o más, con toda seguridad se encuentra en una relación conflictiva con un Burro de Carga.

COMPRENDA A LOS BURROS DE CARGA

La mayoría del tiempo, mi trabajo en el consultorio se realiza a través de semanas, cuando no de meses. No así con Robert y Teresa, una pareja que pidieron una cita hace cerca de un año. Llamaron para una única cita, un «control de realidad», como lo llamó Robert. Querían una rápida evaluación de su relación, eso era todo. Yo no me comprometí a nada, pero acepté verlos.

Pronto supe que la idea de la cita había sido de Teresa y no hacía falta ser Freud para imaginarse que Robert era muy ambivalente. Teresa, abogada de una empresa, me contó que cuando Robert, un abogado colega, comenzó a cortejarla, sus cancelaciones de último momento eran rutinarias. «Por mucho tiempo no me preocupé al respecto», me dijo Teresa. «Ambos éramos socios en nuestras respectivas empresas, así que entendíamos cuándo se presentaban emergencias. La abogacía es una profesión absorbente». Sin embargo, poco a poco Teresa comenzó a darse cuenta que mientras ella hacía un esfuerzo en apartar valioso tiempo para estar con Robert, él no le daba la misma consideración.

De modo que Teresa no era el problema, el problema era que Robert no podía estar sin trabajar. Por un corto tiempo hablamos sobre su impulso y su obsesión por el trabajo, y Teresa

El burro de carga

se dio cuenta rápidamente que su relación no iba a ninguna parte. Ambos parecían algo aliviados de haber traído esto a la luz, algo que ambos sabían, al menos de manera incons- ciente, antes de pisar mi oficina. Es más, el comentario final de Teresa mientras salían fue más bien corto: «Creo que me están sus- tituyendo por un montón de cartas legales».

Tenía razón. Cuando hice unas anota- ciones clínicas, me pregunté por qué este joven profesional puso su trabajo por enci- ma de una mujer atractiva e inteligente. Me

> La ambición es una lujuria que nunca se sacia, pero se vuelve más ardiente y enloquecedora cuando se disfruta.
>
> THOMAS OTWAY

di cuenta que la respuesta era muy sencilla: Robert, un Burro de Carga, ponía en un segundo plano todo lo que no era su trabajo. El trabajo precedía hasta a las relaciones. ¿Qué lo hacía así?

Apuntalar a los Burros de Carga es un sentimiento de inferiori- dad. En muchos casos, los Burros de Carga se criaron en hogares donde los padres establecían normas elevadas y eran a veces estrictos o críticos. Es probable que durante su infancia, estos Burros de Carga cambiaran su autoestima con esto y aprendie- ron a verse condicionados. O sea, aprendieron que solo podían estar bien con ellos mismos si lograban el éxito y eran perfectos.

Como resultado de su precario sentimiento de autoestima, los Burros de Carga comenzaron a considerar equivalente lo que eran con lo que hacían. Y con cada triunfo (cursar bien los grados, graduarse cerca del tope de la clase, conseguir un buen trabajo, conseguir un ascenso), los Burros de Carga se sienten algo mejor, algo más esperanzados, aunque sea por un momento. Es lamentable, pero sus éxitos refuerzan el falso sentimiento que el éxito es la medida para cualquier cosa, inclusive el valor de una persona. La vida de los Burros de Carga se convierte en una hoja de balance de mérito y recompensa. Y al final se quedan pregun- tándose por el resultado. A lo mejor logran sus sueños, hasta consigan excederlos, pero siempre se preguntarán: «¿Esto es todo?».

Año tras año observo el paso por mi clase de los estudiantes de la universidad, sabiendo que todos van en busca de una formación universitaria no porque profundiza sus almas y expande sus mentes, sino porque aumenta su poder de ganar dinero. Temo por su futuro porque aprenderán a poner en un mismo nivel su valor y su rendimiento.

Varios autores han escrito acerca del «fenómeno del impostor» en el que muchas personas de éxito sienten que sus logros son inmerecidos, y que algún día la gente los desenmascarará por el engaño que representan. *Con todos los adornos de éxito exteriores, los Burros de Carga se sienten vacíos en su interior.* Nunca pueden descansar ni disfrutar sus logros. Necesitan un nuevo éxito tras otro para sentirse bien y para aquietar la voz interna que sigue diciendo: «Si los demás te conocieran como yo, sabrían que eres un farsante».

> La mayoría de las personas triunfaría en las cosas pequeñas si no le preocupara tanto las grandes ambiciones.
>
> HENRY WADSWORTH LONGFELLOW

Para la mayoría de la gente, el trabajo es un medio para un fin, pero para los Burros de Carga es un fin en sí mismo. «Satisfaciendo las necesidades materiales de mi familia» o «Haciendo la obra de Dios» se convierten en razonamientos para su adicción a empujar, empujar y empujar. Es cierto. La mayoría de los Burros de Carga niegan su implacable deseo de empujar y defienden sus hábitos de trabajo como «normales» o aun como «un compromiso con la excelencia». De todos los Burros de Carga que conozco, ninguno admitiría libremente que el reconocimiento de sus logros (títulos, honores, grados) o un decadente sentimiento de autoestima representaron un papel decisivo en la estimulación de su ética de trabajo. Si les pide que expliquen los motivos para trabajar de manera tan denodada, verá que curiosamente parecerán no estar preparados para semejante pregunta. Su primera respuesta quizá sea que nunca pensaron mucho en esto. Sin embargo, muy en lo profundo, saben que la fuerza principal en su vida es su anhelo de aprobación y reconocimiento.

El burro de carga

Cuando me preparaba como médico psicólogo, un muy reconocido y respetado pensador científico dio una impetuosa conferencia acerca de la «etiología de la esquizofrenia» para los internos de hospital. No recuerdo mucho de la conferencia, pero nunca olvidaré lo que dijo ya casi al final de sus comentarios. Apagó el proyector, se inclinó hacia delante sobre el podio y efectuó una sorprendente declaración a los jóvenes estudiantes que llenaban el pequeño auditorio: «Me han pedido que les hablara acerca de mis últimos descubrimientos y así lo he hecho. Ahora permítanme decirles, jóvenes médicos, lo que yo hubiera deseado que alguien me dijera cuando estaba sentado donde lo están ustedes ahora. Durante el curso de sus carreras se evitarán frustraciones innecesarias si se preguntan por qué hacen lo que están haciendo. Por más de treinta años he luchado y procuré causar una buena impresión en mi campo, y algunos dirán que lo he hecho». En la sala había un silencio sepulcral. «Pero solo hace poco he aprendido que no puedo medir mi autoestima por la cantidad de artículos que he publicado ni por las personas que aplauden mis descubrimientos». Eso fue todo. Recogió sus notas y se sentó. Nosotros estábamos aturdidos. Pasó tiempo para que su mensaje llegara, pero no se podía negar que había tocado un nervio sensible de este grupo de estudiantes muy motivados.

> Vengan a mí todos ustedes que están cansados y agobiados, y yo les daré descanso [...] Porque mi yugo es suave y mi carga es liviana.
>
> MATEO 11:28, 30

ENFRENTE A LOS BURROS DE CARGA

Una empresa de Nueva York anunció el desarrollo de un reloj que nos mantendría activos. Posee una alarma que toca música placentera para recordar a su dueño periódicamente que el tiempo está pasando. Pero, si cuando termina la música el dueño no reajusta el reloj ni responde de cierta manera, suena una segunda alarma con una voz grabada que dice: «¡Por favor, apúrese! ¡Por favor, apúrese!». Por supuesto que los Burros de Carga no necesitan nunca un artilugio espantoso como ese. Y es probable que usted tampoco. El simple hecho de trabajar o vivir con Burros de Carga es suficiente para infundir ansiedad y enfermizo apuro en la mayoría de nosotros. ¿Qué podemos hacer?

Por suerte existen varias cosas que puede hacer para manejar las conflictivas relaciones con Burros de Carga.

Enfrente al Burro de Carga interno

Charlie solía ponerme nervioso porque imponía plazos que él mismo se había impuesto imposibles de cumplir para los proyectos, y luego esperaba de todos los participantes que empujaran implacablemente igual que él para cumplirlos. Me costó un tiempo, pero al final me di cuenta que Charlie me irritaba porque yo a menudo hacía lo mismo. A otro compañero de trabajo le tocó señalármelo, pero cuando lo hizo, de repente tuve una mayor paciencia con Charlie. Seguro, en muchas maneras él es más Burro de Carga que yo, pero el simple hecho de darme cuenta que yo era capaz de caminar en sus caminos de alto octanaje bastó para ayudarme a tomar la importante determinación de aceptarlo como Burro de Carga y no permitirle que me alterara. El problema es que muchos de nosotros poseemos la tendencia de conducir con mano fuerte y trabajar con impaciencia. Una vez que enfrentemos este hecho, haremos lugar para una útil dosis de empatía, y este es un paso crítico para soportar a los Burros de Carga.

> Quizá la recompensa del espíritu que intenta no es la meta, sino el ejercicio.
>
> E.V. COOKE

Manténgase mientras pueda y deténgase cuando no sea así

Relacionarse con Burros de Carga es como andar en bicicleta, si no pedalea hacia delante, se cae. Debido a que la adicción al trabajo está tan profundamente arraigada en los Burros de Carga, a veces lo más fácil es ir con la corriente, manteniéndose cuando puede, pero apartándose del camino cuando no sea así. En otras palabras, cuando haya alcanzado su límite y los Burros de Carga sigan empujándolo para que haga más, fije sus límites: «He hecho todo lo posible para ese proyecto», puede decir. «Si quiere algo más para esto, deberá buscar en otra parte, estoy agotado». Tenga la libertad para dar un paso atrás y dejarlo ir. No trate de mantenerse cuando está exhausto. Solo causará exasperación al Burro de Carga y a usted mismo. Aparte de eso, si su trabajo está hecho, continuar ocupado no lo hará más productivo. Recordé esto en un reciente viaje a París, donde descubrí a un francés diciendo algo que había perdurado desde los días de la caballería: «En la duda, ¡galopee!». La idea es que cuanto más activo esté, mejores resultados obtendrá. Por supuesto que esto es un mito, uno que usan los Burros de Carga para vivir. Se creen que cuanto más esforza-damente trabajen, más consiguen hacer. Robert Pearse, de la Universidad de Boston ha llamado esto el «síndrome de los bal-des de sudor». No puede aceptarse una relación directa entre trabajo esforzado y posibles logros. El adagio: «Trabaja con inte-ligencia, no con tanto esfuerzo» tiene sus raíces en el reconoci-miento de este sofisma. A decir verdad, he conocido gente que trabajaba para los Burros de Carga y lograban más que ellos en la mitad del tiempo.

> Los hombres se cansan buscando descanso.
>
> LAURENCE STERNE

Recuerde que no es malo ser humano

Las altas expectativas y el implacable impulso de los Burros de Carga dejan poco margen para un error. El Dr. David Burns, un psiquiatra de Filadelfia, habla de personas «cuyas normas iban mucho más allá del alcance de la razón»[1]. Se esforzaban de manera compulsiva e infatigable hacia metas imposibles y espe-raban a menudo que los demás hicieran lo mismo. Sin embargo, no se deje engañar por la mentira que dice que usted debe ser perfecto. Quienes lo hacen se enfrentan con un escenario de perdedores. ¿Por qué? Porque cuando fracase (y lo hará), pensará: «Qué tonto soy; no puedo hacer nada bien». En vez de eso, per-mítase ser imperfecto, ser humano. Tengo un amigo al que le gusta la comida marroquí, y una de las cosas que he aprendido de Scott para comer en esos restaurantes es que los marroquíes tienen una tremenda manera de recordar que son humanos. Se rodean de magníficas y grandes alfombras, hechas de manera artesanal, con singulares y especiales diseños. ¡Pero cada una de estas alfombras contiene un error intencional! A propósito, los artistas entretejen imperfecciones en estas finas alfombras para que les recuerde que nadie es perfecto. Es más, creen que hasta el intento de ser perfecto es una blasfemia. Los errores entretejidos en los diseños de las alfombras les recuerdan que los humanos son solo humanos, y que únicamente Dios es Dios. Este es un gran recordatorio para cualquiera que trabaje o viva con esforzados Burros de Carga.

Diviértase, aun cuando los Burros de Carga no lo hagan

Los Burros de Carga tienen una manera de quitarle la diversión a cualquier actividad, inclusive a las vacaciones. Lo que debería ser una ocasión placentera, ir a un parque de diversiones, por ejemplo, se torna una tarea a ser conquistada. Conozco a un Burro de Carga que lleva a su familia a Disneylandia todos los años el día que se supone que haya menos concurrencia. Tiene una estrategia para ir a cada diversión con eficiencia y un plan preciso para cada momento. Muchísima espontaneidad. Es el único tipo que conozco que puede transformar el «lugar más feliz de la tierra» en un día de oficina. Bueno, si conoce o vive con Burros de Carga como este, no permita que le roben su diversión. Tome la decisión de divertirse a pesar de su organización. Aprenda a reírse de ellos, aunque solo sea en secreto. Diversas compañías están tratando de ayudar a los Burros de Carga para que descansen. Por ejemplo, la compañía de helados Ben & Jerry tiene un Comité de Diversión constante. Su meta es ayudar a los empleados a tener más diversión. Instituyeron el anual «Día Anual de Vestirse Mal», todo con combinaciones de manta escocesa, lana y poliéster. Durante el tiempo de mayor trabajo en el verano, esta compañía de helados contrata masajistas para disminuir la tensión. Odetics, una compañía de alta tecnología en robótica de Anaheim, California, patrocina concursos de hula-hoop, competencia de chicles de globo y meterse a la fuerza y sin orden en cabinas telefónicas. Los autores de *The Hundred Best Companies to Work for in America* [Las cien mejores compañías para trabajar en Estados Unidos] dan docenas de ejemplos de juegos y diversiones en muchas de las compañías que hoy marchan a la cabeza. El asunto es que si trabaja con un tipo serio, no tiene por qué ser como él. Diviértase un poco.

> Para los Burros de Carga, la felicidad es un espejismo que retrocede a medida que se acercan más a su meta.

Escuche con un tercer oído

Para muchos Burros de Carga, el trabajo se vuelve una anestesia para el dolor emocional. Y a veces sirve como una barrera a fin de mantenerse alejados de otros y evitar tener que tratar con sinceridad sus relaciones. Este es quizá el lado más triste de ser un Burro de Carga. Sin embargo, usted puede ayudar a que la anestesia emocional se disipe y a abrir un espíritu oculto, si aprende la simple habilidad de escuchar reflexionando. Es tan simple que puede comenzar a practicarlo hoy. La idea es escuchar no solamente las palabras de los Burros de Carga, sino también los sentimientos que yacen debajo de esas palabras. Por ejemplo, si una persona dice: «Las personas no están siguiendo las tareas que se les ha dado», una tendencia natural es la de tratar de resolver el problema. Sin embargo, el escuchar con reflexión pondrá a un lado la solución del problema, se concentrará en los sentimientos detrás de esas palabras y dirá algo así: «Tal parece que se siente disgustado con sus colegas». Una simple reflexión como esa le comunicará a los Burros de Carga que usted está escuchando a un nivel más profundo en un intento por comprenderlos. Y cuanto más utilice esta manera de escucharlos, más seguro será para los Burros de Carga, y es muy probable que se vuelvan vulnerables. Pocas cosas pueden ayudarle más en sus relaciones con Burros de Carga que escuchar, no sus palabras, sino sus sentimientos debajo de sus palabras. Escuchar con reflexión es como un bálsamo para ese espíritu apurado. Ayuda a que la gente se tranquilice y se ponga al final en contacto con lo que los está impulsando a empujar con tanta dureza. Proverbios dice: «Es necio y vergonzoso responder antes de escuchar» (Proverbios 18:13). Y el Nuevo Testamento pide que «todos deben estar listos para escuchar, y ser lentos para hablar y para enojarse» (Santiago 1:19). Cuando se trata de Burros de Carga, este es un sano consejo.

Otorgue el regalo de la gracia

La ética del éxito de los Burros de Carga lleva un rumbo de colisión con el evangelio de la gracia. Cristo no vino a salvar a los que podían triunfar por su propio esfuerzo. Vino a salvar a los pobres, los ciegos y desnudos. El evangelio no dice ni una palabra acerca de recompensar lo recompensable. Trata acerca de dar vida a los perdidos y a los muertos. Y acerca de un reino cuyas prioridades están invertidas: El último será primero y aquellos que pierdan sus vidas las hallarán. Los Burros de Carga han perdido de vista la gracia de Dios. Aun como cristianos, los Burros de Carga luchan para aceptar el libre regalo de la gracia de Dios. Sienten que deben trabajar para lograr la gracia de Dios, para probar a alguien que son dignos. Hace poco leí acerca de un estudiante universitario que trató de enterrar la basura en el patio de una casa de alquiler en vez de pagar por el servicio de recolección de residuos. Lo que no sabía este estudiante, sin embargo, era que ese servicio era gratis en la ciudad canadiense donde residía. En forma similar, los Burros de Carga tratan de deshacerse de la basura de sus vidas. Trabajan febrilmente para ocultar lo que desean eliminar, es decir, sus sentimientos de incompetencia y represión propia. Lo que les cuesta darse cuenta es que Dios ofrece «servicio gratis de recolección de residuos» para cualquiera en su reino.

Aclare la búsqueda

Muchas veces los Burros de Carga perderán de vista su destino. Quedan atrapados en la urgencia de su ocupación y productividad y fallan en percibir las señales que les dicen que ya llegaron. En cierta ocasión un pastor le preguntó a un prominente miembro de su congregación:

—Siempre que lo veo está apurado. Dígame, ¿adónde corre todo el tiempo?

—Corro tras el éxito. Corro tras la satisfacción. Corro tras la recompensa de todo mi esfuerzo —le contestó el hombre.

—Esta es una buena respuesta si supone que todas esas bendiciones se encuentran en algún lugar delante de usted y que si corre lo bastante rápido las alcanzará —le respondió el pastor—. ¿Pero no sería posible que aquellas bendiciones se encuentren detrás de usted y que cuanto más fuerte corra, más difícil les será a ellas encontrarlo?

¿No será posible, en verdad, que Dios tiene toda clase de hermosos regalos para los Burros de Carga, buena comida y espectaculares puestas de sol y flores brotando en primavera y hojas cayendo en otoño, pero en su búsqueda de la felicidad, los Burros de Carga están en un movimiento tan constante que Dios no los puede encontrar en casa para entregarles los regalos? Las Escrituras dicen: «¿Y por qué se preocupan por la ropa? Observen cómo crecen los lirios del campo. No trabajan ni hilan; sin embargo, les digo que ni siquiera Salomón, con todo su esplendor, se vestía como uno de ellos» (Mateo 6:28-29). Y Pablo recuerda a los Burros de Carga espirituales que: «Porque por gracia ustedes han sido salvados mediante la fe; esto no procede de ustedes, sino que es el regalo de Dios, no por obras, para que nadie se jacte» (Efesios 2:8-9).

> No te dejes impresionar por su apariencia ni por su estatura, pues yo lo he rechazado. La gente se fija en las apariencias, pero yo me fijo en el corazón.
>
> 1 SAMUEL 16:7

Enfóquese en la familia

En su útil libro *Ponga orden en su mundo interior*, el pastor y autor Gordon MacDonald escribe: «Una persona con impulsos casi siempre queda atrapada en la incontrolable búsqueda de expansión [...] teniendo raras veces tiempo de apreciar sus logros diarios. Por lo general, están demasiado ocupados para la búsqueda de las relaciones normales del matrimonio, la familia o las amistades [...] sin hablar de una con Dios»[2]. La naturaleza compulsiva de los Burros de Carga puede ser altamente destructiva para cualquier relación. Considere su vida hogareña. El cónyuge y los hijos de los Burros de Carga tienden a volverse iracundos, frustrados y deprimidos debido a que se sienten rechazados y faltos de amor. Quizá hasta los hijos asuman comportamientos perjudiciales tales como el abuso de drogas, relaciones sexuales o hasta el suicidio, en un esfuerzo por llamar la atención de los Burros de Carga. Por supuesto que ellos no se dan cuenta porque sienten que están proveyendo a sus hijos con «todo lo que ellos desean». Todo, eso es, excepto los Burros de Carga mismos. Si vive con Burros de Carga, no les permita que paguen el precio de una familia rota. No guarde silencio. Levante un espejo. Haga que ellos se vean y lo que su adicción al trabajo está haciendo en usted y los niños. Sea amable, pero terminante. Y sugiérale a los Burros de Carga maneras de pasar en su casa más tiempo de momentos especiales (esto significa sin estar al teléfono, usar el fax o estar sentado frente a la computadora).

Examine su propio sueño

En *Seasons of a Man's Life* [Etapas en la vida del hombre], el doctor en psicología Daniel Levinson ve la adultez media como la oportunidad de renunciar a la «tiranía del Sueño» y tener éxito en términos más realistas. Escribió: «Cuando un hombre deja de sentir que debe ser notable, está más libre de ser él mismo y trabajar acorde a sus propios deseos y talentos»[3]. Esta es una lección que todos los Burros de Carga necesitan aprender. Es lamentable, pero hay poco que pueda hacer para ayudarles a que lo aprendan. Es una de las lecciones de la vida para apoderarse de ella, no para enseñarse.

Sin embargo, puede examinar sus propios sueños ante los Burros de Carga, con la posibilidad de que algunos de los beneficios de su propio examen hagan efecto. Por supuesto, esto está destinado al fracaso salvo que usted sea sincero. Aun así, el genuino examen de su alma le puede dar a los Burros de Carga una idea nueva. Una de las mejores maneras de efectuarlo es pedirles su sabiduría y comentarios durante el proceso. Quizá con una taza de café en la mano, dígales la visión que tuvo cuando era joven, cómo soñó en ser alguien especial. Tal vez este sueño se lo implantaron los padres o maestros, o a lo mejor es el resultado de su propia imaginación. Hable acerca de cómo esperaba el reconocimiento de su trabajo, que su matrimonio iba a ser perfecto y que sus hijos serían ejemplares. Luego, hable acerca de cómo aprendió lo que la investigación comprobó: Que nunca será feliz hasta que no termine de medir los logros de su vida real con sus sueños. Si puede entablar este tipo de conversación y pedirle con sinceridad sus comentarios, habrá desencadenado también una pregunta interna en los Burros de Carga.

Muestre una actitud de gratitud

El éxito profesional aumenta el peligro de apoyarse en su propia experiencia e ingenuidad. Nos olvidamos que cualquier favor que se nos ha otorgado, cualquier gran acontecimiento, proviene más de la mano de Dios que de nuestros propios esfuerzos. Por último, cualquier cosa que hagamos solo es posible por los dones que Él nos dio antes. «En el cielo», escribió Robert Farrar Capon, «hay [...] sin duda, tipos de éxito que, a fuerza de su propia integridad, los aceptaron en el gran club de campo en el cielo. Solo hay fracasados, solo los que aceptaron la muerte de sus pecados y que los levantara el Rey que murió para que ellos vivieran». Esto es algo que los Burros de Carga suelen olvidar. Y aunque usted no puede recordarles esto a los Burros de Carga de su vida, puede darles el ejemplo. Exprese su gratitud por los dones del Señor. Reconozca sus afortunadas circunstancias. Al hacerlo así, los Burros de Carga verán que no se apoya en sus propios esfuerzos para triunfar. Observándolo a usted, desearán unírsele.

Construya una red de seguridad

No todos los que pasan largas horas en su trabajo son adictos a él. Algunas personas están inspiradas y llenas de energía por lo que hacen para vivir, y su sentimiento de bienestar y satisfacción es una prueba que no participan en una actividad que los destruye. Sin embargo, para otros, el diagnóstico quizá sea muy diferente. Cualquier tipo de Burro de Carga puede ser difícil de tratar, pero este último quizá necesite protección. Son las abejas obreras cuyos cuerpos están en rebelión. Sus largas horas de trabajo, noches de insomnio y régimen deficiente han impulsado a sus cuerpos a reaccionar. Se sienten fatigados, pero no pueden descansar. Su sueño es intermitente y a menudo se despiertan con trabajo en la mente. Peor aun, se levantan de la cama a medianoche y se enfrascan en los papeles del trabajo que trajeron a casa. Dolores de cabeza frecuentes, dolores de estómago, dolores de espalda y úlceras son banderas rojas que señalan patrones de trabajo destructivos. Si los Burros de Carga de su vida caen dentro de esta categoría, están en camino a la ruina. «Creo que en la mente comienza la enfermedad del corazón de muchas personas», dijo el cardiólogo Dean Ornish. Debe saberlo. Durante los últimos años, este médico de la Universidad de California ha estado tratando de desobstruir las arterias de enfermos del corazón haciendo cambios radicales en sus estilos de vida. Los Burros de Carga que trató se les conocen como personalidad tipo A. Son susceptibles a enfermedades coronarias y necesitan ayuda. Si esto se parece a los Burros de Carga que conoce, anímelos a buscar ayuda médica profesional.

> Una vida pasada en labor constante es una vida malgastada, salva al hombre de la locura de considerar una extravagante nota necrológica como una gran recompensa.
>
> GEORGE JEAN NATHAN

Mantenga vivas las esperanzas

Si está desalentado, anímese. Existe una esperanza para los Burros de Carga. Tenga en cuenta este conocido pasaje de las epístolas de Pablo: «Sin embargo, todo aquello que para mí era ganancia, ahora lo considero pérdida por causa de Cristo» (Filipenses 3:7). ¿De qué estaba escribiendo Pablo? Sin duda que él no era un Burro de Carga, ¿verdad? Creo que quizá lo fue en sus primeros años. Se describió como «fariseo de fariseos». Esto es como decir que era «doctor de doctores» o «abogado de abogados» o un «predicador de predicadores», que se destacaba entre los que eran fariseos. Detallaba todas sus credenciales con orgullo. Satisfizo cada una de las tradiciones que se esperaban de los fariseos: lo circuncidaron cuando tenía ocho días de nacido; nació en el seno de una familia de pureza judía, de la tribu de Benjamín; observó estricta obediencia a cada ley y costumbres judías (Filipenses 3:4-6). Pablo, en su antigua vida, fue un fanático, definitivamente un triunfador.

Sin embargo, el fariseo Saulo se convirtió en el camino a Damasco y esa experiencia cambió su vida. Hasta cambió su nombre: Saulo, el fariseo, se transformó en Pablo, el misionero. El perseguidor era ahora el que proclamaba las buenas nuevas. Seguía siendo un hombre apasionado, y seguía siendo impulsivo. Fue su impulso lo que lo movió a fundar iglesias a través del Asia Menor y de expandir el movimiento cristiano. Aun así, la diferencia era esta: Pablo tenía un equilibrio mayor y un nuevo propósito para confiar y glorificar a Dios, no a sí mismo. Una decisión fundamental alteró su vida: «Sin embargo, todo aquello que para mí era ganancia, ahora lo considero pérdida por causa de Cristo. Es más, todo lo considero pérdida por razón del incomparable valor de conocer a Cristo Jesús, mi Señor. Por él lo he perdido todo, y lo tengo por estiércol, a fin de ganar a Cristo» (Filipenses 3:7-8).

REFERENCIA CRUZADA

Para más información relacionada con los Burros de Carga, véanse estas otras relaciones conflictivas: el Competidor, la Aplanadora y el Controlador.

15

LA COQUETA

Hace insinuaciones, que pueden rayar en el acoso

Usted y su esposo vienen de regreso a casa de una cena, cuando él menciona a esa mujer.

—La esposa de no sé quién, con la bonita sonrisa —es la manera en que la describe. Como si usted necesitara una descripción.

—¿Te refieres a esa que se pasó coqueteando con cada hombre de la fiesta? —es lo que usted dice.

—¿Coqueteando? —dice él con ingenuo asombro—. ¿Qué quieres decir con *coqueteando*?

Es en este momento que usted dice:

—No puedes estar hablando en serio. No lo entiendes, ¿no es así? ¿Me estás diciendo que ni siquiera lo has visto?

—¿Ver qué? —dice él.

—Verla a *ella*. ¿No te diste cuenta cómo alargó el brazo para tocarte la muñeca y puntualizar cada comentario tonto que hacía? ¿No te diste cuenta que te miraba cada vez que abrías la boca como si fueras el hijo de John Kennedy? ¿No te diste cuenta que hizo contigo lo que quiso? ¿No te diste cuenta que es una coqueta?

Usted tampoco se había dado cuenta que estaba gritando. Cuando están en casa y se hace una taza de té, su esposo le da un apretón en las espaldas y le pregunta si está bien. Usted se siente algo ridícula. Quizá exageró su reacción. Tal vez se trataba de una mujer simpática sin motivos ocultos e interpretó mal las señales. Entonces suena el teléfono. Es Wendy, una amiga que estuvo en la misma fiesta.

«¿Qué te pareció la mujer de esta noche?», pregunta. Solo entonces se confirman sus sospechas. Es una Coqueta.

El coqueteo, ese juego amoroso y conducta que por tradición comienza una relación de noviazgo, puede ser del todo desconcertante cuando se manifiesta en cualquier otra parte. Cuando una mujer coquetea con su esposo, aun con inocencia, es una amenaza, no un cumplido. La Coqueta no tiene derecho de jugar con su cónyuge, aun si ella al parecer no es consciente de su conducta.

Sin embargo, esto no les importa a las personas Coquetas. Sonríen demasiado y se acercan mucho. No respetan los límites ni saben cuándo volverse atrás. Ven al sexo opuesto como un trofeo.

> La adulación es un tipo de mala moneda, a la cual nuestra vanidad le da curso.
>
> FRANÇOIS DE LA ROCHEFOUCAULD

Aun así, el coqueteo femenino no está solo. ¡Qué va! Los hombres también pueden practicar la coquetería. Y, muy a menudo, la conducta del Coqueto es mucho más indecorosa. Es más evidente y puede llegar al borde del acoso.

Nita Heckendorn es una de las raras mujeres que quebraron «el techo de cristal», que bloquea a las ejecutivas de alcanzar los niveles tope de las empresas estadounidenses. Desde el día en el que se integró a la National Medical Enterprises, se movió con rapidez a través de las categorías dominadas por los hombres. A los cuarenta y siete años de edad, Heckendorn se había desempeñado tan bien en su papel de planificadora estratégica que la ascendieron a vicepresidenta ejecutiva y estaba a cargo de más de cuarenta y ocho mil empleados y un presupuesto de tres mil millones ochocientos mil dólares. A los cincuenta fijó su mira en el último gran escalón: absorbió de modo agresivo el puesto de jefe ejecutivo.

Nunca debió haber sucedido. Heckendorn se encontró con una barrera de alto nivel de acoso sexual. Los directores repetidas veces la llamaban «bebé» y uno hasta la invitó a sentarse sobre su regazo durante una reunión de la junta.

¿Fue ese comportamiento un inocente coqueteo o acoso sexual? Los tribunales lo decidirán. Del mismo modo que lo hicieron en un caso que involucró a la mayor firma de abogados de la nación. Hace poco condenaron a Baker & McKenzie a pagar siete millones cien mil dólares por daños a una secretaria que soportó el repetido manoseo de un socio antiguo. Es probable que la sentencia, que se cree fue la más alta jamás pagada por un caso de acoso sexual individual, no hubiera existido antes de la era de Clarence Thomas y Anita Hill. Sin embargo, desde que el sensacional testimonio de 1991 del Senado, en el cual toda la nación observó a Thomas rechazando cargos de haber acosado sexualmente a su subordinada, el centro de trabajo estadounidense se parecía a un club de estudiantes en orden de batalla luchando por discernir los límites entre civilidad sexual y comportamiento salaz.

Todos lo saben ahora: Lo que algunos hombres consideran inocentes coqueteos, la mayoría de las mujeres lo consideran acoso. Por supuesto que las mujeres siempre lo experimentaron. Pero ahora lo sabemos por un hecho. De acuerdo con un reciente estudio de la Universidad de Bucknell, el coqueteo en los hombres es una actividad más seria. Hay más ego en juego. Se transforma en una suerte de conquista. Por otro lado, para las mujeres, el coqueteo es más una actividad placentera. Es un fin en sí mismo, más que un medio para un fin.

Ya sea que la persona sea masculina o femenina, una relación conflictiva con una persona Coqueta está llena de mensajes mixtos y malas interpretaciones.

LA ANATOMÍA DE UNA COQUETA

Ya sea que las personas Coquetas que conoce estén hipnotizando a su cónyuge o aun la acosen a usted en el trabajo, poseen varias características en común: astutos, vanidosos, buscador de atención, solitarios, seductores, hambrientos de poder y oportunistas.

Astutos

J.P. Bolduc era como cualquier otra persona Coqueta antes que perdiera su trabajo. Como jefe ejecutivo de una gran compañía química, se destacaba por engañar «artísticamente» a las mujeres, llevándolas a posiciones incómodas. Saludaba a las colegas que casi no conocía, por ejemplo, exponiéndolas a un involuntario abrazo cuando ellas se movían para darle la mano[1]. Muchas personas Coquetas poseen su propio sistema secreto para conseguir lo que desean.

Vanidosos

Tan increíble como quizá parezca, las personas Coquetas ven su comportamiento amigable como algo propio del cual uno tiene que estar agradecido. Se preocupan con frecuencia por su apariencia y se absorben en su propia imagen. ¿Recuerda a Sam Malone en el exitoso programa televisivo *Cheers*? Era la consumada persona Coqueta, con orgullo de sí mismo y desconcertado cuando una mujer no reparaba en sus encantos. Las personas Coquetas no son solo inmodestos; pueden llegar a ser desvergonzadamente vanidosos.

Buscadores de atención

«Ella es la mujer con las blusas más cortas y los escotes más bajos», me dijo un amigo hablando de Cindy. «En las fiestas, es la mujer que con más probabilidad encontrarás sentada sobre un regazo con el cual no vino y con el cual no piensa irse tampoco». A Cindy, como a todas las Coquetas, le encanta llamar la atención. Cualquier táctica que concentre la atención en su persona, incluyendo vestimenta, conversación o comportamiento, son atrayentes para ellos.

Solitarios

La Coqueta es muy probable que confiese: «Sin un hombre que se interese por mí, me siento muy sola». Sin embargo el acosador Coqueto a menudo está igual de solo. Albert Einstein comentó una vez: «Es extraño que nos conozcan tan universalmente y, sin embargo, estar tan solo». Las personas Coquetas pueden muy bien decir lo mismo. Es probable que se sientan conocidos, pero no comprendidos.

Seductores

¿A quién no le gusta agradar? Todos nos sentimos mejor cuando sabemos que les caemos bien a otras personas y desean estar a nuestro alrededor. Esto es por lo que a veces las personas Coquetas pueden ser tan seductoras. Arman la trampa al utilizar la necesidad humana fundamental de ser necesitada, y en un momento vulnerable, las víctimas inocentes caen en ella. El coqueteo, después de todo, es un cumplido animoso que se intercambian los sexos.

Hambrientos de poder

«Yo solo me siento más viva e importante cuando un hombre nuevo me encuentra irresistible», declara alguien que confiesa ser una Coqueta. Igual que la mayoría de las personas Coquetas, cree que la captura de corazones no tiene que ver tanto con el amor como con el poder, el que se logra sobre los hombres y otras mujeres. Las personas Coquetas extraen un extraño sentido de poder del hecho de dominar una relación, aunque breve, con sus indirectas y doble sentido.

Oportunistas

¿Alguna vez se ha sentido arrinconado por una mujer? De ser así, es probable que no fuera del todo por accidente. Las personas Coquetas tienen una manera de decir: «¿Puedo acompañarte a pasear por las tiendas?» «Me gustó lo que dijiste en la reunión». «¿Podemos hablar de tus ideas mientras almorzamos?». Acomodarán cada oportunidad para estar a solas con usted y entonces probar sus encantos. La mujer de Potifar es un buen ejemplo bíblico de una Coqueta. Ella miró a José con deseo «y le propuso: "Acuéstate conmigo"». José se negó. Ella lo tomó de su ropa y él la dejó en sus manos al huir. ¡Entonces ella acusó a José de indecencia! Abusó de su poder al tratar persistentemente de seducir a José (Génesis 39). Las personas Coquetas a menudo son estrategas muy oportunistas.

¿CONOCE A UNA COQUETA?

La siguiente prueba quizá le ayude a determinar si está en una relación conflictiva con una persona Coqueta. Identifique a la persona o personas que le vinieron a la mente al leer los párrafos anteriores. Encierre con un círculo la *S* si la afirmación respecto a la persona o personas que tuvo en mente es acertada. Hágalo con la *N* si la afirmación no se ajusta a esa persona o personas.

S   N   Con solo estar cerca de esta persona me siento mal.

S   N   Esta persona se viste a menudo de manera seductora.

S   N   La mayor felicidad de esta persona es hablar con personas del sexo opuesto.

S   N   Esta persona está hambrienta de atención.

S   N   Esta persona tiene una excesiva necesidad de relacionarse con personas del sexo opuesto.

S   N   Me parece que esta persona a veces me acorrala en lugares incómodos.

S   N   Esta persona pasa por encima de los límites apropiados.

S   N   Esta persona sabe arreglárselas bien con los métodos de prevención de acoso sexual.

S   N   Esta persona hace comentarios sugestivos.

S   N   Esta persona aparenta seguridad en sí misma.

S   N   He escuchado de otras personas la inapropiada e indeseada intimidad física de esta persona.

S   N   He sorprendido una mirada lujuriosa en esta persona.

S   N   A esta persona la conocen por contar chistes de doble sentido.

S N Creo que debo cuidar a mi cónyuge cuando esta persona anda cerca.

S N Parece que esta persona disfruta del poder de sus coqueteos.

Puntuación: Total de las *S* que circuló. Si marcó diez o más, con toda seguridad se encuentra en una relación conflictiva con una persona Coqueta.

COMPRENDA A LAS COQUETAS

Neal, un pastor, fue un cliente que atendí en los primeros tiempos de mi preparación clínica. Me encontraba bajo una intensa supervisión y eso era bueno. Neal vino a terapia porque experimentaba tremendas dificultades con Lori, su esposa por catorce años. Lori estaba decidida a abandonarlo a menos que él recibiera alguna ayuda. «No sé qué hacer», me dijo Neal «Se vuelve demasiado celosa cada vez que me rodean otras mujeres. Ha llegado al punto que se ha negado a ir a la iglesia conmigo porque cree que coqueteo con mujeres en el vestíbulo».

> José tenía muy buen físico y era muy atractivo. Después de algún tiempo, la esposa de su patrón empezó a echarle el ojo y le propuso: «Acuéstate conmigo».
>
> GÉNESIS 39:6-7

Trabajé con Neal por varias semanas para ver cómo podía tratar a su en extremo celosa mujer. Ella se negó a venir, lo que me confirmó su problema de personalidad, por lo que Neal y yo trabajamos mano a mano. Con el consejo de mis profesores, le ayudé a efectuar diversas estrategias para calmar las sospechas de su mujer. Sin embargo, durante la séptima u octava sesión, le dije que debíamos pensar en terminar. «Mientras su esposa se siga negando a venir aquí, creo que hemos hecho todo lo que se podía hacer», le dije. Estuvo de acuerdo y programamos una sesión final.

Cuando apareció Neal para su última sesión, parecía cansado.

—¿Está usted bien? —le pregunté al saludarlo en la sala de espera.

—No he podido dormir mucho anoche —replicó—. Estuve despierto escribiéndole esta carta.

Me extendió tres páginas de una difícilmente legible letra de un bloc de notas amarillo. Lo estudié un momento mientras caminábamos por el vestíbulo y se lo devolví cuando entramos a mi oficina.

—¿Por qué no me lo lee, Neal? —le pregunté.

Le llevó la mayor parte de la sesión leer y llorar por su confesión acerca de un encuentro homosexual que mantuvo con un compañero de cuarto en la universidad hacía unos veinte años. Fue una única experiencia que mantuvo en secreto inclusive con su mujer. Neal lloraba sin control, sus hombros se estremecían.

—Por esto principalmente lo vine a ver a usted —me dijo.

Al instante, se armó el rompecabezas. Después de todo, la esposa de Neal no era paranoica, sino que Neal *era* una persona Coqueta. Compensaba su temor de ser un homosexual coqueteando con cada mujer que se encontraba. Era su forma de demostrarse a sí mismo que no era homosexual.

El asunto no es demostrar que cada persona Coqueta compensa su temor de ser homosexual. *El problema es que un comportamiento de coqueteo extremo indica una razón psicológica subyacente.* En otras palabras, las personas Coquetas no necesariamente buscan una aventura amorosa ni tan siquiera una fugaz diversión. La mayoría de las veces actúan por una profunda inseguridad y una necesidad de atención. Y la coquetería es una forma segura de buscarla.

«¿Te he dicho lo bien que luces con ese vestido?», pregunta una persona Coqueta, parándose tan cerca que usted puede sentir su aliento en su oreja.

«¡*Bah!*, piensa con disgusto mientras retrocede. «*¿Cuál es su problema?*» Su problema quizá sea que se trate de una simple frivolidad, o tal vez que nunca se sintió aceptado y apreciado por su madre, o a lo mejor está pasando por una crisis de la mediana edad, o que el problema quizá se deba a una miríada de otras cosas. Es difícil decir con seguridad por qué el coqueteo no siempre lo es para el que lo practica. Las actividades del coqueteo a menudo son ambiguas. El problema que este hombre quizá tenga, como la mayoría de las personas Coquetas, es una simple diferencia de percepción. Tal vez no se *considere* indecoroso cuando coquetea.

En la mayoría de los casos, las Coquetas no se proponen ofender. Un estudio realizado en 1985, citado por la Asociación de Psicología Estadounidense, encontró que en el ambiente laboral, los hombres son cuatro veces más propensos que las mujeres a creer que las personas con las que coquetea se sienten halagadas por sus extralimitaciones sexuales y cuatro veces menos propensos a pensar que el destinatario de sus coqueteos se sienta insultado o molesto.

> Las relaciones sexuales se han convertido en uno de los asuntos más discutidos de los tiempos modernos. En la época victoriana se fingía que no existían; en la moderna se aparenta que no existe otra cosa.
>
> OBISPO FULTON J. SHEEN

Un estudio de la Universidad de Kansas mostró un vídeo de un gerente de una tienda que estaba entrenando a una empleada. Los investigadores descubrieron que los hombres que observaron la cinta pensaron que la aspirante actuaba con mucha más seducción, sexualidad y coqueteo que lo que pensaron las mujeres que vieron esa cinta. Sumado a eso, los hombres también percibieron que la aspirante estaba interesada en obtener una cita del gerente, mientras que las mujeres pensaron que simplemente buscaba amistad.

Hay algo más que comprender acerca de las personas Coquetas. Si se encuentran en una posición de poder, casi siempre hacen mal uso de la misma. Y eso es acoso. Es conocido como una explotación «quid pro quo», como una compensación, y ocurre cuando un superior pone en claro que si usted quiere avanzar en su trabajo o no quiere perderlo, debe salir en su compañía.

También ocurren los coqueteos que bordean el acoso cuando la persona Coqueta no es su empleador. A propósito, la iglesia tampoco está exenta de este tipo de comportamiento. En una tesis doctoral efectuada en el Seminario Teológico Fuller, treinta y siete por ciento de los ministros encuestados confesaron conductas sexuales inapropiadas con alguien de su congregación. El rey David quizá fuera el primer ejemplo bíblico de alguien que abusó de su poder en la persecución de una conquista sexual. Cuando vio a Betsabé, la deseó. Y debido que era el rey, todos tenían que obedecer sus órdenes.

La broma casual, impulsiva y juguetona entre hombres y mujeres no siempre es fácil de clasificar. Posee una manera de ir escalando y, en algunos casos, volverse imprudentemente fuera de control. No obstante, si a usted lo han acosado las conflictivas Coquetas de todo nivel, ya conoce la inquietud y el dolor que provocan. He aquí algunas maneras para enfrentarlos.

Enfrente a las coquetas

Si las personas Coquetas efectúan avances sexuales hacia usted en el trabajo, ¿cómo se mantiene sereno y les responde de un modo profesional? Si alguien de repente pone en marcha sus encantos y juega con su cónyuge, ¿cómo modera el tono amoroso de esa persona de una manera discreta? La próxima vez que las Coquetas digan o hagan algo que lo haga sentir molesto, puede hacer varias cosas. Algunas de las siguientes sugerencias se ajustan de manera exclusiva al entorno laboral y otras para la vida de casados. En cada caso, puede hacer varias cosas para enfrentar a las conflictivas personas Coquetas.

Enfrente a la persona Coqueta interna

De todas las relaciones conflictivas, esta quizá sea la más difícil de ver en uno mismo. Después de todo, si se encuentra en este tipo de relación, es probable que sienta un rechazo por su naturaleza ofensiva y acosadora. Sin embargo, trate de ver cómo ha usado el comportamiento de Coqueta en su propia vida. Con toda certeza trató en algún momento de su vida llamar la atención de alguien del sexo opuesto. Y, por supuesto, esto es normal. ¿Pero se acuerda lo bien que se sintió cuando la otra persona respondió de manera positiva? Tenga eso en mente cuando trate de soportar a las personas Coquetas de su vida.

Enfrente el lado serio de la persona Coqueta

Quizá esté pensando: «¿Qué importancia tiene un poco de diversión con una Coqueta?» A lo mejor se cree que hay poco daño en contestar el coqueteo de su perseguidor. Si lo hace, está jugando con fuego. El coqueteo es sexual y crea una inmediata aureola de excitación entre las dos personas que lo consienten. Este es uno de los placeres principales del coqueteo. Por cierto, los biólogos han descubierto recientemente que la química entre una pareja que coquetea es más que una metáfora. El coqueteo pone en marcha una serie de cambios hormonales y nerviosos que son los típicos compañeros de las actividades sexuales agradables. Entonces, salvo que esté coqueteando con alguien con quien planea estar involucrado románticamente, enfrente el hecho de que está coqueteando con un desastre.

> Solo un ferviente amor por la pureza puede salvar de la pasión impura a la persona

No se culpe

Demasiado a menudo las víctimas de las personas Coquetas creen que deben haber hecho algo mal para que las trataran de forma tan irrespetuosa. Si las personas Coquetas lo han estado molestando, podrá estar haciéndose preguntas. ¿Qué hice para provocar este comportamiento? ¿Fue algo que dije? ¿Fue por la forma en que me vestí? ¿Debo dejar de usar perfume? ¿Debería dejar de ser amigable con las personas en mi trabajo? ¿No soy un cónyuge lo bastante bueno? Aun si ha actuado de una forma estrictamente

> Los hechos no cesan de existir porque se pasen por alto.
>
> ALDOUS HUXLEY

profesional y si ha sido un cónyuge ideal, puede estar preocupado
e inseguro acerca de dónde está su culpa. Bueno, con toda seguridad no es culpable. Se lo aclararé. Si está en el extremo receptor
de un coqueteo, no se sienta culpable. No se acuse.

Nunca permita que lo acorralen

Una de las mejores protecciones contra las personas Coquetas es
una práctica preventiva. Resolver el problema con ellas aun
antes que comience lo salvará de un montón de disturbios emocionales. Aunque algunas Coquetas aparecen en escena sin previo aviso, la mayoría no lo hace. Por ejemplo, en su círculo de
amigos, ya sabe quiénes son las personas Coquetas. Escuchó historias o notó conductas que lo pusieron en alerta. Si su radar
interno funciona bien, la mejor cosa que puede hacer es mantenerse alejado de las personas Coquetas. En caso de que ocurra,
no permita, ni se lo permita a su cónyuge,
que lo atrapen solo con una Coqueta. Utilice cualquier excusa, por ejemplo, ir al baño,
para evitar darles a las personas Coquetas la
oportunidad de avances románticos.

Sea abiertamente cariñoso con su cónyuge

Si es casado (o se encuentra en una seria relación de noviazgo) y se encuentra con una
persona Coqueta, tiene a su disposición una
de las técnicas más eficaces para desactivar
un comportamiento de coquetería. Ya sea en
el trabajo, en la iglesia, o en cualquier otra
parte, esta técnica es una de sus mejores
apuestas para apagar el fuego de las personas
Coquetas. Solo insista en mostrar cariño a su cónyuge o novio. Si
están juntos, tómense de las manos. Si está solo, hable sin cesar
del ser querido. Tome medidas preventivas en su oficina mostrando muchas fotografías de su cónyuge o novio. Y por encima
de todo, nunca haga bromas ni critique a su cónyuge o novio

> Los placeres
> sensuales son como
> las burbujas de
> jabón: chispeantes y
> efervescentes. Los
> placeres del intelecto
> son tranquilos,
> bellos, sublimes,
> duraderos
> y se remontan a las
> fronteras del mundo
> invisible.
>
> JOHN H. AUGHEY

delante de las personas Coquetas, las cuales pueden tomarlo como que usted no es feliz con su cónyuge y puede estar, como dice la canción, «buscando amor».

Rehúse ser una víctima

Una asistente administrativa, empleada en W.R. Grace & Company, recuerda la mañana en que su jefe apareció de repente en su oficina. Ella se ofreció a traerle una taza de café. «Cuando me incliné para ponerle la taza de café sobre su escritorio, él alargó el brazo y frotó mi pierna con su mano». Esto no fue accidental, dijo ella. «Cuando levanté la vista y lo miré, él tenía una sonrisa gatuna en el rostro». Llena de asombro salió de la habitación y no hizo nada. No es de extrañar que el jefe continuara haciendo este tipo de cosas hasta que, debido a un total sentimiento de impotencia, ella renunció. Si desde la primera vez no se enfrentan a las personas Coquetas que dan muestras de una conducta inapropiada, la repetirán. El punto radica en que si no desea ser una víctima, necesita enfrentar los coqueteos la primera vez que ocurran. No decirles nada les da a entender que es presa fácil. Muchas mujeres experimentan repetidas escenas de conductas incómodas con las personas Coquetas porque no han pensado en sus sentimientos y porque simplemente no han dicho basta. Una encuesta de la revista *Working Woman* muestra que solamente veintiséis por ciento de las mujeres que dicen haber sido víctimas de una agresiva persona Coqueta reportan el incidente. El resto permanece siendo víctimas.

Tenga una pronta respuesta

Si tiene un encuentro con una persona Coqueta en el trabajo, use esta frase: «Espera un minuto. Hablemos como dos profesionales de lo que sucedió aquí». Una declaración así no exige que se enoje ni que sermonee. Sin embargo, esto enseguida enfriará el ardor del coqueteo y lo pone a cargo de la situación. Trae consigo lo necesario para un nivel racional y profesional. Por encima de esto, la persona se sorprenderá de su serenidad y su manera servicial. Este comentario va a sobresaltar a las personas Coquetas al darse cuenta que usted no tiene intenciones de nada salvo de tener una relación de trabajo del todo profesional. Con solo decir: «Espera un minuto. Hablemos como dos colegas profesionales», permite restablecer la camaradería que necesitará para conseguir que esta persona la trate como un igual.

Busque un buen compañero

En el filme de comedia *Frankie y Johnny*, a una camarera llamada Frankie otra camarera le pide que le ayude a tratar a un parroquiano que cree que tiene el derecho de coquetear con cualquier mujer que le sirve comida. Pronto, Frankie le dice a la otra camarera: «Tú sirves. Yo tropezaré». Simulando un choque, empaparon al hombre con agua helada. Aunque no recomiendo semejantes medidas drásticas, sí recomiendo que le

> El temor es la arena en la maquinaria de la vida.
>
> E. Stanley Jones

diga al que sea que su comportamiento la incomoda. Necesita tener a alguien que esté de su lado. Merece tener a alguien que sabe lo que sucedió y lo tome con seriedad. Usted también se merece tener a alguien que la apoye emocionalmente, alguien que sabe que no se merece que la traten con falta de respeto.

Sepa lo que es el acoso sexual

Antes de mediados de 1970, el acoso sexual quizá era común, pero la gente raras veces usaba ese término. No sabían cómo llamar a los coqueteos excesivos y a la agresión sexual que deprime a las personas. Sin embargo, una vez que el acoso sexual tuvo un nombre, hubo organizaciones que intentaron definir de manera más específica lo que traía consigo. Una de las definiciones más comunes apareció en la revista *Journal of Social Problems*. El acoso sexual es el «comportamiento que incluye sugerencias o chistes sexuales verbales; mirar de reojo o lanzar miradas amorosas; un roce "accidental" con el cuerpo de una persona; una "amigable" palmadita o apretón; rodear con un brazo a la otra persona.

Agarrar sola a la otra persona para un rápido beso; la proposición explícita con la amenaza de pérdida de puesto; y las relaciones sexuales forzadas». Este tipo de comportamiento es una pésima plaga en nuestra sociedad en cualquier situación. Aun si los comentarios y acciones de las personas Coquetas se disfrazan de adulación, puede caer dentro de la categoría de acoso sexual. Cuando este sea el caso, las personas Coquetas no solo violaron sus límites personales, sino también la ley. Es en este momento en el que tiene todo el derecho de elevar una queja a las dependencias correspondientes, como el State Department of Fair Employment [Departamento de Estado para un Empleo Justo] o al Federal Equal Employment Opportunity Commision [Comisión Federal de Oportunidad Equitativa de Empleo], que investigarán su denuncia.

REFERENCIA CRUZADA

Para más información relacionada con la persona Coqueta, véanse estas otras relaciones conflictivas: el Camaleón, el Envidioso y la Aplanadora.

16

EL CAMALEÓN

Desea agradar y evita el conflicto

Mónica y Ellen fueron buenísimas amigas cerca de seis semanas. Se conocieron en una reunión de orientación para nuevos empleados en un banco del centro. Todas las mañanas prestaban atención a las charlas y veían vídeos acerca del protocolo de los bancos y sus correctos procedimientos.

A la hora del almuerzo, ambas mujeres terminaron en un negocio de comidas sabrosas. Mónica estaba ordenando un sándwich de sardina cuando apareció Ellen. «A mí también me encantan las sardinas».

«Me estás tomando el pelo», dijo Mónica. «¡Pensé que era la única amante de sardinas del mundo!»

Terminaron compartiendo el sándwich y parecían haberse hecho buenas amigas desde el principio.

En las semanas que siguieron, Mónica quedó impresionada por sus gustos similares. Ella y Ellen tenían en común un montón de intereses y la pasaron muy bien juntas, hasta que Mónica comenzó a darse cuenta. Como verá, lo que le gustaba a Mónica, le gustaba a Ellen. Lo que quería hacer Mónica, lo quería hacer Ellen. Sin embargo, lo mayor de todo era que Ellen comenzó a anticipar cada deseo de Mónica. Por ejemplo, Ellen le compró una tostadora porque Mónica le comentó al pasar que la suya se había roto. Ellen le compró una suscripción de una revista de jardinería porque Mónica pensaba cultivar algunos vegetales. Parecía como que Mónica no podía hacer ningún movimiento ni susurrar alguna necesidad sin que Ellen tratase de responder. Comenzó a ser inquietante.

En ese momento sucedió. Mónica se enfrentó a Ellen por el problema y Ellen sollozó. «Pensé que éramos amigas. ¿Por qué hablas de esa manera? ¿No me quieres acaso?»

Mónica se sintió mal. «Por supuesto que te quiero», le dijo, tratando de consolar a Ellen. «Pero me estás volviendo loca».

¿Alguna vez se sintió como Mónica? Si así fue, ya conoce el desafío de relacionarse con los Camaleones, personas que pierden su identidad tratando de ser lo que usted haya querido que ellos sean. Igual que Mónica, es probable que se asombrara de lo mucho que tiene en común con los Camaleones y cuán compatibles parece ser. Por supuesto, la compatibilidad es una pieza fundamental en toda construcción de una relación de éxito. La compatibilidad trae consigo la comodidad, la seguridad y la comprensión.

> Cuando en un negocio dos hombres siempre están de acuerdo, uno de los dos no hace falta.
>
> WILLIAM WRIGLEY, HIJO

¿Pero es posible tener demasiada compatibilidad? Sí. Cada relación en crecimiento necesita un poco de incompatibilidad, un poco de conflicto para darle un poco de vida. Es por eso que quizá los Camaleones sean tan frustrantes. Después de un rato, su amabilidad se siente sofocante, sospechosamente desamparada y vacía.

El historiador escocés Thomas Carlyle dijo una vez: «No me gusta mucho hablar con personas que siempre están de acuerdo conmigo. Es divertido coquetear un rato con un eco, pero pronto uno se cansa de ello». Si es como la mayoría de las personas que se relacionan con Camaleones, tal vez estará de acuerdo. Esta relación conflictiva puede llenarlo al principio de alegría y energía, pero pronto se vuelve agobiante. Si no controla esa relación, lo hundirá.

> No hay conversación más aburrida que una donde todos están de acuerdo.
>
> MICHEL DE MONTAIGNE

LA ANATOMÍA DEL CAMALEÓN

De todas las relaciones conflictivas tratadas en este libro, el Camaleón es una de las más engañosas. ¿Por qué? Porque al principio parece como una relación sin complicaciones. Los

Camaleones no discuten; van con la corriente. Son fáciles de tratar. Sin embargo, por debajo de este agradable exterior se encuentra una compleja red de distorsionadas percepciones e insaciables anhelos. Los Camaleones requieren mucha atención. Son superagradables, poco confiables, muy dependientes, sumisos, inseguros, propensos a la culpa, de miras estrechas y superficiales.

Superagradables

«Seguro, lo puedo hacer». «No hay problema. Estaré listo». «Puedes apostar a que me gustará». Estas frases cortas salen una tras otra de la boca de un Camaleón. Para evitar estar en desacuerdo siquiera con una persona, desde una camarera anónima hasta un pariente cercano, los Camaleones estarán de acuerdo con todo lo que parezca apropiado. Si no desea pizza, ellos tampoco. Si tiene demasiado calor, ellos también.

Poco confiables

Ansiosos por agradar, los Camaleones casi siempre frustran a las personas. Harán promesas fuera de la realidad: «Tendrá el informe mañana por la mañana» o «Estaré en casa en menos de una hora». Lo dicen con sinceridad y buena voluntad, pero a menudo no lo cumplen. Al final, aprende que no son confiables. Sus palabras no guardan relación con sus hechos.

Muy dependientes

Debido a su incansable afán de agradar a otros, a duras penas los Camaleones pueden tomar una decisión propia. En su lugar, dependen del clima social. Si uno no toma las decisiones por ellos, van a estudiar su rostro y tratarán de determinar lo que creen que uno quiere que ellos hagan. Cuando los Camaleones tratan de estar parados sobre sus dos pies, se bambolean.

Sumisos

«No hagan olas». Este es el lema con el cual viven los Camaleones. Evitan decir lo que en verdad piensan a fin de escapar a un conflicto potencial. Es como si un censor trabajara horas extra en sus cabezas, editando y readaptando el material que quieren comunicarles a los demás. ¿Por qué? Porque los Camaleones preferirían morir a tener una discusión.

Inseguros

Los Camaleones toman todo como algo personal. Si responde a una llamada en otra línea mientras está hablando con ellos por teléfono, se sentirán menospreciados y sacarán la conclusión que deben haber dicho algo que lo disgustó a usted. Si se presenta tarde a un almuerzo preestablecido, están seguros que lo han ofendido a usted. Si no les caen bien sus hijos, se sienten culpables personalmente. Si algo sale mal, enseguida dan por sentado que algo pasa con ellos. Los Camaleones tienen un caso terminal de inseguridad.

> Confórmese
> y sea aburrido.
>
> J. FRANK DOBLE

Propensos a culparse

Los Camaleones cargan una mochila llena de condenaciones propias. «¿Por qué no puedo ser un mejor amigo?» «Si solo fuera mejor para preparar comidas». «No debería demostrar mi disgusto». Impulsados por una hostigante conciencia, los Camaleones sienten que nunca estarán a la altura de los demás.

De miras estrechas

«Estuvo bueno, pero las zanahorias no estaban bien cocidas», dijo el Camaleón después de haber preparado una excelente comida. Eso era insignificante y a nadie le importó, pero los Camaleones llaman la atención sobre sus flaquezas. Tienen una forma de concentrarse en un simple comentario negativo, por ejemplo, y comentarlo de manera desproporcionada. Una palabra de crítica puede borrar todos los halagos recibidos durante el último mes.

Superficiales

A los Camaleones los consume esta pregunta: «¿Qué pensará la gente?». Esta es una pregunta que se formulan una y otra vez, día tras día. Les sirve como antena para detectar desaprobación. «¿Qué pensará la gente si me visto de esta manera o de esta otra? ¿Les gustaré?» El resultado de esta obsesión es una superficialidad que le preocupa más cómo *lucen* que cómo *son*.

¿CONOCE A UN CAMALEÓN?

La siguiente prueba quizá le ayude a determinar si está en una relación conflictiva con un Camaleón. Identifique a la persona o personas que le vinieron a la mente al leer los párrafos anteriores. Encierre con un círculo la *S* si la afirmación respecto a la persona o personas que tuvo en mente es acertada. Hágalo con la *N* si la afirmación no se ajusta a esa persona o personas.

S   N   Esta persona está de acuerdo con casi todo lo que digo.

S   N   A veces siento como que nuestras identidades se fusionaron.

S   N   El mundo de esta persona gira en torno al hecho de agradar a otros.

S   N   Esta persona raras veces dice que no.

S   N   Después de estar de acuerdo en hacer algo, a menudo esta persona no lo cumple.

S   N   Esta persona parece incapaz de tomar sus propias decisiones.

S   N   Esta persona evita los conflictos a toda costa.

S   N   A veces me parece que esta persona es bastante hueca, enfocada solo en el mundo exterior.

S   N   Esta persona toma las cosas como algo personal y es posible herir sus sentimientos con facilidad.

S   N   Si algo sale mal, esta persona carga con la culpa.

S N Tal parece que esta persona piensa que no la acepto, cuando en verdad no es así.

S N Esta persona puede hacer algo maravilloso y luego puntualizar una pequeña e insignificante falla y centrarse en ella.

S N Tengo la impresión de que esta persona cambiaría cualquier cosa por solo hacerme feliz.

S N Esta persona está de acuerdo con casi todo lo que digo.

S N Esta persona anhela la aprobación de los demás.

Puntuación: Total de las *S* que circuló. Si marcó diez o más, con toda seguridad se encuentra en una relación conflictiva con un Camaleón.

COMPRENDA A LOS CAMALEONES

El periodista Henry Bayard Swope, ganador del premio Pulitzer, dijo una vez: «No puedo darle la fórmula del éxito, pero sí puedo darle la fórmula del fracaso: Trate de agradar a todos». Los Camaleones hacen exactamente eso.

La necesidad de agradar está en el corazón de la identidad de los Camaleones. Se visten para agradar, hablan para agradar y se comportan para agradar. Sonríen, pase lo que pase. Se aterrorizan ante la posibilidad de desairar a alguien o de lastimar sus sentimientos. Accesible y siempre de acuerdo, el camaleón está muy dotado para ganarse la aprobación. Al igual que el desierto anhela la lluvia, el Camaleón anhela la aprobación.

> Nunca en mi vida aprendí algo de un hombre que estaba de acuerdo conmigo.
>
> DUDLEY
> FIELD MALONE

Anhelar quizá sea un término muy fuerte, pero solo una palabra tan poderosa como esa describe de manera adecuada la poderosa influencia que tiene para los Camaleones la necesidad de aprobación. Viven en un terrible temor al rechazo.

Para los Camaleones, todo gira en torno a la adaptación. Ajustan con facilidad sus propios intereses para tomar en cuenta los de los demás. Sin tener la costumbre, como parece, ofrecen el mejor asiento a su compañero en un cine, mantienen la puerta abierta a extraños, comparten el último pedazo de golosina con un amigo. Cortesía común, diríamos, pero ya no tan común. Adaptarse es un gesto civilizado cada vez más raro y maravilloso en estos días, y los Camaleones, por lo menos para el ojo inexperto, ofrecen un renovador ejemplo de cómo puede hacerse. El problema con esta adaptación, sin embargo, es que los Camaleones, al inclinarse por esta cosa buena, han ido demasiado lejos. Debido a que son adictos a la aprobación, se sobrepasan con la adaptación. Como resultado, los Camaleones dan muestras de un tipo de engañosa o falsa adaptación, en la que su propio interés nunca se deja a un lado. *En realidad, no son tan complacientes con otros por buena voluntad, sino más bien por temor a que no los acepten.*

> Es mejor que nos odien por lo que es uno, que nos amen por lo que no es uno.
>
> ANDRÉ GIDE

Los Camaleones se pasan la mayoría de sus horas preocupándose si las personas las quieren, están de acuerdo con ellas, las comprenden, les prestan atención, las respetan y las admiran. Están poseídas y obsesionadas con la idea de que deben agradar a todos.

Como resultado, los Camaleones marchan al son de los tambores de todo el mundo. Poseen una personalidad complaciente y tratan con desesperación de hacer felices a los demás. Cuando eran niños, su meta principal no era ser un animador de grupos ni presidente de la clase. En cambio, trataron de hacer felices a sus padres.

Para comprender el funcionamiento interno del Camaleón, debemos darnos cuenta que la apariencia lo es todo. Casi nada más importa. Los Camaleones son actores maravillosos y cambiarán su papel al instante si creen que eso es lo que usted quiere. Si se sienten alegres y usted está de humor para una conversación seria, se pondrán serios (y viceversa). Cualquier cosa que necesite, ellos harán todo lo posible para conseguirla. Hasta tratarán de leer su mente para descubrir sus deseos. Tanto conformismo trae como resultado un sentimiento de vacío en relaciones superficiales, basado más en hacer que en ser.

El sentido de inferioridad está profundamente arraigado en los Camaleones debido a que su autoestima se basa en el rendimiento. Consideran equivalente lo que piensa de ellos o, más exactamente, lo que *ellos* creen que usted piensa de ellos, con lo que son.

ENFRENTE A LOS CAMALEONES

Estar en una relación con un Camaleón es igual que tener siempre el pedal del acelerador hasta el fondo, pero manteniendo el automóvil en punto neutro y un pie en el freno. Consume sus energías y lo lleva enseguida a un callejón sin salida. Sin embargo, si está a punto de darse por vencido con un Camaleón absorbente, no lo haga. Existen varias estrategias probadas para mejorar este tipo de relación y mantenerse en movimiento en la dirección adecuada.

Enfrente al Camaleón interior

Quizá sea un tipo agresivo. A lo mejor no vacila en expresar sus verdaderos pensamientos y sentimientos. Aun así, sea sincero. ¿Nunca tuvo momentos en los que ocultó sus propios deseos, sonrió e hizo lo que quería la otra persona? ¿Nunca tuvo situaciones en las que quería tanto que otra persona lo respetara que se volvió demasiado agradable y complaciente? De acuerdo, tal vez este no sea su modo principal de ser, pero si es capaz de recordar lo que es sentir aprensión por la aprobación, tendrá al menos un poco de empatía por los Camaleones. Si no tiene otra cosa, piense respecto a su más terrible entrevista de trabajo, el momento en el que en verdad quería ese puesto y no estaba seguro de sus probabilidades. Así es como se sienten los Camaleones en casi toda relación recíproca, día tras día.

Interésese en forma personal

Los Camaleones se tornan más francos cuando sienten que los comprenden. ¿Qué sabe en verdad de los Camaleones de su vida? ¿Está sinceramente interesado en lo que son y lo que hacen? Yo trabajé una vez en una clínica donde había un Camaleón como asistente de oficina. Ella era muy agradable y perfecta con los pacientes. A pesar de todo, no siempre cumplía con sus tareas. Sin embargo, me di cuenta que cumplía con las tareas que le daba el director.

Me tomó un tiempo, pero siguiendo el ejemplo del director, comencé a entender lo que hacía trabajar a Cindy. Él no le hacía simples peticiones a Cindy y luego se ocupaba de sus tareas. Le hacía preguntas acerca de la cantidad de trabajo que tenía y de sus proyectos. Luego hablaba sobre si ella podría cumplir con una fecha tope de algo que necesitaba. Por encima de todo, le preguntaba acerca de su fin de semana y mostraba un verdadero interés en su bienestar. Cindy recibía con agrado su interés personal en ella y comenzó a terminarle los trabajos que le pedía. Si sus Camaleones se encuentran en su centro de trabajo, pregúnteles por su familia. Interésese por lo que van a hacer en sus próximas vacaciones. Asegúrese de que su interés se vea sincero. Los Camaleones son buenos para descubrir la insinceridad.

> Mientras tanto, Pedro estaba sentado afuera, en el patio, y una criada se le acercó.
>
> —Tú también estabas con Jesús de Galilea —le dijo.
>
> Pero él lo negó delante de todos, diciendo:
>
> —No sé de qué estás hablando.
>
> MATEO 26:69-70

Mejórele su confianza en sí mismo con un poco de tranquilidad

Los Camaleones sufren de lo que los expertos llaman «temor a la comunicación». Temiendo decir o hacer algo socialmente inaceptable, los Camaleones son condescendientes con los demás. Por ejemplo, siempre le permitirán elegir el restaurante para evitar perder sus favores («¿Qué pasaría si a ellos no les gusta el restaurante que yo elijo?»). Esta deferencia se alimenta con una baja autoestima. Usted puede mejorar su confianza en sí mismos al apoyar sus decisiones, sin importar cuán pequeñas o al parecer insignificantes sean. Recuerde, los Camaleones necesitan saber que usted los acepta. Cuanto más lo sientan, más probable será que ellos corran mayores riesgos y se franqueen. Si quiere que sean más sinceros con usted, apoye todos los pequeños pasos que tomen en esa dirección. Cuando se arriesgan y son francos, dígales que aprecia esto. Aunque los Camaleones sufren de aprensión, florecen cuando se sienten apoyados.

> La adaptabilidad no es imitación. Significa poder de resistencia y de asimilación.
>
> MAHATMA GANDHI

Evite los motivos de culpa

En su sermón «El peso de la gloria», C.S. Lewis advierte acerca de los peligros de ser inmoderadamente altruista: «El altruismo trae consigo la sugerencia de no asegurar primero lo bueno para los demás, sino de abstenerse uno mismo de ello, como si nuestra abstinencia y no su felicidad fuera lo más importante». Los Camaleones necesitan aprender que ser un buen amigo o un compañero de trabajo servicial no es ser nada uno mismo. La negación propia debe servir como un medio para satisfacer de vez en cuando las necesidades de otra persona, pero nunca debería servir como un fin en sí mismo. Podemos dar nuestro cuerpo para ser quemado, como dicen las Escrituras, y aun así no ser amados (véase 1 Corintios 13:3). Cuide a los Camaleones para que no caigan en esa trampa al evitar motivos de culpa. Recuerde que a los Camaleones siempre los impulsan los remordimientos de su conciencia.

Aclare sus compromisos

Usted puede evitarse a sí mismo y a los Camaleones una gran cantidad de angustia al preguntarles acerca de los compromisos que quieren contraer. Por ejemplo, cuando digan que van a estar en casa dentro de quince minutos y usted sospecha que eso es imposible por el tránsito, aclare: «¿No crees que serán más de quince minutos, considerando la hora que es?». Esto les da a los Camaleones la oportunidad de enfrentar los hechos en vez de concentrarse del todo en sus sentimientos. Esto les permite a los Camaleones decir algo así: «Es probable que tengas razón. Creo que será casi treinta minutos». Una simple aclaración les abre a los Camaleones una pequeña ventana para ser más veraces. Tal vez parezca tonto que tenga que aclarar semejantes compromisos insignificantes, pero recuerde que los Camaleones son pacíficos. La armonía es para ellos tan importante que negarán o pasarán por alto que alguna cosa pudiese estar mal. Les preocupa más la paz que la verdad. Entonces, hágase un favor usted mismo y ayude a los Camaleones a aclarar sus compromisos.

Pida sinceridad

«Di lo que tengas que decir, no lo que deberías», dijo Henry David Thoreau. Este es un consejo duro de tragar para los Camaleones. No se trata de que no quieran ser sinceros; simplemente no quieren ofender a nadie. Por esta razón, los Camaleones necesitan un ligero codazo. Muchas veces un franco pedido de una sincera opinión es todo lo que se necesita: «En verdad, deseo saber lo que pasa por tu mente. Me gustaría que fueras franco». Una invitación para ser sinceros, para decir lo que piensan, es una de las cosas que los Camaleones necesitan para sincerarse. Por lo tanto, deje en claro que sus opiniones, o aun sus críticas, no lo disgustarán. Por ejemplo, en vez de decir: «¿Qué fue lo que no le gustó en nuestra proposición esta mañana?», diga: «Me alegra que a usted le haya gustado nuestra propuesta, pero hay algunos puntos flojos en ella. ¿Cuáles son las partes que cree pueden mejorarse?». Aun entonces tendrá que seguir estimulándolos. Sin embargo, cuanto más frecuente los invite a ser sinceros, más lo serán.

> Me da verdaderamente un gran placer ver aclamada la terquedad de un incorregible inconformista.
>
> ALBERT EINSTEIN

Prepárese para el agotamiento

Mahatma Gandhi dijo: «Un "no" pronunciado desde la más profunda convicción es mejor y más grande que un "si" pronunciado para agradar o, lo que es peor, para evitar problemas». Es lamentable, pero los Camaleones son más propensos a distribuir afirmaciones para evitar el riesgo de un rechazo. Raras veces dicen: «Heriste mis sentimientos cuando...» o «Pienso que debemos resolver el problema que existe entre nosotros». Los Camaleones no se enfrentarán de lleno a un conflicto. No obstante, tarde o temprano, se verán arrinconados y forzados a entrar en un conflicto. Llegado este momento, casi siempre van a ceder («Es mi culpa»), pero otras veces van a explotar. Es como el cuento del pequeño muchacho tejano que encontró un camaleón debajo de un cactus y lo llevó a casa como mascota. Su mayor alegría era observar cómo cambiaba de color cuando lo ponía en pedazos de papel rojo, verde o azul. Un día tuvo entonces una gran idea. Puso al camaleón dentro de una manta escocesa y el camaleón explotó tratando de ser todos esos colores al mismo tiempo. Sobrecargados y exhaustos, los Camaleones de su vida harán exactamente lo mismo. Por lo tanto, prepárese.

REFERENCIA CRUZADA

Para más información relacionada con los Camaleones, véanse estas otras relaciones conflictivas: el Chismoso, el Mártir y el Traicionero.

17

Hagamos lo mejor de cada relación

El trato eficiente con relaciones conflictivas involucra más que saber dónde fijar los límites, más que cuándo enfrentarlas, más que empatía, más que buenas aptitudes de comunicación. En otras palabras, el trato con gente imposible involucra más que un simple *hacer* cosas. Involucra *ser* una persona diferente.

El escritor James A. Michener se ha distinguido en el mundo literario produciendo extensas novelas históricas tales como *Hawai*, *El pacto*, *Texas* y *Polonia*, por nombrar algunas. El estilo de Michener ha extraído su fuerza y belleza de personajes recubiertos de una extensa genealogía y profundas raíces culturales. Sin embargo, irónicamente, Michener es un hombre que no posee un certificado de nacimiento. Abandonado de pequeño, criado como un hijo adoptivo por la familia Michener que comandaba una mujer que había enviudado, James nunca conoció a sus padres biológicos. Mientras afirma haber hecho las paces con su falta de conocimiento, es fácil ver por qué encuentra placer en inventar extensos linajes para cada uno de los personajes en cada nueva novela.

A pesar de su espíritu generoso y amable naturaleza, los logros de Michener hacen nacer la ira de los miembros de su familia adoptiva. En un arranque de celos, mezquina falta de espíritu y completa suciedad, algunos parientes conflictivos anónimos, que firmaban «un verdadero Michener», sintieron el impulso de escribir a James notas hirientes, llenas de odio, cada vez que su nombre ganaba fama o un espacio en un periódico. Aun después que Michener ganara un premio Pulitzer, este escritor de pluma envenenada culpó a Michener de ensuciar el buen nombre de Michener, del cual dijo «no tiene el derecho de usar» y lo denunció como un fraude. Sin embargo, la estocada más profunda debajo de la piel de Michener fue: «¿Quién se cree que es, tratando de ser mejor de lo que es?».

La carta final que recibió James Michener de su desconocido pariente vino en 1976, luego que el presidente Ford condecoró a James con la Medalla Presidencial de la Libertad. La acerba nota rezaba: «Sigue usando el nombre que no es suyo. Sigue siendo un fraude. Sigue tratando de ser mejor de lo que eres».

> Es difícil que encontremos personas con sentido común salvo las que están de acuerdo con nosotros.
>
> FRANÇOIS DE LA ROCHEFOUCAULD

Michener confesó que las palabras de esa nota «quemaron mi alma». Sin embargo, Michener transformó el poder negativo de esta acusación en un desafío de vida. Admitió que había extrañado esas sucias cartas cuando quizá murió su pariente. «Tenía razón en todas sus acusaciones», confesó Michener. «He pasado mi vida tratando de ser mejor de lo que era y soy un hermano para todos aquellos que tienen la misma aspiración»[1].

Si hacemos lo mejor de cada una de nuestras dificultosas, irritantes y difíciles relaciones, será porque procuramos ser mejores de lo que somos, será porque aspiramos a ser las personas que Dios nos manda. Jesús formuló una pregunta cargada de intención acerca de este problema en su Sermón del Monte: «Si ustedes aman solamente a quienes los aman, ¿qué recompensa recibirán? [...] Y si saludan a sus hermanos solamente, ¿qué de más hacen ustedes? ¿Acaso no hacen esto hasta los gentiles? Por tanto, sean perfectos, así como su Padre celestial es perfecto» (Mateo 5:46-48).

> Den, y se les dará: se les echará en el regazo una medida llena, apretada, sacudida y desbordante. Porque con la medida que midan a otros, se les medirá a ustedes.
>
> LUCAS 6:38

Ser mejores de lo que somos significa tomar el camino superior, eligiendo amar a la gente imposible. Ser mejores de lo que somos significa optar por ser más como Cristo en la paciencia, la compasión, la sinceridad, la voluntad para extender la gracia, la capacidad para perdonar.

En este capítulo final, los dejo con un desafío: no *hagan*, sino *sean*. Los desafío a *ser* mejores de lo que son, de *ser* más como Cristo al permitirle que cultive en ustedes las cuatro virtudes: humildad, determinación, aceptación y esperanza.

HUMILDAD

Entre dos granjas cerca de Valleyview, Alberta, puede encontrar dos cercas paralelas, separadas solo por sesenta centímetros y que se extienden por ochocientos metros. ¿Por qué existen dos cercas cuando alcanzaría con una sola? Debido a que dos granjeros, Paul y Oscar, tuvieron un desacuerdo que se transformó en una enemistad entre familias. Paul quería levantar una cerca entre sus campos y dividirse los costos, pero Oscar era reacio a contribuir. Dado que Paul quería mantener el ganado en su campo, siguió adelante y construyó la cerca de todas maneras.

Después que se terminó la cerca, Oscar le dijo a Paul: «Veo que tenemos una cerca».

«Qué quieres decir con "nosotros"?», preguntó Paul. «Yo tomé la línea de propiedad demarcada y construí la cerca sesenta centímetros dentro de mi campo. Esto significa que un poco de mi tierra está fuera de la cerca. Y si alguna de tus vacas pone una pata en mi campo, la mataré de un tiro».

Oscar sabía que Paul no bromeaba, por lo que cuando Oscar al final decidió usar el campo de pastoreo que lindaba con el de Paul, se vio obligado a levantar otra cerca a sesenta centímetros de distancia.

Oscar y Paul murieron, pero su doble cerca sigue en pie como un monumento del alto precio que pagamos por el orgullo. Cuando se trata de manejar relaciones conflictivas, nos sentimos tentados a seguir su ejemplo y a enorgullecernos de cuánta razón tenemos o qué inteligentes somos. Aunque, por supuesto, esto es una mentira. El orgullo, por definición, no deja lugar para la humildad. Y no hay esperanza de cambio en nosotros mismos ni en nuestras relaciones sin la humildad. Por último, las Escrituras nos dicen que no hay esperanzas de salvación sin humildad (véase Mateo 18:3-4).

No sé usted, pero a mí con frecuencia me resulta de ayuda recordar que, igual que la persona conflictiva que me complica la existencia, también yo soy una persona difícil. También puedo ser un Controlador. También puedo ser un Aguafiestas. También puedo ser un Indiferente. No es fácil admitirlo, pero sé que mi confesión es el primer paso en mi camino hacia la humildad. Cuando me doy cuenta que yo también soy una persona conflictiva para otras personas y en especial para Dios, y cuando me doy cuenta que me extienden su gracia al amarme y estar en una relación conmigo a pesar de lo que soy, soy capaz de extender la misma gracia a la gente imposible de mi vida. La humildad engrasa el camino para que la sigan otras virtudes. Como dijo William Gurnall: «La humildad es el velo necesario para todas las otras gracias». Es más, Dios «da gracia a los humildes» (véanse Santiago 4:6; 1 Pedro 5:5; Mateo 23:12).

> No podemos pensar, sentir, querer ni actuar sin la percepción de una meta.
>
> ALFRED ADLER

DETERMINACIÓN

En junio de 1955, a Winston Churchill, quien se encontraba cerca del fin de su vida, se le pidió que pronunciara el discurso de inauguración de la universidad británica. Estaba físicamente débil y tuvo que subir al podio con ayuda. Se paró con la cabeza baja y con sus manos se agarró al podio por lo que pareció una interminable cantidad de tiempo.

Al final, levantó su gran cabeza leonina. La voz que años antes llamó de regreso del borde de la destrucción a los británicos, resonó en público por última vez en la historia: «Nunca se den por vencidos. Nunca se den por vencidos. Nunca se den por vencidos».

Con esto, Churchill se volvió y regresó a su asiento. Al principio, los presentes se quedaron sentados en un pasmoso silencio.

Pero luego, como una sola persona, todo el público se levantó para aplaudir al hombre y sus palabras. A través de su carrera política, Churchill conoció reveses. Tres veces lo enviaron al olvido y, no obstante, tuvo de alguna manera la determinación de seguir adelante, de confiar que el bien iba a surgir de las circunstancias difíciles.

La determinación y perseverancia de Churchill puede servirnos de ejemplo para todos los que queremos hacer lo mejor de cada relación. ¿Por qué? Porque cuando nos enfrentamos con una persona difícil, la mayoría de nosotros nos vemos tentados a darnos por vencidos y correr a escondernos. Pero eso es fatal. Para tener una posibilidad de lucha, cada relación necesita determinación, especialmente en tiempos de frustración y conflictos.

Por lo tanto, no debemos huir de los conflictos cuando tratamos a las personas insoportables. La Biblia cita muchos ejemplos de los que se dieron por vencido y corrieron cuando enfrentaron conflictos. Cuando Cristo agonizaba en el huerto de Getsemaní, sus discípulos lo acompañaron para velar y orar. Sin embargo, no fueron capaces de quedarse despiertos con su Señor. Durante la noche llegó Judas con «una gran turba armada con espadas y palos» (Mateo 26:47). Surgió una confrontación y al final de ella «todos los discípulos lo abandonaron y huyeron» con temor (Mateo 26:56).

Adán y Eva, Moisés, David, Elías y también Pedro trataron de evitar conflictos (véanse Génesis 3:8; Éxodo 2:15; 1 Samuel 21:10; 1 Reyes 19:3; Marcos 14:68). Como dije, la Biblia está llena de ejemplos muy humanos que ilustran nuestra falta de determinación cuando se trata de relaciones difíciles. No obstante, si vamos a ser mejores de lo que somos, debemos resistir esta tentación. La verdad es que muchas relaciones conflictivas

> Cuando se sienta indignado por la insolencia de alguien, pregúntese primero: «¿Puede existir el mundo sin gente insolente?». Esto no es posible; así que no pregunte imposibles.
>
> MARCOS AURELIO

mejoran, en gran parte, simplemente porque una persona estaba *determinada* a hacerla mejor.

ACEPTACIÓN

En mi propio intento de ser mejor de lo que soy con las personas difíciles, tengo que aceptar que soy mi mayor obstáculo. Confieso que me resulta mucho más fácil diagnosticar, etiquetar y clasificar las personas imposibles que mirar más allá de sus debilidades y aceptarlas como son. Los quiero cambiar, alterar sus personalidades y es difícil dejar ese deseo.

Hace poco leí *The Whisper Test* [La prueba del susurro], por Mary Ann Bird. Esta historia se ha vuelto una inspiración para mí en aceptar a otros.

Crecí sabiendo que era diferente y lo detestaba. Nací con el paladar hendido y cuando comencé a ir a la escuela, mis compañeras de clase me aclararon cómo me veían otros: una niñita con un labio deforme, nariz torcida, dientes desiguales y dicción confusa.

Cuando mis compañeras de clase me preguntaban: «¿Qué le pasó a tu labio?», les decía que me había caído y me lo había cortado con un trozo de vidrio. De alguna manera me parecía más aceptable haber sufrido un accidente que haber nacido diferente. Estaba convencida de que nadie salvo mi familia me iba a querer.

Sin embargo, había una maestra de segundo grado a la que todos adorábamos, se llamaba Sra. Leonard. Era pequeña, rechoncha, feliz, una señora chispeante.

Cada año teníamos nuestro examen de audición [...] La Sra. Leonard hacía la prueba en la clase con cada uno de nosotros y, al final, me llegó mi turno. Sabía por los años anteriores que cuando nos parábamos contra la puerta y nos tapábamos un oído, la maestra sentada en su escritorio susurraba algo que deberíamos repetir, cosas como «El cielo es azul» o «¿Tienes zapatos nuevos?». Yo esperé allí por aquellas palabras que Dios le debe haber puesto en su boca, esas siete palabras que cambiaron mi vida. La Sra. Leonard dijo en un susurro: «Yo desearía que tú fueras mi hijita».

La aceptación que demostró la Sra. Leonard hacia Mary Ann Bird es la misma que yo quiero mostrar a las personas con las que me encuentro, incluyendo a las imposibles. No siempre tengo éxito, pero aun cuando lo intento, gano una sensación de paz. En otras palabras, mis intentos de aceptar a las personas difíciles disminuyen mi disgusto en la relación y permite armarme con antelación contra continuas magulladuras. Por ejemplo, tengo un amigo que siempre viene tarde y yo acostumbraba a enojarme con él. Sin embargo, en lugar de salirme de mis casillas y tratar de cambiarlo, practico la aceptación trayendo un libro cuando me encuentro con él. Si le doy un manuscrito para leerlo y me promete verlo durante el fin de semana, me preparo para un mes de espera. Cuando lo acepto a él y su irritante comportamiento, disminuye mi frustración y le quita la presión a nuestra relación.

El término *aceptación* proviene del latín *ad capere*, que significa «tomarlo uno mismo». En otras palabras, inherente al proceso de ofrecer aceptación a las personas difíciles está el hecho de *recibir* aceptación nosotros mismos. Allí es donde la gracia de Dios se hace de nuevo evidente. A pesar de todas nuestras flaquezas, Dios nos ofrece la aceptación que nosotros nunca hubiéramos ganado. Una vez que recibimos su aceptación, nos volvemos más capaces de ofrecer la misma aceptación a otros.

La aceptación y la gracia pueden ayudar a que cada relación conflictiva sea mejor de lo que es. Entonces haga una ligera

> Cada uno debe velar no solo por sus propios intereses sino también por los intereses de los demás.
>
> FILIPENSES 2:4

> La bondad no consiste en las cosas exteriores que hacemos, sino en las interiores que somos.
>
> EDWIN HUBBEL CHAPIN

modificación a la conocida oración de serenidad de Niebuhr: «Dios concédeme la gracia de aceptar con serenidad a las intratables personas que no puedo cambiar».

ESPERANZA

Una vez que acepta con humildad su propia personalidad conflictiva, una vez que toma la determinación de hacer que marchen sus relaciones y una vez que acepta a otras personas difíciles, estará preparado para la esperanza. Esta virtud, sin embargo, no está colocada al final de la lista porque suena bien. La esperanza es una poderosa fuerza para sanar y nutrir cada relación difícil. Cuando las cosas se ponen oscuras, la esperanza vierte su luz.

En un reciente viaje a Londres, visité el Museo Británico, en el cual descubrí una pintura poco común llamada *Esperanza*. En el fondo de la tela estaban los conocidos contornos de los continentes y océanos del planeta Tierra. En su primer plano se veía una hermosa mujer sentada delante de un arpa. Casi todas las cuerdas del arpa colgaban impotentes de la parte superior del arpa o yacían inútiles sobre la falda del vestido de la mujer. Solo una cuerda permanecía tensa.

Mi compañero de viaje hizo un comentario acerca de lo poco que le quedaba intacto al arpa y dijo: «Me pregunto, ¿por qué llaman *Esperanza* a la pintura?». Para mí, la respuesta estaba clara. Esperanza es el canto de un instrumento roto. Es el valor de la única cuerda y el saber que usted aún puede tener música.

Creo que Agustín también hubiera entendido el título del pintor. Definió la esperanza como tener «dos hermosas hijas. Sus nombres son ira y valor; ira por la forma en que están las cosas y valor para ver que no permanecen en la forma en que están». Sin duda, Agustín se encontró con algunas relaciones conflictivas.

La esperanza es lo que nos da el poder para extraer nuestra reserva de determinación y tomar el compromiso de aceptar a una persona intratable. La esperanza transforma. Los escritores del Nuevo Testamento relacionan sin cesar a la esperanza con la resurrección transformadora de Jesús. Pedro abrió su primera epístola de la siguiente forma: «¡Alabado sea Dios, Padre de nuestro Señor Jesucristo! Por su gran misericordia, nos ha hecho nacer de nuevo mediante la resurrección de Jesucristo, para que tengamos una esperanza viva» (1 Pedro 1:3).

Sin la esperanza, las relaciones conflictivas se tornan un infierno viviente. Dante nos dice que el letrero que cuelga sobre la entrada al infierno reza: «Abandonad la esperanza, vosotros que entráis aquí».

No pierda la esperanza de hacer que usted y sus relaciones sean mejores de lo que son ahora. No se convenza de que una persona difícil es intratable para siempre. Mantenga vivo el espíritu de la esperanza. Ed Delavega lo hizo. Era dentista en la zona central del sur de Los Ángeles cuando ocurrieron los disturbios de 1991. Quemaron la mayor parte de su oficina, pero en lo que quedó, pintó lo siguiente: «Ustedes quemaron mi lugar, pero *no* mi espíritu».

Le recuerdo mi desafío. No permita que una relación conflictiva queme su oportunidad de ser mejor de lo que es. No permita a las relaciones difíciles que le frenen el proceso de vivir una vida santa. Saque el mejor partido de cada relación a través de la humildad.

UN PENSAMIENTO FINAL

Un antiguo cuento describe a una jovencita paseando por un prado cuando vio a una mariposa que estaba clavada en una espina. Con destreza, liberó a la mariposa, la cual comenzó a alejarse volando. Sin embargo, luego regresó, transformada en una hermosa hada. «Por tu bondad», le dijo el hada a la niña, «te concederé tu más ferviente deseo».

La pequeña niña pensó unos instantes y replicó: «Quiero ser feliz». El hada se inclinó hacia ella, le susurró algo al oído y luego desapareció de repente.

Al crecer la niña, no había nadie en el país que fuera más feliz que ella.

Cada vez que alguien le preguntaba el secreto de su felicidad, solo sonreía y contestaba: «Escuché a una buena hada».

Cuando llegó a la vejez, los vecinos temieron que el fabuloso secreto muriera con ella. «Por favor», imploraron, «dinos lo que te dijo el hada».

La simpática anciana solo sonrió y contestó: «Me dijo que cualquier persona, no importa como fuera, ¡tenía necesidad de mí!».

Este secreto puede ser la clave para ayudarle a sacar el mejor provecho a su relación conflictiva. Ya sea que esté soportando a amigos demasiado agradables, a un cónyuge controlador, a empleados envidiosos, a colegas criticones, a parientes iracundos, a jefes insensibles u otra persona intratable, no importa cuán molesta sea, recuerde: Ellos lo necesitan a usted.

NOTAS

CAPÍTULO 1: ¿TIENE UNA RELACIÓN CONFLICTIVA?

1. M. Sinetar, *Do What You Love and the Money Will Follow: Discovering Your Right Livelihood* [Haga lo que le gusta y el dinero le seguirá: Descubra su mejor medio de vida], Dell Publishing, Nueva York, 1987.

2. G. Myers, *The Pursuit of Happiness: Discovering the Pathway to Fulfillment, Well-being and Enduring Personal Joy* [La búsqueda de la felicidad: Descubra la senda a la satisfacción, el bienestar y el gozo personal duradero], Avon Books, Nueva York, 1992.

3. Las veinticuatro relaciones conflictivas de la encuesta estaban clasificadas así por al menos una persona.

CAPÍTULO 2: EL CRITICÓN

1. William Glasser, *Control Theory: A New Explanation of How We Control Our Lives*, [Teoría del Control: Una nueva explicación de cómo controlamos nuestra vida], Harper & Row, Nueva York, 1984, p. 159.

2. E. Stanley Jones, *The Way* [El Camino], Doubleday, Nueva York, 1978.

3. Deborah Tannen, *¡Tú no me entiendes!: ¿Por qué es tan difícil el diálogo hombre-mujer?*, Editorial Vergara, Buenos Aires, 1991.

CAPÍTULO 3: EL MÁRTIR

1. Carla Pérez, *Getting Off the Merry-Go-Round* [Bajándose del tiovivo], Impact Publishers, Greenwich, CT, 1994.

2. Lesley Hazleton, *The Right to Feel Bad* [El derecho a sentirse mal], Ballantine, Nueva York, 1984.

3. M. Scott Peck, *El camino menos transitado*, Simon and Schuster, Nueva York, 1878.

CAPÍTULO 4: EL AGUAFIESTAS

1. John P. Kildahl, *Beyond Negative Thinking* [Más allá del pensamiento negativo], Avon Books, Nueva York, 1992.

2. Jennifer Crocker y Ian Schwarts, boletín *Personality and Social Psychology Bulletin* 11, no. 4, 1986.

3. Brian Murphy y Howard Poilio, «I'll Laugh If You Will» [Reiré Si tú lo haces], *Psychology Today*, diciembre de 1973, pp. 106-110.

CAPÍTULO 6: EL CHISMOSO

1. M.E. Jaeger y otros, «Gossip, Gossippers and Gossipees», *Good Gossip* [Buen chisme], editado por R.S. Goodman y A. Ben-Zéeur, University Press, Lawrence, KS, pp. 154-168.

2. Donna Eder, «The Structure of Gossip: Opportunities and Constraints on Collective Expressions Among Adolescents» [La estructura del chisme: Oportunidades y límites en las expresiones colectivas entre los adolescentes], *American Sociological Review* 56, 1991, 494-508.

3. Jack Levine, «Gossip: Media Small Talk» [El chisme: Pequeño comentario de los medios], *Journal of Communication* 27, 1977, 169-173.

CAPÍTULO 7: EL CONTROLADOR

1. Judith Rodin, «Health and Aging» [Salud y envejecimiento], dirigido a la Sociedad de Medicina de la Conducta, en Boston, 1988.

2. Meyer Friedman y Ray H. Rosenman, *Type A Behavior and Your Heart* [Conducta tipo A y su corazón], Knopf, Nueva York, 1974.

CAPÍTULO 8: EL TRAICIONERO

1. Pat Springle, *Trusting: Learning Who and How to Trust Again* [Confiar: Aprenda en quién y cómo confiar de nuevo], Servant, Ann Arbor, MI, 1994.

2. David Augsburger, *Caring Enough to Confront* [Interésese en enfrentarse bastante], Herald Press, Scottsdale, AZ, 1980.

CAPÍTULO 11: EL VOLCÁN

1. David Stoop y Stephen Arterburn, *The Angry Man* [El hombre airado], Word, Waco, TX, 1991.

2. L.R. Huesmann, «Stability of Aggression over Time and Generations» [La estabilidad de la agresión con el tiempo y las generaciones], *Developmental Psychology* 20, 1984, pp. 1120-34.

CAPÍTULO 12: LA ESPONJA

1. Jonathan D. Brown y Tracie A. Mankowski, «Self-Esteem, Mood, and Self-Evaluation: Changes in Mood and the Way You See You» [Autoestima,

estado anímico y autoevaluación: Cambios en el estado anímico y la manera en que usted se ve], *Journal of Personality Social Psychology* 64, 1993, 421.

2. Carmen Renee Berry, *When Helping You is Hurting Me* [Cuando ayudarte a ti me hiere a mí], Harper Collins, San Francisco, CA, 1989.

3. Erma Bombeck, *I Want to Grow Hair, I Want to Grow Up, I Want to Go to Boise* [Quiero que me crezca el cabello, yo quiero crecer, quiero ir a Boise], Harper & Row, Nueva York, 1989, pp. 56-57.

CAPÍTULO 13: EL COMPETIDOR

1. Janet Spence, «Achievement Motivation and Scientific Attainment» [La motivación del logro y el logro científico], *Personality & Social Psychology Bulletin* 4, 1978, pp. 222-226.

2. Alfie Kohn, *No Contest* [Sin competencia], Houghton Mifflin, Boston, 1992.

CAPÍTULO 14: EL BURRO DE CARGA

1. David Burns, *Feeling Good: The New Mood Therapy* [Sentirse bien: La nueva terapia del estado anímico], Signet, Nueva York, 1980.

2. Gordon MacDonald, *Ponga orden en su mundo interior*, Caribe-Betania Editores, Nashville, TN, 1992.

3. Daniel Levinson, *Seasons of a Man's Life* [Etapas en la vida del hombre], Ballantine, Nueva York, 1986.

CAPÍTULO 15: LA COQUETA

1. Richard Lacayo, «Tales from the Elevator» [Historias del elevador], *Time*, 17 de abril de 1995, p. 51.

CAPÍTULO 17: HAGAMOS LO MEJOR DE CADA RELACIÓN

1. James Michener, *The World Is My Home: A Memoir* [El mundo es mi hogar: Una memoria], Random House, Nueva York, 1991, pp. 484-486.